A LÓGICA DAS CIÊNCIAS SOCIAIS

Dados Internacionais de Catalogação na Publicação (CIP)
(Câmara Brasileira do Livro, SP, Brasil)

Habermas, Jürgen
 A lógica das ciências sociais / Jürgen Habermas ; tradução de Marco Antônio Casanova. 3. ed. – Petrópolis, RJ : Vozes, 2011. – (Coleção Pensamento Humano)

 Título original: Zur Logik der Sozialwissenschaften
 Bibliografia.

 ISBN 978-85-326-3796-3

 1. Ciências sociais – Filosofia 2. Ciências sociais – Metodologia I. Título. II. Série.

08-10981 CDD-300.72

Índices para catálogo sistemático:
1. Ciências sociais : Metodologia 300.72

Jürgen Habermas

A LÓGICA DAS CIÊNCIAS SOCIAIS

Tradução de:
Marco Antônio Casanova

Petrópolis

© 1982, Suhrkamp Verlag AG, Berlin

Tradução do original em alemão intitulado *Zur Logik der Sozialwissenschaften. – Erweiterte Ausgabe*

Direitos de publicação em língua portuguesa:
2009, 2025, Editora Vozes Ltda.
Rua Frei Luís, 100
25689-900 Petrópolis, RJ
www.vozes.com.br
Brasil

Todos os direitos reservados. Nenhuma parte desta obra poderá ser reproduzida ou transmitida por qualquer forma e/ou quaisquer meios (eletrônico ou mecânico, incluindo fotocópia e gravação) ou arquivada em qualquer sistema ou banco de dados sem permissão escrita da editora.

CONSELHO EDITORIAL

Diretor
Volney J. Berkenbrock

Editores
Aline dos Santos Carneiro
Edrian Josué Pasini
Marilac Loraine Oleniki
Welder Lancieri Marchini

Conselheiros
Elói Dionísio Piva
Francisco Morás
Teobaldo Heidemann
Thiago Alexandre Hayakawa

Secretário executivo
Leonardo A.R.T. dos Santos

PRODUÇÃO EDITORIAL

Anna Catharina Miranda
Eric Parrot
Jailson Scota
Marcelo Telles
Mirela de Oliveira
Natália França
Priscilla A.F. Alves
Rafael de Oliveira
Samuel Rezende
Verônica M. Guedes

Editoração: Sheila Ferreira Neves
Diagramação: Victor Maurício Bello
Revisão gráfica: Alessandra Karl
Capa: Editora Vozes

ISBN 978-85-326-3796-3 (Brasil)
ISBN 3-518-28117-8 (Alemanha)

Este livro foi composto e impresso pela Editora Vozes Ltda.

SUMÁRIO

PARTE I | Nota literária (1967): sobre a lógica das ciências sociais, 7

I   O dualismo das ciências naturais e das ciências humanas, 8

II   Sobre a metodologia de teorias gerais do agir social, 66

III   Sobre a problemática da compreensão de sentido nas ciências empírico-analíticas do agir, 130

IV   Sociologia como teoria do presente, 245

PARTE II | A pretensão de universalidade da hermenêutica (1970)*, 273

I, 274

II, 286

III, 303

Referências, 313

PARTE I

NOTA LITERÁRIA (1967): SOBRE A LÓGICA DAS CIÊNCIAS SOCIAIS

I

O DUALISMO DAS CIÊNCIAS NATURAIS E DAS CIÊNCIAS HUMANAS

A discussão aberta outrora de maneira viva pelo neokantismo sobre as diferenças metodológicas entre as pesquisas nas ciências naturais e nas ciências da cultura caiu hoje em esquecimento; a colocação do problema, a partir da qual essa discussão se desencadeou, não parece mais ser atual. Agora como antes, porém, o espírito cientificista nos engana quanto às profundas diferenças que continuam existindo entre as suas abordagens metodológicas. A autocompreensão positivista amplamente dominante entre os pesquisadores adotou a tese da unidade das ciências positivas: o dualismo científico que deveria estar fundamentado na lógica da pesquisa é atrofiado segundo os critérios do positivismo e transformado em uma diferença relativa ao estado de desenvolvimento. Não obstante, a estratégia que é recomendada por um programa científico unitário conduziu a sucessos incontestáveis. As ciências nomológicas, que conquistam e colocam à prova as leis hipotéticas quanto a uniformidades empíricas, já se estendem muito para além do círculo das ciências naturais teóricas em direção aos âmbitos da psicologia e da economia, da sociologia e da política. Por outro lado, as ciências histórico-hermenêuticas, que se apropriam e processam analiticamente os conteúdos de sentido tradicionais, avançam ininterruptamente em suas antigas vias. Nenhum sinal aponta seriamente para a possibilidade de que os seus modos de procedimento sejam integrados ao modelo das ciências experimentais estritas. Todos os cadernos de disciplinas instruem-nos sobre essa divisão fática das ciências – ela só é insignificante para os manuais dos positivistas.

O dualismo persistente, que, na *práxis* da pesquisa, assumimos como se fosse óbvio, não é mais discutido no quadro da *lógica* da pesquisa. Em vez de ser decidido no plano da teoria científica, ele só encontra a sua expressão na justaposição de dois sistemas de referência. De acordo com o tipo de pesquisa ao qual se refere, a teoria científica assumiu a forma de uma metodologia geral das ciências experimentais ou de uma hermenêutica geral das ciências humanas e históricas. Podemos designar provisoriamente o estado mais avançado dessa autorreflexão especificamente limitada das ciências por meio de uma alusão às investigações de K. R. Popper[1] e H.-G. Gadamer. As duas, a teoria analítica da ciência e a hermenêutica filosófica, ignoram-se totalmente; é só raramente que as suas discussões ultrapassam os limites dos campos terminológica e regionalmente cindidos[2]. Os analíticos reenviam as disciplinas que procedem hermeneuticamente para a antessala da ciência; e os hermeneutas atribuem inversamente de maneira global às ciências nomológicas uma pré-compreensão restrita.

O fato de a teoria analítica da ciência e a reflexão fundamental hermenêutica coexistirem sem se compreenderem não incomoda nenhum dos dois partidos em sua autoconsciência calcificada. Projetos ocasionais de construir uma ponte entre as duas margens permanecem presos à esfera do elemento edificante (Kempski, 1964). Não haveria nenhuma razão para tocarmos no complexo encoberto do dualismo das ciências se não houvesse uma região na qual esse dualismo sempre conduz uma vez mais para sintomas que exigem uma resolução analítica: no campo das ciências sociais, abordagens e metas heterogêneas se chocam e se interpenetram. Com certeza, o estado atual das diversas disciplinas científico-sociais revela uma discrepância desconcertante no ritmo de seu desenvolvimento; por isso, é natural atribuir questões metodológicas não esclarecidas e controvérsias não decididas a uma confusão que pode ser dirimida por meio da depuração lógica e de um programa científico uno. Assim, os positivistas não hesitam em fazer tábula rasa. De acordo com os seus

---

1. Para uma crítica à lógica popperiana das ciências, na qual não posso me deter aqui sistematicamente, cf. Wellmer (1967).

2. Tais exceções são, entre outros, Skjervheim (1959) e Apel (1965).

postulados, precisaria provir do *corpus* imunizado das ciências sociais tradicionais uma ciência geral do comportamento que seja em princípio una e empírico-analítica e que pudesse se distinguir das ciências teóricas da natureza segundo a sua estrutura[3]. Naturalmente, não se encontram com isso impulsos iniciais senão na psicologia ou na psicologia social. As pesquisas econômicas, na medida em que não pertencem à econometria, orientam-se pelo modelo de uma ciência normativo-analítica, que pressupõe hipoteticamente máximas de ação. Pesquisas sociológicas mantêm-se, na maioria das vezes, no quadro estrutural--funcional de uma teoria do agir, que não pode ser reconstruída nem com vistas a um comportamento observável nem segundo o modelo do agir racional conforme seus afins. Muitas investigações sociológicas e político-científicas, por fim, são dirigidas historicamente, sem buscarem uma conexão com teorias gerais. Como mostrarei, todas essas três abordagens teóricas podem pretender uma legitimidade relativa. Elas não surgem, como supõe o positivismo, de pressuposições metodológicas falhas ou obscuras; nem se pode reduzir sem prejuízo as abordagens mais complexas à plataforma de uma ciência geral do comportamento. É somente à primeira vista que se trata de uma confusão que poderia ser dirimida por meio de distinções mais finas. As abordagens concorrentes, formadas nas ciências sociais, encontram--se muito mais em um contexto que se produz negativamente por meio do fato de o aparato das teorias gerais da sociedade não se adaptar tão facilmente quanto os processos naturais objetificados. Enquanto as ciências naturais e as ciências humanas, que em outras circunstâncias se mostram como mutuamente indiferentes, podem viver em uma coexistência mais hostil do que pacífica, as ciências sociais precisam equilibrar internamente a tensão entre as abordagens divergentes; aqui, a própria práxis de pesquisa impõe a reflexão sobre a relação entre modos de procedimento analíticos e hermenêuticos.

---

3. Esse interesse liga as duas coletâneas de artigos: Albert (1964) e Topitsch (1965).

1. Uma conscientização histórica

1.1 Rickert foi o primeiro a fazer a tentativa de conceber de maneira metodologicamente rigorosa o dualismo entre ciência da natureza e ciência da cultura. Ele restringiu a pretensão inerente à crítica kantiana da razão ao âmbito de validade de ciências nomológicas, a fim de abrir espaço para as ciências humanas que foram elevadas por Dilthey ao *status* de um conhecimento crítico (Dilthey, 1883)[4]. Essa tentativa mantém-se no quadro filosófico-transcendental. Enquanto os fenômenos se constituem em "natureza" segundo as categorias do entendimento sob leis universais, a "cultura" se forma por meio da ligação dos fatos a um sistema de valores. Os fenômenos culturais devem a essa ligação valorativa individualizante a significação de um sentido histórico que não pode ser jamais repetido. Rickert traz à tona a impossibilidade lógica de uma ciência rigorosamente ideográfica, tal como a que havia sido afirmada por Windelband (1894). Ele vê a realização propriamente dita das ciências compreensivas como um fato: elas formulam em expressões inevitavelmente gerais que estão, portanto, dirigidas para o repetível, o sentido irrepetível dos acontecimentos históricos. Mas a sua sugestão não consegue esclarecer satisfatoriamente o fato.

O pressuposto rickertiano implicitamente ligado à filosofia da vida é a irracionalidade de uma realidade que só entraria em cena integralmente na vivência desprovida de linguagem: sob a intervenção transcendentalmente mediada do espírito cognoscente, ela se decompõe em pontos de vista alternativos. Os lados complementares, segundo os quais a realidade precisa ser concebida sob a forma de uma conformidade normativa ou de particularidades heterogêneas, permanecem cindidos. A escolha de sistemas teóricos de referência correspondentes coloca-nos diante de uma alternativa completa. Enunciados de um sistema

---

4. Obras completas. Vol. I. Ensaios sobre a fundamentação das ciências humanas (1875-1900). Vol. V. Os ensaios e fragmentos que surgiram mais tarde com vistas à *Construção do mundo histórico nas ciências humanas* – Vol. VII, já se encontram sob a influência das *Investigações lógicas* de Husserl. Eles já se desprenderam de uma abordagem lógico-científica determinada por Kant e se tornaram para Heidegger o ponto de partida de uma hermenêutica filosófica.

não podem se transformar em enunciados do outro. Somente o nome do "contínuo heterogêneo" continua garantindo a unidade da concepção transcendental de uma realidade cindida; à unidade meramente extrapolada não corresponde nenhuma síntese do entendimento finito. Mas como é que a mesma realidade que é concebida sob leis gerais como natureza deve poder ser individualizada por meio de referências valorativas, se as próprias categorias valorativas precisam ser consideradas como algo logicamente universal? Rickert postula que valores não possuem o mesmo *status* lógico do que conceitos de classe. Ele assegura que fenômenos culturais não são subsumidos aos valores que lhes são constitutivos da mesma maneira que elementos são subsumidos à extensão de uma classe (1929, p. 739s.). Todavia, essa exigência não pode ser satisfeita no interior da lógica transcendental na qual ela é colocada. Rickert precisa se contentar em circunscrever o conceito da totalidade histórica, porque ele desconfia dos meios dialéticos suscetíveis de apreendê-lo. Uma lógica das ciências humanas, que parte de pressupostos característicos da crítica transcendental à consciência, não consegue se subtrair à dialética designada por Hegel como a dialética do particular e do universal. Essa dialética conduz para além de Hegel ao conceito do fenômeno cultural como o historicamente individuado, que exige ser identificado precisamente como um não idêntico[5].

---

5. "Identidade é o princípio que constituiu a subjetividade e a objetividade e que os colocou em relação mútua. No entanto, ela só se mostra como tal princípio à medida que ela produz o universal a partir da natureza essente, o universal que se transforma na alma dos homens tanto quanto das coisas. Como o apreensível conceitualmente, a grande filosofia europeia o declara aquilo que verdadeiramente é, enquanto o não idêntico, a unicidade das coisas que se subtrai à fixação conceitual, é degradado ao nível do nulo. A conquista da identidade na história originária de pensamento e ser é paga com a insignificância em termos de conteúdo do não idêntico. Não se lhe atribui mais desde a Antiguidade nenhum conteúdo em si, mas esse conteúdo só pode lhe caber agora por meio da subsunção ao universal [...]. Esse sacrifício do particular, ao qual a humanidade se curva na passagem do mundo pré-idêntico para o mundo idêntico, porém, é ao mesmo tempo produtivo como perda. A abstração do individual foi o pressuposto para que os homens pudessem se identificar e identificar a natureza. Sem ela, contudo, os homens também teriam permanecido incapazes de perceber o individual enquanto tal. O individual só conquista significação como o negativo, a partir do qual os homens se refletem" (Haag, 1963, p. 152s.). Quanto a esse ponto, cf. Adorno (1966).

A própria filosofia da vida também se nutre da mesma ambivalência de uma passagem não realizada de Kant para Hegel. Rickert constrói o conceito de "cultura" de início sobre o solo do idealismo transcendental. Tal como a categoria de "natureza", a cultura também possui como suma conceitual dos fenômenos sob um sistema de valores válidos um sentido transcendental – ela não diz nada sobre os objetos, mas determina as condições da apreensão possível de objetos. A isso corresponde a suposição otimista de que um sistema de valores precisaria poder ser deduzido *a priori* da razão prática[6]. Rickert precisou logo abandoná-la[7]. A plenitude material dos chamados valores só podia ser decifrada a partir do contexto real das culturas, nas quais o agir orientado valorativamente dos sujeitos históricos tinha se exteriorizado – por mais que a validade dos valores seja independente de tal gênese. Se admitimos isso, então o conceito kantiano de cultura recai naquela ambiguidade empírico-transcendental que havia se desdobrado dialeticamente no conceito hegeliano do espírito objetivo, mas que precisou ser rejeitado pelo neokantismo. As ciências da cultura já encontram o seu objeto previamente constituído. As significações culturais dos sistemas valorativos empiricamente vigentes provieram de um agir valorativamente orientado. Na figura empírica dos valores que fluem e que são legados historicamente, portanto, a realização mediada transcendentalmente dos sujeitos que agem de maneira valorativamente orientada é ao mesmo tempo absorvida e conservada. Com a história insere-se uma dimensão no campo de objetos da ciência, na qual uma parte da consciência transcendental também se exterioriza através das cabeças dos sujeitos agentes. Assim, o que se objetiva é um sentido que nunca pode pretender possuir validade senão em uma rede de valores tensionada transcendentalmente. Com o conceito do "dever transcendental", Rickert busca fazer jus a essa objetividade de conexões significativas historicamente reais (1915, p. 237ss.).

---

6. Essa era a posição que Rickert (1899) tinha assumido em seu primeiro ensaio: *Kulturwissenschaft und Naturwissenschaft* (Ciência da natureza e Ciência da cultura).

7. A posição alterada delineou-se na primeira elaboração sistemática da teoria. *Die Grenzen der naturwissenschaftlichen Begriffsbildung* (Os limites da formação conceitual nas ciências naturais) (1899).

Mas esse conceito não faz outra coisa senão resumir as contradições, que as distinções entre fatos e valores, entre ser empírico e validade transcendental e entre natureza e cultura procuram em vão eliminar. Como Rickert não quer abandonar as determinações da filosofia transcendental, essas determinações se esfarelam involuntariamente em suas mãos. Através da brecha do dever transcendental penetra sem obstruções uma restauração que, contra Rickert, atribui abertamente à filosofia dos valores aquilo que o próprio Rickert ainda não estava disposto a admitir: uma ontologia chã do ser ideal (Max Scheler e Nicolai Hartmann).

A lógica científica não parte mais hoje de pressupostos relativos à crítica kantiana da razão; ela articula-se com o estado atual da autorreflexão das ciências nomológicas e das ciências hermenêuticas. A teoria analítica das ciências satisfaz-se com regras para a construção lógica e para a escolha de teorias gerais. Ela constata o dualismo entre as proposições e os fatos e abdica de concebê-lo de modo transcendental[8]. A hermenêutica filosófica, por sua vez, não repele mais o conceito kantiano de natureza e de lei natural. Ela abdica da construção de um mundo de fenômenos culturais e satisfaz-se com a explicação de como se dá a apropriação do sentido tradicional. Contudo, acho que uma repetição da tentativa rickertiana de refletir sobre o dualismo das ciências colocaria uma vez mais em movimento o percurso variado de maneira peculiar por Rickert e, então, interrompido, que leva de Kant até Hegel. Esse movimento não pode mais ter início hoje na dimensão de uma crítica à consciência, mas precisa ter início antes na dimensão de uma crítica transcendental à linguagem. O próprio neokantismo, na verdade não o de Heidelberg, mas o de Marburgo, introduziu-nos nessa dimensão: com a *Filosofia das formas simbólicas* de Cassirer.

---

8. Isso também é válido para a lógica transcendental da linguagem de Wittgenstein (cf., infra, seção III, 7). Cf. também o ensaio de Patzig (1964). Patzig concebe fatos como condições de verdade de proposições preenchidas. Ele não leva em consideração as diferentes classes de condições possíveis de verdade, das quais cada uma poderia ser interpretada como um quadro transcendental de uma experiência possível.

1.2 Cassirer evita a categoria ambígua de "valor", uma categoria que deveria resgatar o sentido empírico de significações historicamente realizadas, sem abandonar o sentido transcendental de algo válido apartado de sua gênese. Em vez disso, ele investiga a conexão lógica entre as formas simbólicas. Cassirer realiza à sua maneira a virada da análise positivista da linguagem da lógica dos juízos para as gramáticas das proposições. No entanto, ele não se limita às relações formais no interior dos sistemas de sinais aplicados na linguagem corrente ou nas ciências empíricas. A camada dos símbolos o interessa como meio de realizações transcendentais. Cassirer leu Humboldt com os olhos de um Kant não rejeitado, mas esclarecido por Hamann. O objeto no fenômeno não é mais imediatamente constituído por categorias da intuição e do entendimento, mas por meio de uma realização transcendental tangível na própria esfera da sensibilidade: por meio da criação de símbolos sistematicamente ordenados, que emprestam às impressões sensoriais objetividade. O entendimento não pode levar a termo de maneira nua e crua a síntese dos fenômenos; somente os símbolos tornam transparente no dado o rastro daquilo que não é dado. Algo intramundano torna-se presente para o espírito, na medida em que o espírito entretece e traz à tona a partir de si mesmo formas que podem representar uma realidade intuitivamente inacessível. A realidade aparece como apresentada. Apresentação é a função fundamental da consciência transcendental; as suas realizações podem ser decifradas indiretamente a partir das relações gramaticais das formas simbólicas. A filosofia das formas simbólicas, que substitui a crítica da razão pura, visa concomitantemente a uma análise lógica da linguagem em um posicionamento transcendental.

Toda autêntica função fundamentalmente espiritual tem um traço decisivo em comum com o conhecimento: o fato de ser intrínseca a ela uma força originariamente formadora e não apenas reprodutora. Ela não expressa de maneira meramente passiva algo presente, mas encerra em si uma energia espiritual autônoma, por meio da qual a existência pura e simples do fenômeno recebe uma determinada significação, um conteúdo ideal peculiar. Isso é válido para a arte, assim como para o conhecimento;

para o mito tanto quanto para a religião. Todos eles vivem em mundos de imagens, nos quais não se reflete simplesmente algo empiricamente dado. Ao contrário, esses mundos são muito mais produzidos por eles segundo um princípio autônomo. Assim, cada um deles também cria para si algumas configurações simbólicas que, se não são do mesmo tipo que os símbolos intelectuais, são congêneres no que concerne à sua origem espiritual. Nenhuma dessas configurações imerge simplesmente nas outras ou pode ser deduzida das outras, mas cada uma delas designa um determinado modo de concepção espiritual e constitui nele e por meio dele ao mesmo tempo um lado próprio do real (Cassirer, 1923, p. 9).

Os diversos sistemas de símbolos apresentam igualmente uma petição a uma verdade perspectivista: a ciência perde o primado específico da verdade; reflexivamente restrita, a filosofia reserva esse primado para si mesma. Conhecimento "verdadeiro" só continua sendo possível em vista das condições transcendentais da apresentação simbólica, não mais a partir de uma consideração daquilo que é apresentado. É através dos mundos de imagens articulados nas formas simbólicas que "vemos e é neles que possuímos aquilo que denominamos a 'realidade': pois a verdade objetiva mais suprema, que se revela ao espírito, é por fim a forma de seu próprio agir. Na totalidade de suas próprias realizações e no conhecimento das regras específicas, por meio das quais cada uma delas é determinada, [...] o espírito possui a intuição de si mesmo e da realidade. Quanto à questão, porém, sobre o que poderia ser a realidade absoluta fora deste conjunto das funções espirituais [...] – para essa questão, o espírito não alcança mais nenhuma resposta para além do fato de ele aprender a reconhecer cada vez mais que se trata aqui de um problema mal colocado, de uma ilusão do pensamento" (Cassirer, 1923, p. 48). Com essa autorreflexão da razão no exercício de sua função de apresentação, Cassirer acredita ter aberto o acesso a uma nova filosofia das ciências humanas.

Cassirer cinde claramente os planos nos quais operam as ciências naturais e as ciências humanas. Rickert tinha atribuído às duas o mesmo *status* de uma ciência experimental;

agora, porém, as ciências humanas conquistam o estatuto de uma metateoria. No interior de sistemas de sinais formalmente fixados, as ciências nomológicas produzem enunciados sobre a realidade. Assim, elas encontram-se no mesmo nível do mito, da arte e da religião, que também apresentam da mesma forma no interior de seus quadros específicos uma realidade seletivamente concebida. As ciências da cultura, em contrapartida, orientam-se pelas relações formais entre as formas simbólicas. Elas não fornecem nenhuma informação sobre a realidade, mas produzem enunciados sobre informações que encontram previamente dadas. Sua tarefa não é a análise empírica de setores da realidade passíveis de serem apresentados, mas a análise lógica das formas de apresentação.

Com isso, as dificuldades da teoria rickertiana são contornadas: o problema da mediação de um particular individuado por um universal não classificatório não vem à tona, uma vez que só resta a exigência por analisar uma conexão dada entre os símbolos a partir de pontos de vista formais. Na verdade, a gramática de uma determinada linguagem de símbolos mostrar-se-á em seu conjunto como uma totalidade irredutível. No entanto, Cassirer está convencido de que as diversas gramáticas da arte e do mito, da religião e da ciência trabalham sob as mesmas categorias. Cassirer pôde explicitar uma vez mais a partir da apresentação simbólica a universalidade transcendental dessas categorias que produzem sinteticamente unidade na multiplicidade. Mesmo o lugar dos fenômenos culturais não é problematizado. Apesar de os símbolos se estenderem como sinais físicos até o interior da esfera da sensibilidade, eles não podem ser equiparados aos fenômenos empíricos, com os quais as ciências naturais têm de lidar. Ao contrário, eles são muito mais uma condição transcendental para o fato de um mundo poder efetivamente aparecer para os sujeitos. Por isso, a ciência dos construtos culturais não procede de maneira analítico-causal, mas analítico-formal; ela se orienta pela conexão estrutural entre as obras, não pela ligação fática entre os acontecimentos. Ela compartilha a atitude reflexiva com a lógica transcendental, apesar de o aspecto daquilo que é historicamente legado e que, com isso, se mostra como empiricamente preexistente não se dissocia das formas simbólicas. Todavia, esse aspecto não forma, tal como em Rickert, um resto indissolúvel, porque Cassirer, de maneira suficientemente hegeliana, não cinde mais a razão de suas objetivações, a razão transcendental de suas exteriorizações tangíveis de maneira ao mesmo tempo transcendental e empírica nos símbolos. Com certeza, Cassirer eleva por meio disso as *ciências* da cultura a um plano no qual é impossível distingui-las de uma *filosofia* das formas simbólicas. Ele lhes priva de seu caráter de ciência.

A interpretação do dualismo científico no âmbito de uma construção da razão em seu exercício de apresentação requer o pagamento de um preço elevado. Os enunciados das ciências nomológicas não podem mais manter a sua específica pretensão de validade com vistas à pertinência empírica, porque as linguagens científicas, nas quais são formulados, encontram-se por princípio no mesmo nível da linguagem dos mitos e dos contos de fadas. A validade de enunciados científicos só poderia vir a ser legitimada se Cassirer tivesse abandonado a cooriginariedade dos sistemas simbólicos em favor de uma história evolutiva da consciência transcendental. Mas a dimensão da história não imerge na filosofia das formas simbólicas. As ciências da cultura compartilham essa falta. Elas fornecem os elementos para uma gramática geral das formas simbólicas. No entanto, o processo histórico, no qual se constituem essas formas, o contexto tradicional, no qual a cultura é legada e apropriada, ou seja, precisamente a dimensão na qual a cultura desdobra a sua eficácia, permanece vedada às ciências da cultura. Elas procedem de modo a-histórico. Elas são ciências estruturais cujo olhar faz com que a história se volatize; não lhes resta senão uma morfologia de formas imanentes às obras, de acordo com o modelo dos conceitos fundamentais de Wölfflin. As ciências históricas, cujo esclarecimento do *status* metodológico constituía o único interesse de Rickert, escapam às malhas da rede de Cassirer[9].

---

9. Uma dificuldade análoga pode ser demonstrada hoje para o estruturalismo que parte da França (Sebag, 1966).

Em 1942, Cassirer (1966) esboçou uma vez mais uma lógica das ciências da cultura. Ora, a fenomenologia e a psicologia da percepção dos comportamentos expressivos, que deveriam revelar uma nova dimensão prévia às realizações do entendimento (1959, p. 9ss. e 125ss.), talvez tenham uma significação para a questão acerca da constituição do mundo da vida natural (e iluminem pela primeira vez corretamente o retorno de Husserl a Kant). Para a lógica da ciência, porém, elas não fornecem nenhuma base significativa. Cassirer quer reconduzir os tipos de ciência às fontes específicas da experiência: na polaridade entre percepção da coisa e percepção da expressão, ele pretende inserir a oposição que é desenvolvida explicitamente nas estruturas metodológicas das ciências da natureza e da cultura (1959, p. 39 e 56ss.). Todavia, só seria possível sustentar uma conexão entre esse ponto de vista e a filosofia das formas simbólicas se estruturas conceituais e perceptivas fossem derivadas da aplicação de determinados sistemas simbólicos.

As duas tentativas do neokantismo de esclarecer o dualismo científico permaneceram sem consequências. A problemática desapareceu da consciência filosófica quase do mesmo modo que ela desapareceu da autocompreensão metodológica das ciências experimentais – com uma exceção. Max Weber articulou-se com Rickert e acolheu de modo tão tenaz os seus princípios metodológicos para as ciências sociais que as discussões em torno da doutrina weberiana da ciência perduram até hoje[10]. Considerado em termos filosóficos, trata-se aqui de um anacronismo. No entanto, esse anacronismo é ao mesmo tempo um sintoma de que o problema assumido por Rickert e por Cassirer na práxis de pesquisa das ciências sociais, apesar da lógica científica positivista, não caiu em inércia.

1.3 Diferentemente de Rickert e de Cassirer, Max Weber não está interessado na relação entre as ciências da natureza e as ciências da cultura sob o ponto de vista epistemológico. O que o inquieta não é a consequência que as ciências humanas surgidas no século XIX poderiam ter para a crítica da razão pura

---

10. Cf. os debates do 15º encontro dos sociólogos alemães (Schelsky, 1965).

historicamente ampliada. Das investigações filosóficas que desde Dilthey estavam ocupadas com essa questão, ele retira apenas os instrumentos de que precisa para resolver o problema da reflexão da própria práxis investigativa. Com uma intenção sistemática, ele concebe as novas ciências sociais como ciências da cultura. Evidentemente são unificados ali princípios metodológicos que os filósofos tinham estudado a partir de tipos opostos de ciências: as ciências sociais precisam equilibrar os modos de procedimento heterogêneos, as metas e os pressupostos das ciências da natureza e da cultura. Max Weber analisou antes de tudo a combinação entre explicação e compreensão. A ligação entre explicação e compreensão implica, contudo, regras totalmente diversas, conforme o fato de elas se referirem ou não ao complexo dos modos de procedimento, das metas ou dos pressupostos. A embricada epistemologia weberiana ganha em transparência, quando separamos esses complexos. A determinação no primeiro parágrafo de *Ciência e sociedade* define o *modo de procedimento*: "Sociologia significa: uma ciência que quer *compreender* interpretativamente o agir social e *explicá-lo* de maneira causal em seus efeitos". Podemos tomar essa sentença como uma resposta à questão: Como são possíveis teorias gerais do agir social? Teorias gerais permitem a derivação de suposições sobre regularidades empíricas; essas hipóteses normativas auxiliam a explicação. As regularidades do agir social mostram, porém, diferentemente dos processos naturais, a peculiaridade de serem compreensíveis. O agir social pertence à classe das ações intencionais que concebemos por meio da reconstrução de seu sentido. Os fatos sociais são acessíveis à compreensão das motivações. A compreensibilidade ótima de um comportamento social sob condições dadas não é naturalmente por si só uma demonstração da hipótese de que uma conexão normativa faticamente existe. A hipótese também precisa ser confirmada independentemente da plausibilidade da interpretação compreensivo-motivacional. Por isso, a ligação lógica entre compreensão e explicação pode ser reconduzida à relação geral de um esboço hipotético e de uma comprovação empírica. Compreendendo, atribuo a um comportamento observado uma finalidade racionalmente perseguida como motivo suficiente. Mas é somente quando a suposição conquistada a partir dali quanto a um comportamento regular em circunstâncias indicadas é testada de maneira empiricamente confiável que a compreensão da motivação conduz à explicação de uma ação social.

Essa ligação lógica também torna compreensível por que Max Weber estabelece metodologicamente uma posição privilegiada para o agir racional regido por fins. Em geral, o fim instaurado pela compreensão do sentido, a suposta intenção, só conduz a uma explicação empiricamente pertinente, quando o fim fornece um motivo efetivamente suficiente para a ação. Esse é o caso, contudo, quando a ação é dirigida pela intenção de um meio escolhido racionalmente com vistas a fins para o sucesso realizador, ou seja, junto ao tipo do agir racional regido por fins, que se orienta pela escolha de meios adequados para um fim apreendido de maneira subjetivamente inequívoca. Teorias que não admitem senão esse tipo de ação procedem, tal como a economia pura, de maneira analítico-normativa. Elas só podem conduzir a hipóteses empiricamente dotadas de conteúdo no interior de limites muito estreitos, nos quais os processos sociais correspondem de fato ao princípio metodológico da racionalidade regida por fins. É por isso que a discussão se concentra em saber como é que se podem obter suposições sistemáticas sobre ações compreensíveis, mas irracionais no que diz respeito aos fins. São somente essas teorias que associam compreensão e explicação em um quadro empírico-analítico. O próprio Weber achava que, no interior de uma sociologia compreensiva, um comportamento racional regido por fins só pode ser investigado como "desvio" de um modelo processual racional regido por fins construído comparativamente. Em face dessas dificuldades, levantou-se a questão de saber se as ciências sociais deveriam efetivamente levar em conta a intencionalidade do agir: a problemática da compreensão, até o ponto em que ela se liga ao modo de procedimento, foi resolvida, quando as suposições normativas, quer elas possam se tornar adicionalmente evidentes quer não por meio da compreensão da motivação, foram restritas às conexões das variáveis comportamentais descritivas. Mesmo Weber conta com a possibilidade de "que uma pesquisa futura descubra regularidades incompreensíveis para um comportamento significativamente diferenciado" (1972, § 1,4). Sem cumprir a exigência da adequação de sentido, ela seria suficiente para a explicação do agir social. No entanto, Weber excluiu por princípio tais leis do âmbito das ciências sociais. De outro modo, as ciências sociais preencheriam o *status* de ciências naturais do agir social, por mais que, dirigidas para um agir intencional, elas não possam ser outra coisa senão ciências *humanas* nomológicas.

Em seus ensaios epistemológicos, Weber fala com frequência do fato de a sociologia ter de compreender os fatos sociais em sua significação cultural e de explicá-los ao mesmo tempo em sua condicionalidade cultural. Aqui, a conexão entre explicar e compreender refere-se às *metas* das ciências sociais (Weber, 1922, p. 189 e 193). As definições weberianas são ambivalentes. Com efeito, duas intenções encontram-se aqui contrapostas.

Por um lado, Weber sempre acentuou a tarefa empírico--analítica de explicar o agir social com o auxílio de hipóteses normativas confirmadas e de apresentar prognósticos condicionados. Assim como todas as ciências nomológicas, as ciências sociais também geram informações sob tal ponto de vista que podem ser convertidas em recomendações técnicas para uma escolha racional de meios regida por fins. Essas informações fornecem "conhecimentos sobre a técnica de como se domina a vida por meio do cálculo, as coisas exteriores tanto quanto o agir dos homens" (Weber, 1922, p. 591). Um saber tecnicamente utilizável desse tipo repousa sobre o conhecimento de uniformidades empíricas; esse conhecimento é a base para explicações causais, que possibilitam sob a forma de prognósticos condicionados a disponibilidade técnica de processos objetivos. Um conhecimento científico-social, que se deixa guiar por esse interesse, precisaria, por isso, desenvolver e introduzir os seus instrumentos unicamente com a finalidade de tornar encontráveis regras confiavelmente gerais do comportamento social. Até o ponto em que é exigido pelo objeto, pode ser que essa análise venha a ser mediatizada por uma compreensão de sentido de ações sociais. A intenção, contudo, de compreender um sentido subjetivamente visado não faz outra coisa senão abrir o acesso aos fatos sociais. Esses fatos só são conhecidos quando a análise, indo além de uma compreensão propedêutica, apreende de maneira causal a sua conexão normativa. Na querela acerca do juízo de valor, Max Weber adotou essa posição, que só estabelece um *status* metodologicamente subordinado para a intenção hermenêutica. Para além disso, porém, ele tinha em mente outra meta cognitiva.

Para o discípulo de Rickert, uma ciência da cultura não pode esgotar o seu interesse na pesquisa de regularidades empíricas. É por isso que a dedução e a comprovação de leis hipotéticas, a partir das quais seja possível retirar recomendações técnicas, é considerada em outros contextos como um trabalho prévio que ainda não conduz enquanto tal "para o conhecimento almejado por nós". O interesse superior, a partir do qual esse trabalho prévio pode ser guiado, é determinado hermeneuticamente: "A análise e a exposição ordenadora dos respectivos grupamentos individuais historicamente dados desses fatores e de sua ação conjunta concreta condicionada por meio daí e significativa em seu tipo, e sobretudo o esforço por tornar compreensível o fundamento e o tipo dessa significância, seriam a primeira tarefa a ser na verdade resolvida sob a aplicação daquele trabalho prévio, uma tarefa, contudo, que permanece completamente nova e autônoma em relação a esse trabalho" (Weber, 1922, p. 174s.).

No esquema para o progresso do conhecimento científico-social alternam-se modos de procedimento analítico-causais e interpretativos; a cada vez, porém, o conhecimento termina na explicação de um sentido, de uma significação estabelecida em termos da vida prática, ou seja, em um "esforço por tornar algo compreensível". Nessa perspectiva, não é o procedimento relativo à compreensão do sentido, mas sim o relativo à explicação que recebe um *status* metodologicamente subordinado.

Weber não associou expressamente as duas intenções antagônicas. Como ele não clarificou suficientemente as categorias do sentido e da significação em suas diversas aplicações, ele estava antes exposto ao risco de se iludir quanto à ambivalência delas. Weber não distinguiu de maneira suficientemente consequente a compreensão da motivação que realiza o sentido subjetivo visado de uma ação social e a compreensão hermenêutica de sentido que se apropria de uma significação objetivada em obras ou acontecimentos.

A compreensão motivacional pode estar contida como um passo metodológico no quadro de uma ciência empírico-analítica que conduz a um saber constituído a partir de leis estranhas ao sentido, isto é, de leis hermeneuticamente incompreensíveis. Duas intenções cognitivas que se combatem mutuamente só se apresentam nas ciências sociais porque aqui os sujeitos cognoscentes também estão ligados intuitivamente com os seus campos de objetos. O mundo da vida social é tanto uma conexão intencional quanto o conhecimento científico-social – a interpretação filosófico-transcendental das ciências da cultura poderia se reportar efetivamente a essa relação. O saber nomológico dos processos sociais pode contribuir hermeneuticamente para a clarificação da autocompreensão dos sujeitos cognoscentes e de seus grupos sociais referenciais, assim como ele pode ser transformado em prognósticos condicionados e empregues para o controle de âmbitos sociais administrados. No entanto, a conexão controversa do quadro metodológico da pesquisa com a função aplicativa dos resultados dela só poderá ser explicada se se conseguir tornar conscientes os interesses investidos que são diretrizes para o conhecimento e que estão presentes nas abordagens metodológicas. Somente então se encontrará uma resposta precisa para a questão: Quando é que, em sua construção interna, as ciências sociais seguem a intenção de planejamento e administração e quando é que elas se esforçam pelo acordo consigo mesmas e pelo esclarecimento? Max Weber não esclareceu a ambivalência das metas, mas tampouco a reprimiu completamente. Em todo caso, diferentemente de seus sucessores positivistas, ele não quis dispensar as ciências sociais da tarefa reiteradamente explicada de clarificar a significação cultural de contextos sociais e tornar compreensível a partir dali a situação social do presente.

A relação problemática entre explicação e compreensão não se refere, porém, apenas aos modos de procedimento e às metas das ciências sociais, mas também aos seus *pressupostos* epistemológicos. Será que as ciências sociais, assim como todas as ciências da cultura na delimitação metodológica de seus campos de objetos, estão ligadas a uma compreensão prévia não explícita? Weber serve-se da categoria da ligação valorativa introduzida por Rickert e a emprega em seu sentido rigorosamente lógico-transcendental: ela não se estende em primeira linha para a escolha de problemas científicos, mas antes para a constituição de objetos possíveis da experiência relevante para a pesquisa científico-cultural. Ora, mas o pesquisador de ciências humanas não entra em contato com esses objetos a olhos nus. Ele os introduz inevitavelmente uma vez mais em relações valorativas, nas quais a sua própria conjuntura cultural se acha inserida; portanto, ele precisa mediatizar as ligações valorativas metodologicamente determinantes com as ligações valorativas já realizadas no objeto pré-constituído. Rickert tinha reconhecido essa mediação como um problema hermenêutico (Weber, 1922, p. 693ss.). Max Weber a analisa a meio caminho, antes de opor-lhe o postulado da neutralidade axiológica.

Nas ciências naturais, o quadro teórico no qual uma investigação é realizada é submetido ao controle por meio do ponto de partida da própria investigação: ele se mostra como heuristicamente frutífero ou não oferece nada para a derivação de hipóteses utilizáveis. As ligações valorativas metodologicamente diretrizes permanecem, em contrapartida, transcendentes em relação à pesquisa científico-cultural: elas não podem ser corrigidas por meio do ponto de partida de uma investigação. Quando a luz que as ideias valorativas projetam sobre os grandes problemas se desloca, as ciências da cultura também se preparam para mudar a sua posição e o seu aparato conceitual e "seguem aqueles astros que se mostram como os únicos capazes de indicar para o seu trabalho o sentido e a direção" (Weber, 1922, p. 214). As teorias científico-sociais são dependentes de interpretações gerais que, por sua vez, não podem ser comprovadas ou refutadas segundo critérios científico-experimentais imanentes. Com certeza, tais pressupostos podem ser explicitados. Ligações valorativas são metodologicamente inevitáveis, mas objetivamente obrigatórias. É por isso que as ciências sociais se veem obrigadas a declarar a dependência das suposições teóricas fundamentais de tais pressupostos normativos. A isso se refere o postulado da neutralidade axiomática.

Ao contrário, a concepção hoje dominante é a de que a formação de teorias em todas as ciências nomológicas é assegurada por meio da cisão lógica de enunciados de um conteúdo descritivo e normativo; só a seleção dos problemas pode continuar dependendo de valores (Albert, 1965, p. 181ss.)[11]. O postulado da neu-

---

11. Em contraposição à concepção positivista, W. G. Runciman acolhe o problema do juízo de valor na dimensão em que ele tinha sido colocado para Max Weber. Ele critica a insuficiência do postulado da neutralidade valorativa a partir dos próprios pressupostos de Weber (1963, p. 59). *"We have seen that Weber believes, against the extreme positivistic view, that the social sciences differ in kind from the natural. Even leaving aside the problem of the arbitrariness of basic points of view, the uniqueness of historical sequences and the meaningfulness of human behaviour mean that there is a latitude of interpretation always confronting the social scientist with the natural science is luckily denied. Weber's procedure in the face of this situation breaks down not because he fails to concede that a sociological inquiry cannot be framed in valueneutral terms, but because this concession doesn't buy as much immunity from the remaining problems as he thinks. The arbitrariness of standpoints cannot merely be conceded in the original choice of terms, after which, with this sole limitation, the inquiry conducted can be kept value-free. The infection of values cannot all be passed off on to the questions asked and thereby kept away altogether from the answers given. The evaluative terms will have to be used in inquiries within which – and this is my point – no matter how rigorous the techniques of validation applied there will still be some interpretative latitude"* ("Vimos que Weber acredita, contra a visão extremista positivista, que as ciências sociais diferem das ciências naturais em sua essência. Mesmo deixando de lado o problema da arbitrariedade dos pontos de vista básicos, a singularidade das sequências históricas e o significado do comportamento humano significam que sempre haverá uma margem de interpretação que confronta o cientista social, o que é felizmente negado à ciência natural. O procedimento de Weber diante dessa situação falha não porque ele deixa de conceder que uma investigação sociológica não pode ser estruturada em termos neutros de valores, mas sim porque essa concessão não oferece tanta imunidade aos problemas remanescentes como ele pensa. A arbitrariedade dos pontos de vista não pode ser simplesmente concedida na escolha inicial dos termos, depois da qual, com essa única limitação, a investigação pode ser conduzida de maneira livre de valores. A infecção dos valores não pode ser toda transferida para as questões formuladas e, assim, mantida completamente afastada das respostas dadas. Os termos avaliativos terão de ser usados nas investigações dentro das quais – e este é o meu ponto –, não importa quão rigorosas sejam as técnicas de validação aplicadas, sempre haverá alguma latitude interpretativa"). Runciman traz à tona a conexão do problema do juízo de valor com o problema da escolha de uma linguagem teórica, que é apropriada a um campo de objetos por seu lado linguisticamente estruturado: *"The point is, of course,*

tralidade axiológica conquista nessa formulação mais restrita um valor conjuntural em termos de política científica: de acordo com ele, só são cientificamente admissíveis as teorias cujas suposições fundamentais estão livres de uma pré-compreensão histórica, que só pode ser clarificada hermeneuticamente; razão pela qual elas podem ser introduzidas de maneira convencional. Por meio daí, a própria intelecção de Weber é neutralizada. Ele tinha contestado o fato de suposições teóricas fundamentais serem efetivamente possíveis nas ciências sociais sem ligações valorativas, ou seja, sem aquelas implicações historicamente vinculadas. Não apenas a escolha dos problemas, mas também a escolha do quadro teórico, no interior do qual eles são analisados, seria por fim determinado por ligações valorativas historicamente vigentes.

Se nos convencermos, como Weber, da interdependência metodologicamente rica em consequências da pesquisa científico-social em relação ao contexto objetivo pelo qual ela se orienta e no qual ela própria ao mesmo tempo se encontra, impor-se-á naturalmente outra questão. Será que essas ligações valorativas metodologicamente determinantes não podem ser elas mesmas

---

the same as that which underlies Weber's whole position on 'value-relevance', and which derives from the fundamental difference between persons and action on the one hand and events on the other. But the fact that, as Weber saw, we are always confronted with a choice of terms, whether in sociological or philosophical discussion, need not entail the further implication that any such choice is inherently unarguable. It is further assumption of Weber which I am concerned to dispute. It is in fact possible to attack or defend the application of particular terms to a given case in such a way that one or other of the parties to the dispute may be induced to change his mind. Moreover, this will require an appeal both to the sociological evidence and to the philosophical presuppositions underlying the praise or blame which it is suggested that evidence should evoke" ("O ponto é, claro, o mesmo que fundamenta toda a posição de Weber sobre a 'relevância de valores' e que decorre da diferença fundamental entre as pessoas e as ações, por um lado, e os eventos, por outro. Mas o fato de que, como Weber percebeu, estamos sempre confrontados com uma escolha de termos, seja em uma discussão sociológica seja em uma filosófica, não implica necessariamente que qualquer escolha desse tipo seja inerentemente inquestionável. É essa suposição adicional de Weber que me preocupo em contestar. Na verdade, é possível atacar ou defender a aplicação de termos específicos a um dado caso de tal maneira que uma das partes do debate possa ser induzida a mudar de opinião. Além disso, isso exigirá um apelo tanto às evidências sociológicas quanto às pressuposições filosóficas subjacentes ao elogio ou à crítica que se sugere que as evidências devam evocar") (p. 173).

introduzidas na análise científico-social como um contexto real efetivo em um plano transcendental? Será que o conteúdo empírico das decisões de princípio, das quais depende a escolha de um quadro teórico, não pode ser uma vez esclarecido em conexão com processos sociais? Parece-me que podemos comprovar precisamente junto à doutrina da ciência de Weber essa conexão da metodologia com a análise sociológica do presente[12]. Em sintonia com o neokantismo, porém, o próprio Weber era positivista o suficiente para proibir a si mesmo essa reflexão.

2. Sociologia e história: sobre a discussão atual

2.1 Será que a lembrança de investigações acerca do dualismo metodológico não permite senão uma retrospectiva histórica ou será que ela atualiza uma problemática duradoura? Hoje é preponderante a concepção de que as ciências sociais romperam o âmbito de influência hermenêutico das ciências humanas e encontraram uma relação não problemática com a história: as teorias gerais do agir social encontram-se em uma relação de esguelha com o contexto histórico tradicional. A sociologia, que é que nos interessa aqui antes de tudo, relaciona-se de maneira indiferente com a história. Ela processa os seus dados sem levar em conta um contexto específico; o valor conjuntural histórico dos dados é desde o princípio neutralizado. Para a sociologia, toda a história se transformou em presente – certamente não no sentido da atualização reflexiva de um processo irreversível e irrepetível. A história é projetada muito mais sobre um plano de coetaneidade universal e, assim, deduzida de seu espírito propriamente dito. E foram as ciências histórico-hermenêuticas que criaram pela primeira vez os pressupostos para tanto.

As ciências históricas têm uma parcela na dialética do esclarecimento histórico, que despotencializa tradições históricas precisamente com a ampliação da consciência histórica: as ciências

---

12. Cf. a minha contribuição para essa discussão em meu texto "A querela positivista", p. 75s., na qual apresento pontos de vista da pesquisa sobre Weber mais antiga (Löwith, 1960, p. 1ss.; Landshut, 1928; Freyer, 1930). Quanto à bibliografia mais recente sobre Weber, cf. Bendix, 1964; Baumgarten, 1964.

históricas liberam os sujeitos esclarecidos da violência natural de tradições que governam os comportamentos. Na medida em que relativizam a história respectivamente própria em um contexto global e objetivam a história também como um todo enquanto um pluralismo de culturas elevadas, elas criam uma nova distância. Nessa medida, o historicismo designa a dissolução da unidade entre história e historiologia, ou seja, a supressão dos processos históricos, dos quais temos consciência como uma tradição efetiva. Joachim Ritter associou essa função das ciências humanas com o surgimento da sociedade industrial:

> Assim, a formação das ciências históricas e do mundo histórico e espiritual do homem pertence ao processo real, no qual a sociedade moderna na Europa, agora presente por toda parte sobre a terra, constituiu-se na emancipação diante de mundos originários que lhe são previamente dados. Por toda parte onde ela se torna o mundo do homem no processo de modernização, ela coloca necessariamente em fluxo [...] algo que veio a ser historicamente [...]. Com isso, a a-historicidade real da sociedade torna-se visível; ela não pode senão transformar o homem enquanto homem em sujeito do direito e do estado e dar a ele uma existência social, na medida em que o arranca de seu ser nascido na história e dotado de uma proveniência (Ritter, 1961, p. 11-39).

Ritter chegou a essa compreensão mediante uma interpretação da filosofia do direito de Hegel (Ritter, 1957). No âmbito do direito abstrato, a sociedade burguesa como sistema de necessidades parece estar fundada apenas na vontade natural de autoconservação e na esfera natural da satisfação das necessidades. A teoria natural, que projeta a sociedade burguesa a partir de si mesma, reflete de maneira pertinente a natureza a-histórica da sociedade moderna. O seu risco é a sociabilização total dos sujeitos. Essa sociedade só admite a liberdade como liberdade abstrata, como uma sociedade reduzida à base natural; somente com essa figura reduzida, ela deixa em aberto para uma subjetividade intrinsecamente dividida "o direito à sua particularidade e à sua liberdade, e, assim, a possibilidade da preservação"

(Ritter, 1957, p. 44). A interpretação liberal que Ritter faz de Hegel não se encontra aqui em discussão (Habermas, 1963a, p. 89ss.); o que interessa aqui é apenas a dialética da a-historicidade, para a qual ela conduz.

A sociedade industrial desprende-se de tradições históricas e se organiza em função de uma disponibilidade técnica dos substratos naturais; na mesma medida, porém, ela libera os sujeitos das compulsões organizadas da base natural e o abandona em uma esfera de liberdade subjetiva para além da sociedade. Certamente, só conseguimos manter essa liberdade se transcendemos sempre uma vez mais a sociedade como um todo por meio de uma conservação das tradições objetivadas que se tornaram facultativas e nos defendemos, assim, do perigo da sociabilização total, ao mesmo tempo em que do domínio da matéria social sobre o espírito que se afirma como subjetividade. Segundo esse ponto de vista, as ciências históricas se transformam no "órgão da compensação espiritual". Aquilo que elas tinham destruído como tradição, elas também tornam acessível uma vez mais como citação (Ritter, 1961, p. 34).

O esboço de H. Schelsky de uma teoria das ciências articula-se com as teses de Ritter, mas certamente com uma mudança do acento (Schelsky, 1963, p. 222-228; 278-295)[13]. Schelsky não espera mais seriamente que as ciências históricas transcendam toda a esfera das compulsões sociais e técnicas por meio da conservação de tradições mortas. Para ele, a sua tarefa esgota-se na ampliação exemplar do campo de jogo de projetos possíveis de ação para além do horizonte do presente imediato. De resto, porém, elas transferiram o papel da orientação na ação para as ciências naturais e para as ciências praxeológicas. Os limites que marcam o dualismo das ciências transcorrem hoje entre as ciências humanas históricas por um lado e as ciências naturais e sociais, por outro. As ciências praxeológicas destinam-se à produção de técnicas para o governo do agir social, do mesmo modo que as ciências naturais produzem técnicas para o domínio da natureza. As duas tornam-se as formas produtivas

---

13. Cf. o esboço de Schelsky dos traços fundamentais de uma nova universidade em Mikat e Schelsky (1966, p. 35-70).

mais nobres de uma civilização técnico-científica, que se desdobra sobre a tábula rasa de uma história neutralizada em uma medida global. Por isso, assim como todas as outras disciplinas que geram um saber tecnicamente aplicável, as ciências sociais também pertencem à pós-história – mesmo em termos metodológicos, elas são desprovidas das complicações que pareciam resultar outrora do aprisionamento de suas teorias em uma compreensão historicamente vinculada da situação. A consciência histórica das ciências humanas ensopou-se com os conteúdos objetivos da história mundial, retirando dessa história a força de uma conexão objetivamente impositiva. Como história dos efeitos, a história do mundo imobilizou-se:

> Na medida em que o passado, que prescrevia imediatamente enquanto tradição direções de ação para os indivíduos e para as coletividades, é distanciado por meio das ciências históricas e transformado em um mundo de objetos investigável de maneira histórico-crítica, o homem moderno conquista em relação a ele aquela liberdade de um futuro aberto, que o capacita efetivamente pela primeira vez a reconfigurar o meio ambiente natural e social segundo as suas intelecções científicas. A "a-historicidade" das sociedades modernas, que se manifesta explicitamente nas técnicas naturais e sociais, não é criada, portanto, senão por meio da cientificização do passado (Schelsky, 1963, p. 280).

Nesta civilização a-histórica, por isso, as ciências nomológicas, que excluem metodologicamente uma relação com a história, assumem a "direção da ação e do conhecimento". A sociedade moderna "obedece às leis da reconstrução do mundo por meio das ciências naturais e sociais que se transformaram em técnica; a calcificação e a autonormatividade da civilização científica e científico-industrial moderna suspendem a possibilidade de produção de um efeito por parte da personalidade dirigida por ideias, assim como a necessidade de compreender historicamente na ação e na intervenção política e social" (Schelsky, 1963, p. 225).

Ritter e Schelsky não são senão um reflexo do contexto histórico no qual as ciências se situam hoje. Se suas teses sobre a irracionalidade da história fossem pertinentes, o valor conjuntural de suas próprias reflexões não poderia se mostrar como plausível. As análises de Ritter e Schelsky pertencem à classe de investigações que podem alterar a autocompreensão dos endereçados e querem orientar no agir. No entanto, não é porque elas seriam componentes de ciências nomológicas e forneceriam informações tecnicamente aproveitáveis que elas não poderiam influenciar a consciência prática, mas unicamente porque elas mesmas pertencem à categoria da reflexão historicamente dirigida. Isso, porém, coloca em questão a tese de Ritter e a teoria das ciências que Schelsky apoia sobre ela: elas expressam somente a autocompreensão positivista da época, em vez de concebê-la[14]. Com certeza, depois que a validade natural dos sistemas valorativos orientados para ação foi quebrada pela primeira vez, o historicismo contribuiu para que as tradições que governam as ações não determinassem mais ou pudessem determinar a autocompreensão de sociedades modernas de maneira ingênua, mas antes com a claridade de uma consciência historicamente esclarecida. Todavia, apenas por sua própria profissão de fé positivista é que o historicismo teria conseguido reunir em uma coetaneidade ideal uma história mundial objetivada em um cosmos de fatos. Na verdade, como sempre, as ciências hermenêuticas também pertencem elas mesmas ao contexto tradicional que clarificam. Precisaremos admitir que a sua autocompreensão objetivista tem consequências: ela subtrai um saber realizado da apropriação refletida de tradições efetivas e cuida para que se tenha uma musealização da história em geral. Por meio daí, porém, uma continuidade historicamente efetiva é em todo caso reprimida, mas não suspensa.

Certamente, sobre o solo de uma repressão cientificamente legitimada da história, pode surgir a aparência objetiva de que, com o auxílio da ciência nomológica, seria possível circunscrever a práxis vital exclusivamente à esfera funcional do

---

14. Quanto ao que se segue, cf. meu ensaio Erkenntnis und Interesse (Conhecimento e interesse) (*Merkur*, dezembro de 1965).

agir instrumental. Os sistemas de pesquisa que geram um conhecimento tecnicamente utilizável tornaram-se, de fato, forças produtivas da sociedade industrial. Como eles só produzem técnicas, porém, não são capazes precisamente da orientação no agir. O agir social é de início uma conjunção de fatores mediada pela tradição em uma comunicação corrente, uma conjunção que exige respostas a questões práticas. A práxis só equivaleria ao agir instrumental se a vida social tivesse se reduzido a uma existência em sistemas de trabalho social e de autoafirmação violenta. A autocompreensão positivista das ciências monológicas favorece certamente uma repressão do agir por meio da técnica. Se questões práticas que se relacionam com a suposição de padrões são retiradas da discussão racional e se só um saber utilizável tecnicamente é considerado confiável, então só os valores instrumentalistas da eficiência possuem uma parte do que resta da racionalidade (Marcuse, 1964).

No estado atual das forças produtivas, as relações entre o progresso técnico e o mundo da vida social não podem mais encontrar um equilíbrio natural como tinha acontecido até aqui. Cada novo avanço do saber-fazer técnico que irrompe de maneira descontrolada em antigas formas da práxis vital acirra o conflito entre resultados de uma racionalidade intensiva e tradições levadas de roldão pelo progresso: é possível que esse estado de coisas se mostre como uma liberação da civilização técnico-científica em relação à história em geral. A violência objetiva dessa aparência, que é consolidada uma vez mais pela autocompreensão positivista de todas as ciências, não faz outra coisa, contudo, senão dissimular a conexão de interesses, que determina de modo irrefletido a direção do progresso técnico. A opinião de que as compulsões materiais técnicas teriam se autonomizado é ideológica. Dessa forma, levanta-se o problema de saber como a aplicação prática de um conhecimento técnico ainda pode ser clarificada racionalmente no contexto de uma situação histórica, como um conhecimento técnico pode ser traduzido de maneira obrigatória para a consciência prática. A interpretação urgente que se estende até a inserção de meios técnicos no mundo da vida social precisa realizar as duas coisas ao mesmo tempo: ela precisa *analisar* as condições objetivas de uma situação, as técnicas disponíveis e factíveis, assim como as instituições existentes e os interesses efetivos, e, ao mesmo tempo, *interpretá-los* no âmbito de uma auto-compreensão de grupos sociais determinada pela tradição. Por isso, vejo uma conexão entre esse problema da tradução racionalmente obrigatória de um conhecimento técnico em uma consciência prática e as condições metodológicas de possibilidade de uma ciência social que integre o procedimento analítico e o hermenêutico.

Desde a metade do século XX, aquilo que a filosofia da história vinha antecipando desde o século XVIII se torna verdade: o mundo unitário que inseriu a humanidade em uma conexão de interações. Com isso, a história constitui-se *como* história mundial. A sua base é uma sociedade industrial que logo abarca o mundo. A consciência de suas tradições, que tinha determinado até então as culturas elevadas com a sua unidade natural entre historiologia e história, dissolve-se em uma consciência historista. Os sistemas do desenvolvimento industrial e do armamento atômico são concorrentes em uma configuração transformada da história. No entanto, mesmo as mudanças do sistema de referência da própria história só podem ser concebidas historicamente. Contanto que não renunciemos à reflexão ou que não sejamos privados dela em favor de uma racionalidade mutilada, não podemos saltar sem consequências pela dimensão da história do desenvolvimento do gênero humano. Como a história é a totalidade, a partir da qual precisamos conceber até mesmo uma civilização que aparentemente se evadiu da história, nós também transcendemos um sistema quando o conceptualizamos historicamente. Schelsky, que nega a história como totalidade, precisa buscar refúgio, por fim, em uma teoria transcendental da sociedade, para honrar a sua intenção persistente de compreender (Schelsky, 1959, p. 86-109).

Certamente, trata-se aqui de um transcendentalismo peculiar, que associa a intenção epistemológica com a intenção prática: esse transcendentalismo procura clarificar de uma só vez as condições de uma sociologia possível e os limites do social

(Schelsky, 1959, p. 67). Não se pode contestar o caráter consequente dessa sugestão. A sociologia, que se crê totalmente emancipada de seu contexto histórico, torna-se vítima da imanência do existente. Assim, Schelsky, que reflete sobre esse fato e que, contudo, não gostaria de se transformar em "agrimensor e construtor de máquinas do social", só pode transcender a sociedade existente relativizando a sociedade em geral. Como sociólogo, ele persegue essa meta por sobre o caminho de uma restrição transcendental da sociologia. Ele não prevê naturalmente que, chegando a esse nível da reflexão, ele não seria mais capaz de abordar nenhum problema empiricamente substancial – a não ser que se abandonasse àquela dialética das implicações históricas das decisões metodológicas, da qual ele queria justamente escapar. Pode ser que Schelsky tenha sido obrigado a rever a sua sugestão por meio dessas dificuldades. Em uma investigação posterior (Schelsky, 1961), ele retira o tema da "liberdade do homem em face da sociedade" de uma teoria transcendental da sociedade, sim, da análise científica e da reflexão filosófica em geral; Schelsky define agora essa problemática de uma maneira antes existencialista como uma interioridade praticada:

> Portanto, se a "cultura" é uma soberania intelectual e ética diante das compulsões do mundo e da vida prática [...], então ela não precisa mais ser conquistada hoje primária e imediatamente pelo caminho da ciência. Ao contrário, o fato de a própria vida prática ter se tornado científica leva hoje a pretensão de ser culto exatamente em direção à tarefa de se distanciar na mesma medida da ciência, de se elevar para além dela, tal como outrora a cultura dos humanistas e dos idealistas se alçou por sobre a mera vida prática. A cultura pessoal reside hoje na superação intelectual da ciência – precisamente em sua dimensão técnico-construtiva. Todavia, não se pode ficar sem essa ciência: uma vez que ela se tornou o mundo e a própria vida prática, ela representa efetivamente a substância da vida, que é preciso "formar"[15]; somente

---

15. Há um paralelismo no texto que se perde na tradução. A palavra alemã para designar o que chamamos de "cultura" é a palavra *Bildung*. Essa palavra

ao atravessar a vida prática, somente ao atravessar as ciências, o homem pode alcançar realmente o limiar a partir do qual é possível levantar de maneira nova a questão cultural. Ela não pode mais ser respondida, porém, na dimensão da própria ciência, nem como filosofia nem como síntese científica, porque a ciência como construção do mundo antecede a todo pensamento científico (Schelsky, 1961, p. 37).

Acho que Schelsky diagnostica corretamente os riscos do objetivismo científico. As pesquisas institucionalizadas das ciências naturais e sociais trabalham no progresso da auto-objetivação técnico-científica do homem, que Schelsky denomina "a nova autoalienação" (Schelsky, 1963, p. 299; Habermas, 1963b). No entanto, como ele acredita na consciência positivista de que as ciências humanas históricas eliminaram a história, assim como as ciências nomológicas eliminaram o espírito, ele não julga mais como possível que as próprias ciências tenham a força da autorreflexão, que conseguiria tocar essa alienação em sua dimensão própria. Se não antecipa imediatamente o seu caráter vão, o apelo a processos culturais que transcendem a filosofia e a ciência só pode se alimentar da esperança indiscutível de uma nova religiosidade. Schelsky é conduzido a essa consequência porque acredita por demais ingenuamente na pretensão da sociologia ao *status* de uma ciência natural do social e não vê que, tanto quanto a sociedade pela qual se orienta, ela não pode se elevar a um ponto acima da dimensão histórica.

2.2 Schelsky não nega o dualismo das ciências; ele o assume sem discussão. Na verdade, ele considera sem reserva as ciências sociais como ciências nomológicas. Ele as purifica da ambiguidade de uma ciência *humana* nomológica. Schelsky não fundamenta essa tese por meio de uma clarificação metodológica; ele analisa muito mais as funções das ciências no contexto social da civilização técnico-científica. À a-historicidade da sociedade

---

possui uma relação direta com o verbo *bilden*, que significa literalmente "formar". Em alemão, a cultura aponta para o processo mesmo de formação do espírito a partir de suas exteriorizações [N.T.].

industrial corresponde para ele a desistoricização das ciências praxeológicas a ela integradas. O positivismo procede de maneira mais radical. Ele nega o dualismo das ciências enquanto tal. Ele contesta que a sociologia possua uma conexão com a história, que se estenda até o cerne da metodologia: não há absolutamente um acesso genuíno à história. A hermenêutica é pré-científica; mesmo as ciências historicamente dirigidas obedecem à lógica indivisível da ciência unitária, que liga abstratamente sistemas de enunciados a dados empíricos. A metodologia não está em condições de distinguir estruturalmente na massa dos fenômenos entre natureza e história[16].

Ernst Topitsch agarra-se à afirmação do dualismo metodológico, na medida em que coloca em questão a distinção entre natureza e história em termos de crítica à ideologia[17]. Ele faz a crença extático-catártica na alma remontar ao mundo de ideias pré-histórico dos xamãs, um mundo no qual a alma se mostrava como uma entidade passível de ser destacada do corpo. Essa representação inicialmente mágica de uma superioridade ativa da alma que ascende até a região do divino sobre o mundo entrou na filosofia por intermédio de Platão. Ela continua determinando o conceito kantiano do eu inteligível (Topitsch, 1970; 1969, p. 155-200; 1963, p. 201-234). Kant associa essa tradição com a doutrina dos dois reinos, uma doutrina de origem patrístico-cristã. É assim que ele constitui a abordagem teórica da filosofia transcendental, que prevê uma cisão geral entre o âmbito fenomenal da natureza sob leis causais e o âmbito numenal da liberdade sob leis morais. Essas representações metafísico-morais retornam de maneira neokantiana na oposição entre natureza e cultura e encontram metodologicamente a sua expressão no dualismo entre ciências naturais e ciências humanas.

---

16. O método científico é invariante em relação a seus objetos. No plano teórico, diferenças entre os campos de objetos não se refletem senão quanto ao vocabulário, mas não quanto à forma lógica dos enunciados.

17. Das Verhältnis zwischen Sozial-und Naturwissenschaften (A relação entre ciências sociais e naturais) (Topitsch, 1965, p. 57-69).

Topitsch não deixa nenhuma dúvida quanto ao fato de considerar essa oposição tão ideológica quanto a crença na alma que é característica dos xamãs. Não posso discutir aqui o modo como ele deduz o ponto de partida do sistema kantiano (Habermas, 1958, p. 215ss.). No entanto, é possível mostrar que uma dedução em termos de crítica à ideologia do tipo da realizada por Topitsch não se justifica. Ela só seria necessária a partir do pressuposto de um determinado conceito de "ideologia": de acordo com esse conceito, todos os enunciados que não satisfizessem as condições estabelecidas positivisticamente de uma confiabilidade científica seriam declarados absurdos. Com isso, porém, pressuporíamos de maneira implícita precisamente aquilo que deveria ser comprovado: o fato de uma determinada concepção metodológica que não concorde com a concepção positivista ser falsa. Com certeza, apresentar um critério de absurdidade para esse conceito de ideologia não seria menos inútil do que o foi a tentativa fracassada de se apoderar de um critério empírico de sentido. Todavia, se não podemos retirar um padrão de avaliação do conceito de "ideologia" hipostasiado de modo positivista, então não podemos descartar a possibilidade de uma distinção metodológica ser efetivamente marcada pelo momento da verdade no interior das tradições filosóficas, religiosas ou míticas, tradições a partir das quais ela pode ser derivada em termos de ciências humanas.

Além disso, Topitsch não percebe que Rickert e Cassirer desenvolveram a sua metodologia contra o dualismo kantiano entre ciências naturais e filosofia moral. Precisamente a distinção kantiana entre o âmbito empírico e o âmbito transcendental, uma distinção que confronta inevitavelmente a natureza com o espírito, foi colocada em questão, na medida em que as novas ciências histórico-hermenêuticas analisam o espírito como fato. A metodologia das ciências humanas leva em consideração o fato de a consciência transcendental assumir uma figura empírica, seja em valores historicamente realizados seja em formas simbólicas. Rickert acentua antes os conteúdos significativos objetivados, pelos quais se orienta um agir intencional; Cassirer sublinha antes o meio da representação, com o qual os sujeitos agentes concebem o seu mundo. Cada um à sua maneira, os dois compreendem que os fenômenos do mundo histórico se comportam em relação aos fenômenos da natureza como metafatos em relação a fatos: nos fenômenos culturais, a performance transcendental de uma concepção esquemática da natureza assume justamente a figura de uma segunda natureza empiricamente acessível. Em outra terminologia, também podemos exprimir isso da seguinte forma: as teorias científico-naturais se apresentam como sistemas de enunciados sobre estados de coisa, enquanto os estados de coisa que as ciências humanas analisam já contêm eles mesmos referências complexas entre enunciados e estados de coisa. Aos fatos de primeira e de segunda ordem correspondem experiências de primeiro e de segundo nível: observação e compreensão, por mais que a compreensão inclua a percepção de sinais representacionais. Mesmo a análise lógica da linguagem orienta-se por um material dado de sinais. Como somos nós mesmos que estabelecemos ou geramos esses sinais nas ciências formais, desconhecemos na maioria das vezes que eles mesmos são dados em uma experiência. O momento da experiência vem naturalmente de maneira mais forte à consciência quando, como nas ciências humanas, as relações simbólicas concebidas compreensivamente precisam ser primeiramente explicitadas a partir de enunciados não sistemáticos e não formalizados, a saber, a partir de conteúdos semânticos tradicionais.

A distinção entre ciências nomológicas e ciências hermenêuticas não possui nenhuma conexão sistemática com a contraposição metafísica entre natureza e espírito. Assim, George Herbert Mead chegou às mesmas compreensões que Cassirer em um quadro referencial evolucionista e mostrou como é que um agir social pode chegar a se formar sob as condições de uma comunicação linguística (Mead, 1948). A única interação determinada, na qual o gênero humano pode reproduzir a sua vida está ligada a um papel transcendental da linguagem. Mead ignora a oposição entre espírito e natureza; ele só conhece o contexto objetivo de uma história natural do gênero. No entanto, como o comportamento humano é sempre mediado transcendentalmente por um mundo da vida social, ele assume uma posição particular no interior da classe de todos os acontecimentos observáveis, uma posição à qual também corresponde uma metodologia particular da análise científica. Esse argumento foi decisivo para o princípio da interpretação subjetiva, que Parson, em articulação com Max Scheler, colocou na base do quadro categorial de uma teoria da ação.

Neste plano da discussão, a análise crítico-ideológica das representações da alma não consegue nada. As teses contra a unidade metodológica entre as ciências da natureza e as ciências da cultura não podem ser contestadas conclusivamente desse modo. Quem nega o dualismo científico precisa mostrar que as ciências histórico-hermenêuticas podem ser subsumidas a uma metodologia geral das ciências empíricas.

2.3 K. R. Popper define a unidade entre as ciências nomológicas e históricas com uma referência às diversas funções das teorias científicas. Teorias permitem a dedução de hipóteses legais: essas hipóteses servem à explicação e ao prognóstico. As duas performances comportam-se uma em relação à outra de maneira simétrica. A partir de condições inicialmente dadas, posso deduzir um estado subsequente com o auxílio de uma lei; a partir de um estado final dado, posso revelar as condições iniciais com base em uma lei. Denominamos esses dois acontecimentos causa e efeito, porque eles se encontram em uma conexão legal natural. Somente o saber ligado a leis permite o prognóstico condicionado de acontecimentos observáveis ou a sua explicação causal. As ciências teóricas estão interessadas na escolha de teorias, ou seja, por uma comprovação do saber nomológico: elas testam hipóteses legais com base em prognósticos condicionados. As ciências históricas, ao contrário, estão interessadas na explicação de acontecimentos específicos: elas pressupõem leis mais ou menos triviais, ou seja, elas aplicam teorias.

Esta concepção da história deixa claro por que tantos pesquisadores da história e de seus métodos afirmam estarem interessados em acontecimentos particulares e não nas chamadas leis históricas, pois, de acordo com a nossa concepção, não pode haver nenhuma lei histórica. A generalização pertence simplesmente a outra esfera de interesses e essa esfera precisa ser acentuadamente distinta do interesse por acontecimentos específicos e por sua explicação causal – um interesse a partir do qual se constitui a tarefa da história (Popper, 1957, v. II, p. 326; 1954, p. 87-102).

C. G. Hempel apresentou essa concepção da seguinte maneira:

> The explanation of the occurrence of an event of some specific kind E at a certain place and time consists, as it is usually expressed, in indicating the causes of determining factors of E. Now the assertion that a set of events – say, of the kinds C1, C2,... Cn – have caused the event to be explained amounts to the statement that, according to certain general laws, a set of events of the kind mentioned is regularly accompanied by an event of kind E. Thus, the scientific explanation of the event in question consists of:
>
> 1. a set of statements asserting the occurrence of certain events C1,...Cn at certain times and places,
>
> 2. a set of universal hypotheses, such that
>
> a) the statements of both groups are reasonably well confirmed by empirical evidence,
>
> b) from the two groups of statements the sentence asserting the occurrence of event E can be logically deduced.
>
> In a physical explanation, group 1 would describe the initial and boundary conditions for the occurrence of the final event; generally, we shall say that group 1 states the determining conditions for the event to be explained, while group 2 contains the general laws on which the explanation is based; they imply the statement that whenever events of the kind described in the first group occur, an event of

the kind to be explained will take place[18] (Hempel, 1949, p. 459-471)[19].

Concordando com Hempel, E. Nagel aponta para o fato de as explicações históricas não implicarem senão muito raramente hipóteses legais universais; a premissa, com o auxílio da qual se deduz a causa, possui normalmente a forma de uma universalização estatística do tipo que afirma que sob certas circunstâncias é possível esperar de maneira mais ou menos provável um comportamento determinado. Portanto, o historiador precisa se satisfazer com explicações probabilísticas (Nagel, 1961, p. 545ss.)[20]:

---

18. "A explicação da ocorrência de um evento de um tipo específico E em certo lugar e tempo consiste, como é expresso normalmente, na indicação das causas ou dos fatores determinantes de E. Agora, a afirmação de que um conjunto de eventos – digamos dos tipos C1, C2,...Cn – causou um evento a ser explicado significa afirmar que, de acordo com certas leis gerais, um conjunto de eventos do tipo mencionado é regularmente acompanhado por um evento do tipo E. Com isso, a explicação científica do evento em questão consiste em:

1. um conjunto de enunciados afirmando a ocorrência de certos eventos C1,... Cn em determinados tempos e lugares,

2. um conjunto de hipóteses universais tais com:

a) os enunciados dos dois grupos são confirmados pela evidência empírica de uma maneira racionalmente boa,

b) a partir dos dois grupos de enunciados pode ser deduzida logicamente a sentença que afirma a ocorrência do evento E. Em uma explicação física, o grupo 1 descreveria as condições iniciais e limítrofes para a ocorrência do evento final; geralmente, diríamos que o grupo 1 estabelece as condições determinantes para o evento ser explicado, enquanto o grupo 2 contém as leis gerais nas quais a explicação é baseada; eles implicam o enunciado de que quando quer que os eventos do tipo descrito no grupo 1 venham a ocorrer, um evento do tipo a ser explicado terá lugar" [N.T.].

19. Uma tentativa notável de comprovar e modificar essa tese a partir das representações dos próprios historiadores é feita por Gardiner (1952). Em contrapartida, o ensaio de Kraft (1965, p. 72-84) não contém nenhum ponto de vista novo.

20. Diferentemente de Nagel, M. Scriven não considera possível deduzir enunciados sobre causas a partir de hipóteses probabilísticas de um conteúdo trivial junto a efeitos dados. Hipóteses desse tipo, com as quais precisamos nos satisfazer por razões pragmáticas em vez de enunciados legais universais, servem, em todo caso, para a fundamentação da justificação crítica de explicações (Scriven, 1959; 1962, p. 170ss.).

The point just made in terms of an example can be stated more generally. Let A1 be a specific action performed by an individual x on some occasion t in order to achieve some objective O. However, historians do not attempt to explain the performance of the act A1 in all its concrete details, but only the performance by x of a type of action A whose specific forms are A1, A2,...An. Let us suppose further that x could have achieved the objective O had he performed on occasion t any one of the actions in the subset A1, A2,...Ak of the class of specific forms A. Accordingly, even if a historian were to succeed in giving a deductive explanation for the fact that x performed the type of action on occasion t, he would not thereby have succeeded in explaining deductively that x performed the specific action A1 on that occasion. In consequence, and at best, the historian's explanation shows only that, under the assumptions stated, x's performance of A1 on occasion t is probable (p. 558)[21].

Além disso, se em questões relevantes o historiador quase nunca se encontra em condições de explicar um acontecimento a partir de condições suficientes, ou seja, se ele nunca está em condições de explicar um acontecimento completamente, ele se restringe normalmente a indicar uma série de condições necessárias. Ele permanece entregue ao seu juízo, quando considera significativo interromper a procura por outras "causas". Ele é metodologicamente obrigado a tomar uma decisão em

---

21. "O ponto que acabamos de estabelecer em termos de um exemplo pode ser enunciado de maneira mais geral. Deixemos A1 se mostrar como uma ação específica realizada por um indivíduo x em uma ocasião t a fim de alcançar algum objetivo O. Não obstante, historiadores não procuram explicar a realização do ato A1 em todos os seus detalhes concretos, mas somente a realização por x de um tipo de ação A, cujas formas específicas são A1, A2,...An. Suponhamos, além disso, que x poderia ter alcançado o objetivo O se ele tivesse realizado na ocasião t algumas daquelas ações no subconjunto A1, A2,...Ak da classe de formas específicas de A. De acordo com isso, mesmo se um historiador conseguisse dar uma explicação dedutiva para o fato de x ter realizado o tipo de ação A na ocasião t, ele não conseguiria, por conseguinte, explicar dedutivamente que x realizou a ação específica A nessa ocasião. Consequentemente e na melhor das hipóteses, a explicação do historiador só mostra que, dadas as suposições enunciadas, a realização de A1 por x na ocasião t é provável" [N.T.].

uma zona marcada por uma incerteza principial. Na medida em que toma essa decisão de maneira inteligente, ele se reporta ao seu "juízo histórico"; justificações desse tipo não podem naturalmente continuar sendo analisadas em um quadro positivista. A faculdade do juízo do historiador entra de mais a mais em jogo quando acontecimentos ou agregados complexos, que não podem ser subsumidos enquanto tais a uma lei, são decompostos:

> Historians cannot deal with such an event as a single whole, but must first analyze it into a number of constituent "parts" or "aspects". The analysis is frequently undertaken in order to exhibit certain "global" characteristics of the inclusive event as the outcome of the particular combination of components which the analysis seeks to specify. The primary objective of the historian's task, however, is to show why those components were actually present; and he can achieve this aim only in the light of (usually tacit) general assumptions concerning some of the conditions under which those components presumably occur. In point of fact, even the analysis of a collective event is controlled in large measure by such general assumptions. First of all, the delimitation of the event itself – the selection of some of its features rather than others to describe it and thereby also to contrast it with earlier states of affairs out of which it is presumably developed, and the adoption of some particular time or circumstance for fixing its supposed beginnings – depends in part on the historian's general conception of the "basic" variables in terms of which the event is to be understood. Secondly, the components a historian distinguishes in an event when he seeks to account in a piecemeal fashion for its occurrence are usually those whose "most important" determining conditions are specified by the generalizations he normally assumes about those components, so that these determinants are frequently the ones he tries to discover in some actual configuration of happening that took place antecedently or concurrently with the collective event he is investigating. In short, generalizations of some sort appear as essentially in the

premises of explanations for aggregative occurrences as they do in explanations of individual actions (Nagel, 1961, p. 570s.)[22].

Nagel parece não ver que os pontos de vista seletivos, a partir dos quais o historiador escolhe os aspectos de um acontecimento (e em todo aspecto determinadas classes de variáveis), são anteriores às hipóteses probabilísticas sobre a conexão de uma variável determinada com uma característica selecionada, ou seja, ele parece esquecer que, por sua parte, eles não podem ser diretamente comprovados. Esses pontos de vista pertencem já às "interpretações gerais", que Popper admite para o trabalho do historiador como teorias de referência provisória e em princípio não comprovável. Tais quase-teorias fixam pontos de vista gerais da interpretação; elas parecem estar em correspondência com aquelas ligações valorativas, a partir das quais é possível deli-

---

22. Em inglês no original: "Historiadores não podem lidar com tal evento como um todo único, mas precisam primeiro analisá-lo de acordo com um número de 'partes' ou 'aspectos' constitutivos. A análise é frequentemente empreendida a fim de exibir certas características 'globais' do evento em sua totalidade como o resultado da combinação particular de componentes que a análise procura especificar. O primeiro objetivo da tarefa do historiador, contudo, é mostrar por que esses componentes estavam atualmente presentes; e ele só pode atingir essa meta à luz de suposições gerais (normalmente tácitas) que dizem respeito a algumas das condições sob as quais esses componentes presumivelmente ocorrem. De fato, mesmo a análise de um evento coletivo é controlada em larga escala por tais suposições gerais. Em primeiro lugar, a delimitação do próprio evento – a seleção de alguns de seus caracteres em vez de outros para descrevê-lo e, por conseguinte, para contrastá-lo com estados de coisa anteriores, a partir dos quais ele presumivelmente se desenvolveu, assim como a adoção de um tempo ou de uma circunstância particular para fixar os seus supostos começos – depende em parte da concepção genérica do historiador acerca das variáveis 'básicas' em termos das quais o evento precisa ser compreendido. Em segundo lugar, os componentes que um historiador distingue em um evento, ao proceder por partes para avaliar a sua ocorrência são normalmente aqueles cujas condições determinantes 'mais importantes' são especificadas pelas generalizações que ele comumente assume sobre esses componentes, de modo que esses elementos determinantes são com frequência aqueles que ele tenta descobrir em alguma configuração atual de acontecimentos que tiveram lugar antecedente ou concorrentemente com o evento coletivo que ele está investigando. Em suma, parece que não podemos prescindir de generalizações de tal tipo nas premissas de explicações que oferecemos sobre as ocorrências agregadas e que elas são tão essenciais quanto nas explicações de ações individuais" [N.T.].

mitar segundo Rickert um campo específico de objetos (Popper, 1964, p. 328ss.). Como quer que esse ato venha a ser interpretado, o historiador também mantém segundo uma concepção positivista uma margem de decisão que só pode ser preenchida de maneira inteligente por meio da faculdade de julgar histórica. As performances lógicas da faculdade de julgar, contudo, subtraem-se à abordagem de uma metodologia que inclui a análise científica nos limites de uma lógica do esclarecimento sob leis gerais. Elas só podem ser apreendidas suficientemente no quadro de uma hermenêutica filosófica (Gadamer, 1960, p. 290ss.).

Apesar das restrições de seu modelo, Popper, Hempel e Nagel mantêm estritamente a ideia de que o trabalho do historiador, na medida em que está submetido a padrões de investigação e não, por exemplo, a critérios de uma apresentação literária, termina na explicação causal de acontecimentos e situações, aquiescendo à subsunção a leis gerais como um esquema de explicação. William Dray, que foi influenciado por Collingwood tanto quanto por filósofos da escola da filosofia analítica da linguagem (Donagan, 1962, p. 173-209), contesta a aplicabilidade do *"covering law model"* à pesquisa histórica. Ele quer comprovar que explicações históricas não preenchem normalmente a condição de uma subsunção sob leis gerais e, na verdade, não precisam preenchê-la por razões principiais.

Dray explicita a sua tese em um exemplo escolhido de uma maneira não muito feliz: "Luís XIV morreu impopular, porque tinha perseguido uma política que era prejudicial aos interesses nacionais da França". O lógico insiste em formular expressamente a "lei" à qual o historiador se refere implicitamente nessa explicação. Ele sugerirá, por exemplo, o seguinte princípio geral: "Regentes que empreendem uma política contrária aos interesses de seus súditos tornam-se impopulares". Se o historiador recusa a sugestão com o argumento de que isso só é pertinente para uma política determinada e em circunstâncias determinadas, o lógico introduzirá especificações na lei. Ele o fará, por exemplo, sob a forma: "Regentes que enredam seus países em guerras, perseguem minorias religiosas e mantêm uma corte parasitária tornam-se impopulares". O lógico tentará levar em conta qualquer outra objeção do historiador segundo essa regra. Ele acolherá na "lei" toda nova especificação da política particular de Luís XIV e da situação da França que lhe era contemporânea como condições específicas. Qual é a conclusão que Dray retira desse diálogo fictício entre o lógico e o historiador?

> Covering law theorists will no doubt say that what the dialectic elicits is a set of sufficient conditions falling under a covering law; for at every stage, the logician's revision answers the historian's objection that what the law sets out need to be universally true. But opponents of the model may very well insist that the series of more and more precise laws which the historian's objections force upon the logician is an indefinite one. And I think it is true that, in an important sense of "need", the historian, having given his explanation, need not accept any particular candidate the logician formulates. It is always logically possible for the explanation to be just out of reach every time the logician's pincers snap shut. To this extent, the logician's argument from meaning still remains inconclusive; for the conjunction of an explanatory statement and the denial of any law that might be suggested, is never self-contradictory, or even strictly unintelligible. To put it another way: no matter how complicated the expression whith which we complete a statement of the form "E because...", it is part of the "logic" of such "because" statements that additions to the explanatory clause are never ruled out by our acceptance of the original statement[23] (Dray, 1964, p. 35).

---

23. Em inglês no original: "Os teóricos da lei geral dirão sem dúvida alguma que a dialética traz à tona uma série de condições suficientes que caem sob uma lei geral; pois em cada estágio a revisão do lógico responde à objeção do historiador de que o que a lei enuncia precisa ser universalmente válido. No entanto, opositores do modelo podem muito bem insistir que a série de leis cada vez mais precisas do que as objeções do historiador obrigam o lógico a estabelecer é uma série indefinida. E acho que é verdade dizer que, em um importante sentido de 'precisar', o historiador, tendo dado a sua explicação, não precisa aceitar nenhum candidato particular formulado pelo lógico. É sempre logicamente possível que a explicação escape às pinças do lógico precisamente no momento em que elas se fecham. Nessa medida, o argumento que o lógico

O historiador poderia se satisfazer a princípio com uma formulação que não preenche mais logicamente o *status* de uma lei: "Todo regente que realize a política de Luís XIV sob condições exatamente iguais perde a sua popularidade". Essa proposição contém o nome de um indivíduo e não possui, por isso, o *status* do enunciado de uma lei. Ela pode ser concebida como expressão da máxima absurda de que é preciso acolher sucessivamente no enunciado da lei todas as respectivas condições iniciais possíveis de uma lei formulada de maneira incompleta como condições limitadoras.

Evidentemente, a explicação histórica da perda de popularidade de Luís XIV só seria considerada como uma explicação dedutiva se ela pudesse se ligar a uma lei sociológica sobre a perda de popularidade de posições de domínio em sistemas quaisquer ou mesmo a uma lei sociopsicológica em um nível ainda mais elevado de generalização. Mesmo se houvesse tais leis, seria naturalmente duvidoso se a tarefa do historiador deveria consistir em formular traços característicos da política de Luís XIV, de seu sistema de domínio e da população francesa daquela época como condições iniciais para uma ou algumas dessas leis. Ao contrário, o trabalho histórico propriamente dito já precisaria ter sido muito mais realizado, antes de que se pudesse conseguir relacionar o conhecimento histórico com o conhecimento nomológico.

Popper citou como exemplo de uma explicação histórica o desvendamento de um caso de assassinato. Até o ponto em que se trata da reconstrução do processo factual observável, a lógica da explicação é apropriada. A causa somática imediata da morte, as causas indiretas tanto quanto o emprego de um instrumento mortal ou a conexão causal dos acontecimentos que determinaram o comportamento do assassino no momento do

---

retira do sentido sempre permanece inconcludente; pois a conjunção de uma afirmação explicativa e a negação de qualquer lei que possa vir a ser sugerida não é jamais autocontraditória ou mesmo estritamente ininteligível. Para dizer isso de outro modo: não importa o quão complicada seja a expressão com a qual completamos uma sentença do tipo 'E porque...', faz sempre parte da 'lógica' de tais sentenças 'porque' que adições à fórmula explicativa nunca consiga eliminar a sentença inicial pelo fato de nós o aceitarmos" [N.T.].

crime – tudo isso pode ser definido sob a forma de condições iniciais com vistas às leis naturais requeridas para a explicação. Mas, logo que o processo é concebido como consequência de uma ação intencional, o motivo do criminoso precisa ser clarificado para que possamos compreender o "assassinato". Talvez se consiga inserir a ação na sintomática própria à imagem de uma doença cujos componentes somáticos são bem conhecidos e identificar essa doença orgânica correspondente com o criminoso. Nesse caso, a explicação recai no âmbito de competência da medicina enquanto uma ciência natural. Talvez se consiga reunir indícios suficientemente confiáveis de um comportamento racional regido por fins, de modo que o assassinato possa ser concebido como uma ação realizada a partir de máximas puras. É assim que procedem os autores de histórias de detetives: os motivos são "elucidativos" e não se encontram enquanto tal em discussão. Normalmente, porém, o motivo não poderá ser explicado por meio de uma referência a leis causais ou a máximas puras. Somente então começa o trabalho do historiador. Ele investiga inicialmente a história de vida do criminoso. As situações nas quais ele cresceu apontam em seguida para o contexto mais complexo do meio, dos arredores imediatos e mais distantes, por fim, mesmo para o contexto das tradições, que podem remontar a um ponto bem remoto no tempo. Conseguiu-se em um curto espaço de tempo reconstruir o assassinato do Presidente Kennedy e identificar o criminoso; mas foram os jornalistas que escreveram de início os seus relatos e, mais tarde, os historiadores que escreveram livros sobre as motivações de Oswald. Tais investigações conduzem para além dos quadros biográficos da história de vida individual. Por esse caminho, muitas explicações são reunidas; como no exemplo da perda de popularidade, estão implicados ali princípios gerais. Cada um desses princípios, porém, só pode requisitar validade à guisa de ensaio, porque eles sempre pressupõem restrições, que só podem ser designadas de modo exemplar, e porque precisam permanecer, de resto, entregues a uma lembrança complexa de situações conjuntas explicitadas noutra parte. Vê-se, portanto, que as próprias explicações históricas não representam senão passos em uma série por princípio não fechada de explicações possíveis.

Dray designa dois pontos de vista a partir dos quais é possível tornar explícitas tais "explicações". Uma explicação histórica estabelece uma relação entre um acontecimento e as condições necessárias para o surgimento desse acontecimento. Essas condições não são condições suficientes para o prognóstico do acontecimento; e, mesmo como condições necessárias, elas só são válidas no quadro de uma situação conjunta dada. A relação lógica entre *explanandum* e *explanans*, por sua vez, só pode pretender uma pertinência empírica com relação a um sistema de condições não analisado. Além disso, a explicação não teria nenhum sentido caso esse sistema de condições não pudesse ser apreendido de alguma forma, ainda que de forma apenas global. O historiador toma uma primeira decisão com a delimitação do sistema no interior do qual ele busca condições necessárias. Ele escolhe a situação conjunta econômica, estratégica, cultural a partir da qual o acontecimento deve ser explicado. Ele tem um conhecimento complexo da situação conjunta, seja por meio de uma pré-compreensão global, seja a partir de explicações precedentes. A explicação histórica refere-se, então, a acontecimentos que são concebidos como desvios de uma situação conjunta: guerras e revoluções são acontecimentos exemplares que atraem sobre si o interesse histórico. Do mesmo modo, a estabilidade de uma situação conjunta, ou seja, o fato de um acontecimento esperado não ter se dado pode exigir uma explicação histórica. Se um acontecimento y é explicado historicamente por meio de um acontecimento x, então x é afirmado em uma situação conjunta dada como uma condição necessária, ainda que não suficiente, para o surgimento de y. O historiador diz com tal "explicação"

> that in that particular situation, if everything else remained the same, the y which in fact occurred would not have done so; or, at any rate, that it would have been different in important respects. The law, "only if x then y", might therefore be quite false, without the historian's conclusion having to be withdrawn. There may, for instance, be a number of things which Louis XIV might have done to make himself unpopular besides pursuing the policies he actually did. But the question whether the effect could have been thought

about in other ways is not directly relevant to the historian's judgement that, in the particular situation under examination, the cause was necessary[24] (Dray, 1964, p. 102s.).

Entendida rigorosamente, a explicação histórica exige sempre um adendo qualificador: *"It would read, not 'other thing being equal', but 'the situation being what it was' – indicating that other mentioned and unmentioned features of the particular situation have been taken into account in arriving at the casual conclusion"*[25] (Dray, 1964, p. 104).

Com certeza, a pretensão do historiador de ter a cada vez em vista uma situação conjunta seria pouco plausível se ela implicasse a apreensão analítica de um sistema ligado a acontecimentos observáveis. Essa pretensão só conquista plausibilidade com vistas à interpretação hermenêutica de uma conexão de sentido, pois essa interpretação já pressupõe com o primeiro passo uma pré-compreensão global do todo. Dray não assume essa problemática. O segundo ponto de vista, porém, a partir do qual ele comenta as explicações históricas, remete para ela.

O historiador tem de lidar com uma conexão entre acontecimentos que são mediados por intenções de sujeitos agentes. É por isso que o historiador parte do sentido visado subjetivamente, dos conteúdos significativos tradicionais. Nesses conteúdos articula-se a autocompreensão do mundo da vida social e de histórias de vida individuais. Explicações históricas não relacio-

---

24. Em inglês no original: "Que nessa situação particular, se todas as outras coisas permaneceram as mesmas, o y que de fato ocorreu não teria se dado; ou, em todo caso, que teria sido diferente em aspectos importantes. A lei 'apenas se x, então y' pode ser, por conseguinte, completamente falsa, sem que a conclusão do historiador precise ser anulada. Pode haver, com efeito, uma série de coisas que Luís XIV pode ter feito para se tornar impopular além de perseguir as políticas que ele atualmente realizou. Mas a questão de saber se o efeito poderia ser alcançado de outras maneiras não é diretamente relevante para o juízo do historiador de que, nessa situação particular sob exame, a causa era necessária" [N.T.].

25. Em inglês no original: "Esse adendo seria do tipo 'não se outra coisa for a mesma', mas 'sendo a situação o que ela é' – o que indicaria que outras características mencionadas e não mencionadas da situação particular foram levadas em conta na conclusão causal à qual se chegou" [N.T.].

nam imediatamente um acontecimento observável com outro acontecimento observável, mas antes com um contexto de ação intencional: elas não invocam um princípio causal, mas um fundamento racional. A explicação não diz, portanto, por que um acontecimento faticamente se deu, mas como era possível que um sujeito tivesse agido de tal modo e não de outro. Nesse sentido, Dray distingue entre *how-questions* e *why-questions*. A primeira classe de questões exige *dispositional explanations*, a outra, *causal explanations*. A explicação por meio da subsunção a leis gerais só poderia se ligar, além disso, por princípio, a acontecimentos históricos, na medida em que seus conteúdos intencionais são negligenciados. No entanto, quem como Popper não submete acontecimentos históricos a uma lógica própria à conexão entre os acontecimentos naturais e se dispõe, contudo, a explicá-los por meio de uma subsunção a leis precisa distinguir claramente entre explicações com base em uma conformidade a leis empíricas e explicações com referência a máximas de ação:

> It is quite true that "reasons for acting" as well as "conditions for predicting" have a kind of generality or universality. If y is a good reason for A to do x, then y would be a good reason for anyone sufficiently like A to do x under sufficiently similar circumstances. But this universality of reasons is unlike the generality of an empirical validated law in a way which makes it especially hazardous to say that by giving a rational explanation, a historian commits himself to the truth of a corresponding law. For if a negative instance is found for a general empirical law, the law itself must be modified or rejected, since it states that people do behave in a certain way under certain circumstances. But if a negative instance is found for the sort of general statement which might be extracted out of a rational explanation, the later would not necessarily be falsified. For that statement would express a judgement of the form: "When in a situation of type C1,...Cn the thing to do is x". The "implicit

law" in such explanation is better called a principle of action than a generalization[26] (Dray, 1964, p. 132)[27].

Dray conduz as suas reflexões até o ponto em que distingue explicações que seguem uma lógica própria à conexão entre os acontecimentos naturais e explicações que seguem uma lógica intrínseca ao agir. A. C. Danto (1965) reformulou recentemente de tal forma esse ponto de vista, que levou a filosofia analítica até os limites da hermenêutica. Danto contrapõe à explicação dedutiva a forma da explicação narrativa. Explicamos narrativamente um acontecimento quando mostramos como um sujeito está enredado em uma história[28]. Assim, podemos explicar a perda de popularidade de Luís XIV à medida que narramos como a postura da população francesa em relação ao rei passou sob a influência de uma série de acontecimentos de uma situação inicial de grande

---

26. Em inglês no original: "É bem verdade que 'razões para agir' tanto quanto 'razões para predizer' possuem uma espécie de generalidade ou universalidade. Se y é uma boa razão para A fazer x, então y seria uma boa razão para qualquer um suficientemente parecido com A para fazer x sob circunstâncias suficientemente similares. Mas essa universalidade de razões é diversa da generalidade de uma lei empiricamente validada, de modo que é particularmente arriscado dizer que, dada uma explicação racional, um historiador se compromete com a verdade de uma lei correspondente. Pois, se encontramos um contraexemplo para uma lei empírica geral, a própria lei precisa ser modificada ou rejeitada, uma vez que ela estabelece que as pessoas deveriam agir de certa maneira sob certas circunstâncias. Mas, se encontrarmos um contraexemplo para o tipo de enunciado geral que pode ser extraído de uma explicação racional, essa explicação seria necessariamente falsificada. Pois esse enunciado expressaria um juízo da forma: 'Se a situação é do tipo C1,...Cn, a coisa a fazer é x'. A 'lei implícita' em tal situação é mais bem chamada de um princípio de ação do que de uma generalização" [N.T.].

27. Aplicado ao exemplo da perda de popularidade, isso significa: *"The force of the explanation Louis XIV's unpopularity in terms of his policies being detrimental to French interests is very likely to be found in the detailed description of the aspirations, beliefs, and problems of Louis's subjects. Given the men and their situation, Louis and his policies, their dislike of the king was an appropriate response"* (A força da explicação da impopularidade de Luís XIV em termos do fato de suas políticas terem se dado em detrimento dos interesses da França reside muito provavelmente em uma descrição detalhada das aspirações, crenças e problemas dos sujeitos de Luís. Dados os homens e suas situações, Luís e suas políticas, o fato de o povo não gostar do rei era uma resposta adequada) [N.T.].

28. Essa abordagem lembra a abordagem fenomenológica de Wilhelm Schapp (1953).

respeito para uma situação final de preponderante indiferença ou aversão. Nessa história vêm à tona nomes próprios, pois o que está em questão em toda história são as mudanças de estado de um sujeito ou de um grupo de sujeitos. A unidade da história é instaurada pela identidade de um horizonte de expectativas que lhes é atribuível, pois a narrativa relata apenas a influência de acontecimentos que transformaram a situação, que adentraram o mundo da vida social e conquistaram uma significação para sujeitos agentes. Com o nome "população francesa sob o governo de Luís XIV", nós nos referimos implicitamente ao sistema valorativo conjunto que fixa concretamente a significação dos modos de comportamento do rei para o povo e, com isso, as condições de popularidade do rei. Em cada novo acontecimento mencionado para tornar plausível a perda de popularidade, a narrativa do historiador apoia-se tácita ou expressamente sobre suposições acerca das expectativas socialmente obrigatórias e dos valores institucionalizados. Os nomes próprios dos sujeitos da narrativa são por assim dizer instruções para que o destinatário continue explicitando a conexão de sentido citada; a partir dessa conexão, o processo histórico pode se tornar compreensível com uma exatidão determinada.

Também podemos traduzir tais explicações narrativas para explicações dedutivas. Nesse caso, o *explanandum* precisa ser descrito em expressões gerais; a nova descrição do acontecimento histórico já precisa corresponder a expressões universais do *explanans*. Essa reformulação tem agora, porém, consequências espantosas. Vem à tona, com efeito, o fato de os valores ou expectativas que recebem a roupagem de leis gerais se encontrarem em uma relação bastante solta com as instâncias particulares, por meio das quais são "preenchidos":

> Such law is almost certain to have non difficult to specify the entire membership of the class. Perhaps it is impossible to do so, for there is always the possibility that human inventiveness will contrive a novel instance which we can recognize afterwards as belonging to the class but which we could not have anticipated even though, in a general way, w might

have predicted the general description this instance fall under. In a comparable way, even knowing that a man has a disposition to do kind things, and knowing that a given occasion is one on which he can be expected to do something kind, it is not always a simple matter to say what precise kind thing he will do. To be kind is to be creative in benignity, to be considerate, to surprise people by a singular appropriateness of one's gestures. To ascribe such a disposition to a person is then to allow room for creativity, kindness not being a ritual affair, and there being no precisely enumerable set of things which exhausts the manner in which the disposition functions [...]. We can recognize them afterwards as proper instances without being able to predict them[29] (Danto, 1965, p. 230s.).

Se podemos destacar hipóteses gerais particulares sobre reações comportamentais regulares a partir da conexão referencial de um horizonte de expectativa linguisticamente articulado ou de um sistema valorativo, então essas leis universais se comportam em relação às suas condições iniciais não como classes em relação aos seus elementos, pois as reações comportamentais são sempre mediadas por interpretações, sob as quais os agentes concebem os acontecimentos "influenciadores" a partir de seu horizonte de expectativa, o que significa no quadro gramatical

---

29. Em inglês no original: "É quase certo que tal lei possua classes de exemplos não homogêneos e abertos: [...] é particularmente difícil especificar todos os membros da classe. Talvez seja impossível fazer algo assim, porque sempre há a possibilidade de que a inventividade humana venha a imaginar um exemplo original que podemos reconhecer ulteriormente como pertencendo à classe, mas que não poderíamos ter antecipado mesmo que, de maneira geral, tivéssemos podido predizer a que descrição geral o exemplo responde. De uma maneira comparável, mesmo sabendo que um homem possui uma disposição para fazer coisas gentis e sabendo que uma ocasião dada é uma ocasião em que se pode esperar que se faça algo gentil, nunca se trata apenas de dizer que coisa gentil ele irá fazer. Ser gentil é ser criativo em sua benevolência, agir com delicadeza, surpreender as pessoas com o caráter particularmente atencioso de seus gestos. Atribuir tal disposição a uma pessoa, portanto, é abrir espaço para a criatividade. A gentileza não é uma questão própria a um ritual e não há nenhum conjunto precisamente enumerável de coisas que exaurem a maneira na qual a disposição funciona [...]. Podemos reconhecê-la ulteriormente como exemplos próprios, sem sermos capazes de predizê-los" [N.T.].

de sua comunicação corrente. As expressões universais das leis genericamente formuladas assumem o lugar da universalidade individual ou concreta da língua corrente e de um sistema de valores nela articulado. Essa universalidade está retida na unidade de uma história que sempre relata as mudanças de estado em um mundo mantido coeso por meio da identidade do eu. Como a "influência" dos acontecimentos sobre um sujeito agente depende da interpretação específica, a reação comportamental também é mediada por uma compreensão de sentido concreta de situações dadas. Com isso, entra em jogo uma aplicação de regras que é dirigida por uma pré-compreensão complexa e que, ao mesmo tempo, liga dialeticamente algo geral a algo particular. Por isso, as leis definidas em uma generalidade abstrata se mostram ulteriormente apenas como regras que oferecem *creative opportunities*" – "*for the class of events they cover is opened, in the sense that we can in principle always imagine an instance, covered by them, which need not in any obvious way resemble past instances*"[30]. O próprio Danto não retira, porém, nenhuma consequência dessas compreensões. Com certa reserva, ele considera possível uma transformação de explicações narrativas em explicações dedutivas, sem ver que justamente essas reservas implodem o modelo da lei (Danto, 1965, p. 233ss.).

O historiador não poderá se restringir naturalmente em suas explicações a uma lógica do agir que inclua a compreensão hermenêutica de sentido, pois a conexão histórica não se reduz às intenções recíprocas dos homens.

As ações motivas entrelaçam-se em um contexto natural, que é mediado por um sentido visado, mas não instaurado subjetivamente. Por isso, o historiador não pode se limitar ao "lado interior dos acontecimentos", tal como o quer a sugestão idealista de Collingwood. Ele também precisa analisar a conexão causal, na qual as intenções estão enredadas. Com isso, designamos um problema que, para não falar em ter sido resolvido, não foi se-

---

30. Em inglês no original: "'Oportunidades criativas' – pois a classe de eventos que eles cobrem é aberta, no sentido de que sempre podemos por princípio imaginar um exemplo, coberto por eles, que não precise se assemelhar de nenhuma maneira óbvia a exemplos passados" [N.T.].

quer apresentado de maneira satisfatória nem pelos positivistas, nem por seus críticos.

2.4 A divisão do trabalho entre as ciências nomológicas e as ciências históricas não é tão simples nem tão desprovida de problematicidade quanto pensam os positivistas. Se o trabalho do historiador se restringisse a explicar acontecimentos individuais por meio da subsunção a leis, esses acontecimentos se comportariam reciprocamente em relação ao trabalho do sociólogo, que coloca à prova as hipóteses legais a partir de acontecimentos prognosticados. De fato, contudo, o historiador depende de uma explicitação gradual das conexões de sentido. Por isso, o modelo da dependência das ciências históricas em relação ao conhecimento nomológico, um modelo que teria de ser disponibilizado pelas ciências sociais, não descreve suficientemente a relação entre as duas disciplinas. Podemos mesmo nos perguntar se a escolha das hipóteses fundamentais não depende sempre inversamente de uma pré-compreensão histórica de contextos complexos.

Durante as últimas décadas, vimos nascer, de início nos Estados Unidos, uma cooperação entre ciência histórica e sociologia. Para a autocompreensão metodológica dos dois lados, o modelo de Popper, Hempel e Nagel foi determinante. Entre os historiadores americanos, a recepção de questionamentos e métodos científico-sociais já se iniciou muito cedo sob a influência da teoria analítica da ciência. Esse fato é atestado pela coletânea organizada pelo comitê de historiografia sobre *Theory and practice in historical studies*[31]. Por parte dos sociólogos, foi apenas na metade dos anos de 1950 que se tomou uma iniciativa séria; um resultado desses esforços está na coletânea sobre *Sociology and history* (Cahnmann, 1964), que mostra o fato de mesmo o retorno a uma sociologia desistoricizada à história ser dirigido por uma autocompreensão positivista. A bem dizer, esse programa não leva propriamente em consideração a práxis de pesquisa que foi estimulada pela discussão sobre a ciência histórica e a sociologia.

---

31. Um relatório do comitê de historiografia, em *Social Science Research Council Bulletin* (1946). Cf. também *Social Science Research Council Bulletin* (1954).

No que diz respeito ao aspecto lógico, as discussões tiveram de início por consequência um maior cuidado em relação à práxis própria à historiografia. Isso é válido para pontos de vista seletivos e suposições teóricas que precisam ser expressamente caracterizadas, assim como para generalizações condicionadas que só podem pretender validade em um campo determinado (Gottschalk, 1963). Além disso, na medida em que tomam de empréstimo categorias da sociologia e se servem de instrumentos da análise de papéis (Cochran, 1963, p. 103ss.), os historiadores se sentem encorajados a produzir enunciados em um nível relativamente elevado de generalidade. Por fim, mesmo na historiografia impõem-se modos de procedimento estatísticos. Esses modos ou bem abrem novos campos de dados, que foram muito pouco ou só foram considerados até aqui de maneira inexata (informações estatísticas sobre comportamento eleitoral, distribuição de renda, estratificação profissional etc.); ou se trata de técnicas de pesquisa que permitem uma avaliação quantitativamente segura dos dados (por exemplo, a análise de conteúdo de documentos transmitidos sob a forma literária)[32]. Uma historiografia sociologizada dessa forma não se distingue, contudo, da história tradicional.

Portanto, a passagem de uma historiografia sociologizante e sociológica para uma pesquisa sociológica historicamente dirigida é fluida. Em geral, sociólogos reúnem seus dados a partir de pontos de vista abstratos e os processam em um nível mais elevado de generalização do que os futuros historiadores. Sua interpretação leva em consideração as variáveis da estrutura social (por exemplo, a composição demográfica, a estratificação social, a distribuição de posições de domínio, modos de produção, rede de comunicação etc.)[33]. De resto, a visão do sociólogo é aguçada pelos acontecimentos-chave da história, que antecipam um longo desenvolvimento. Em um sistema referencial dirigido para conexões estruturais, os pontos de partida próprios a

---

32. Quanto a uma crítica a esse ponto, Hofstadter (1963, p. 178ss.).

33. Como exemplo, cf. entre outras coisas as contribuições de Birnbaum, Heberle, Baltzell (Cahnmann et al., 1964).

processos orientados, isto é, ao fortalecimento acumulativo de decisões históricas, podem ser mais bem apreendidos[34].

Muitas investigações que parecem pertencer à sociologia sistemática são na verdade uma parte de uma história sistematizada. Dentre essas investigações estão as análises da sociedade em seu conjunto, que têm sua meta em uma análise global do presente; por exemplo, as análises de Fromm, Marcuse, Mills e Riesmann sobre mudanças estruturais de sistemas sociais e estruturas de personalidade nas sociedades industriais avançadas do Ocidente, assim como as investigações de Aron e Perroux sobre a interação dos dois grandes sistemas de desenvolvimento industrial, e, por fim, as investigações de Dahrendorf, Marshall, Schumpeter e Strachey sobre o desenvolvimento do capitalismo e da democracia na Europa ocidental. As hipóteses que são apresentadas no contexto dessa historiografia sociológica sistematicamente exigente e colocadas na base da interpretação de desenvolvimentos complexos requerem novos princípios de pesquisa, a saber, investigações longitudinais e a comparação intercultural já testada na pesquisa antropológica (Lipset, 1965, p. 477; Lipset; Trow; Coleman, 1956, p. 17-32, 339-400).

Consideradas estritamente, mesmo a maioria das pesquisas sociológicas, que se ligam a um campo de objetos contemporâneo e podem abdicar de cortes longitudinais e comparações, são respostas a questões históricas. Quer sejam investigados a estratificação e a mobilidade social, a estrutura familiar e o caráter social, a produtividade científica e a organização do trabalho, a ideologia de uma classe durante certo espaço de tempo ou em determinadas regiões no presente, trata-se sempre de um caso individual. As suposições com o auxílio das quais esse caso é explicado são com frequência formuladas como princípios universais, apesar de incluírem tacitamente uma referência a condições específicas de uma situação conjunta complexa e, por isso, só poderem pretender a validade de generalizações históricas.

---

34. As pesquisas de Max Weber sobre o capitalismo são um exemplo disso. Cf., quanto a esse ponto, Green (1959) e Hayek (1954).

As coisas só se comportam de maneira fundamentalmente diversa com tentativas sistemáticas de comprovar teorias gerais ou hipóteses legais particulares a partir de um material histórico. O ponto de vista de uma historiografia sociológica só é abandonado quando dados históricos são usados da mesma forma que leituras experimentais de indicadores, a fim de testar hipóteses teóricas. A formação de tipos históricos é um primeiro passo no caminho que leva à identificação mais rigorosa de traços característicos em âmbitos distantes em termos epocais e culturais. As pesquisas de Max Weber sobre urbanização e burocratização e as pesquisas de Troeltsch sobre seitas religiosas designam uma intenção da qual é possível deduzir hoje uma pesquisa mais especializada e teoricamente mais ambiciosa[35]. A partir das tentativas mais consequentes, é possível mostrar, porém, que as hipóteses teóricas perdem conteúdo empírico à medida que se torna possível encontrar condições históricas iniciais para um teste. Tampouco tiveram sucesso até aqui as tentativas de desenvolver teorias gerais da mudança social. Tais teorias não se distinguiriam em sua construção lógica de outras teorias sociológicas. Enquanto os dados históricos gerais para teorias sociológicas *podem* ser colocados à prova, teorias da mudança social se ligariam com certeza *necessariamente* a regularidades historicamente observáveis (Zollschan; Hirsch, 1963). Segundo o ponto de vista metodológico, a dificuldade reside no fato de nunca encontrarmos no transcurso abarcável da história senão poucos casos que poderiam funcionar como instâncias de teste para hipóteses legais centrais. É isso que nos ensinam as abordagens de uma teoria da revolução, que precisa conter hipóteses sobre condições de estabilidade de sistemas sociais em geral (Willer; Zollschan, 1963, p. 125ss.; Dahrendorf, 1961, p. 197ss.).

Alguns autores pensam que as tentativas de desenvolver teorias gerais da ação social não fracassam causalmente, mas se deparam com barreiras principiais. As coisas parecem se mostrar de tal modo, que teorias historicamente dotadas de conteúdo sempre

---

35. Cf., entre outras coisas, as contribuições de Gilmore, Firey, Marsch e em particular Jacobs em Cahnmann e outros (1964).

partem de um sistema referencial, cujos elementos só podem ser explicitados a partir da pré-compreensão de uma situação histórica determinada. O quadro categorial no qual formulamos hipóteses ligadas a leis sociológicas normalmente corresponderá, na verdade, à forma lógica de teorias gerais: as hipóteses fundamentais não contêm nenhum nome próprio de indivíduos e não terminam em um espaço de tempo determinado; não obstante, a interpretação de conteúdo dos predicados fundamentais pode depender de um conteúdo de sentido específico, que precisa ser explicitado hermeneuticamente em relação a uma determinada situação histórica. De maneira involuntária, R. Bendix nos dá um exemplo disso, na medida em que introduz pares conceituais para a fixação de um quadro teórico pleno de conteúdo em termos históricos. Esses pares conceituais devem esgotar a ambiguidade das relações humanas:

> The basic concepts of sociological theory should be applicable to all societies. With the aid of such concepts, we should be able to formulate propositions which are true of men by virtue of the fact that they have been members of social groups everywhere and at all times. In order to achieve such comprehensiveness, these concepts should, at their appropriate level of abstraction, encompass the full range of human experience in society rather than single out some dominant feature of that experience and thereby leave some residue aside[36] (Bendix; Berger, 1959, p. 97s.).

Essa condição deve ser satisfeita por pares conceituais que, a partir de teorias mais antigas, nos são familiares: *status* e

---

36. Em inglês no original: "Os conceitos fundamentais da teoria sociológica deveriam ser aplicados a todas as sociedades. Com o auxílio de tais conceitos, deveríamos ser capazes de formular proposições que são verdadeiras para os homens em virtude do fato de eles terem feito parte de grupos sociais por toda parte e em todos os tempos. A fim de alcançar tal grau de compreensibilidade, esses conceitos deveriam envolver, no seu grau apropriado de abstração, todo o espectro da experiência humana em sociedade, em vez de destacar alguns caracteres dominantes dessa experiência e, por conseguinte, deixar de lado algum resíduo" [N.T.].

contraste, solidariedade orgânica e mecânica, grupos informais e grupos formais, relações primárias e secundárias, cultura e civilização, domínio tradicional e burocrático, comunidades rurais e citadinas, associações sacras e seculares, sociedade militar e industrial, estados e classes etc. Com razão, porém, C. W. Mills pode dizer precisamente com vistas a uma lista de categorias como essa que se trata ali de "conceitos historicamente enraizados", que não surgiram de maneira fortuita junto à análise da passagem histórica peculiar do feudalismo para a moderna sociedade capitalista. Eles são apropriados para apreender tendências determinadas deste desenvolvimento histórico: urbanização, burocratização, industrialização etc.: "Até mesmo aqueles que acreditam que não estão procedendo historicamente mostram com a sua aplicação de tais conceitos uma determinada ideia de tendências de desenvolvimento histórico" (Mills, 1963, p. 203).

Da mesma maneira, categorias como papel e grupo referencial dependem da autocompreensão da sociedade industrialmente avançada. Nenhum desses conceitos perde o seu conteúdo situacional específico por meio de uma generalização. Isso se mostra precisamente quando um quadro teórico construído a partir de conceitos historicamente dotados de conteúdo deve ser aplicado à análise de contextos historicamente distantes e culturalmente estranhos: o instrumento se embota em tal transposição. Essa experiência permite que suponhamos que exista uma conexão tácita na sociologia entre o quadro categorial voltado para teorias gerais e uma pré-compreensão que dirige a situação contemporânea em seu conjunto. Quanto mais as teorias se distanciam do campo de aplicação próprio à análise do presente, tanto menos as suas hipóteses conseguem produzir algo para a explicação dos objetos mais distantes, porque elas contribuem pouco para a interpretação sem a concordância implícita que é produzida com a referência à análise do presente; elas "significam" menos ou "tornam menos compreensível".

No que diz respeito à relação entre a sociologia e a história, três posições destacam-se hoje entre os próprios sociólogos. A primeira é a posição positivista. De acordo com ela, é preciso cindir duas categorias de pesquisa: por um lado, as pesquisas dirigidas teoricamente em sentido rigoroso, pesquisas que servem à validação de leis hipotéticas; por outro lado, as pesquisas que, mesmo sem a referência expressamente histórica, estão orientadas por modos históricos de colocação de questões, a saber, pesquisas que apreendem contextos individuais com o auxílio de generalizações. A. Malewski, que defende essa tese das duas sociologias (Malewski, 1964, p. 103ss.), pretende atribuir todas as investigações da segunda categoria à história social e cultural, enquanto busca incorporar, sem uma caracterização ulterior, as teorias sociológicas no sentido estrito ao *corpus* das ciências comportamentais. Essa sugestão não persegue apenas uma intenção terminológica, mas também dá expressão a uma convicção sistemática. Malewski não cita como exemplo da sociologia teoricamente dirigida senão as investigações no campo da psicologia social que, como aquelas de Festinger, Hopkins e Homans, pertencem à classe da pesquisa experimental com pequenos grupos. Teorias gerais do comportamento social só são aparentemente possíveis em um nível de abstração no qual as experiências primárias do mundo da vida social podem ser dissolvidas em conexões entre variáveis desprovidas de evidência empírica. Teorias cujos predicados fundamentais ainda estão a tal ponto ligados a um contexto empírico intuitivamente identificável que suas hipóteses podem ser comprovadas a partir de testemunhos historicamente legados não preenchem aquelas condições de uma reconstrução da realidade: nesse nível, não se pode alcançar de maneira alguma um conhecimento teórico rigoroso.

A segunda posição que predomina hoje na sociologia parte, contudo, precisamente dessa hipótese. De acordo com ela, além das contribuições para uma historiografia sociológica, a tarefa propriamente dita da sociologia consiste em formar teorias gerais da ação social, e não do comportamento em geral, em um nível de abstração que permita explicar eventos sociais na dimensão dos processos históricos. Ela contesta o positivismo dizendo que um conhecimento rigorosamente teórico só é passível de ser instituído por meio da reconstrução de contextos de ação em função de variáveis retiradas do comportamento observável, ou seja, por meio do recurso da sociologia a uma pesquisa comportamental em termos de psicologia social.

Uma terceira posição, por fim, conserva o princípio clássico da sociologia mais antiga, que possuía uma orientação evolucionista. Ela concorda com a segunda posição na concepção de que a sociologia não pode se privar de seu campo propriamente dito de objetos; por outro lado, ela compartilha com a primeira posição a convicção de que teorias historicamente dotadas de conteúdo podem assumir a forma de teorias gerais, mas são de fato restritas em suas pretensões de validade a contextos epocais e culturais específicos. C. W. Mills defende energicamente este ponto de vista: "Toda sociologia que mereça esse nome é sociologia histórica" (Mills, 1963, p. 195). A sociologia é a tentativa sistemática de uma reconstrução do presente a partir do passado: ela busca ser análise histórica do presente (Moore, 1958; Horowitz, 1964). Por isso, o quadro teórico se liga à conexão estrutural entre as tendências de desenvolvimento a partir das quais os conflitos determinantes do sistema atual podem ser explicados. Esses conflitos são os problemas objetivamente levantados, isto é, experimentados de maneira pré-científica como relevantes, que uma sociologia historicamente orientada analisa com o intuito de preparar uma solução prática. Outrora, o conflito de classes na sociedade burguesa designava a situação problemática da qual a formação de teorias retirava o seu ponto de partida; hoje, esse ponto de partida é formado pelo conflito entre sistemas de desenvolvimento industrial. A constelação das condições de tais conflitos resulta de uma perspectiva histórico-evolucionista. Por isso, as estruturas legais, que expressam a conexão funcional entre as instituições, sempre se ligam a uma sociedade historicamente determinada:

> Segundo a minha opinião, não há nenhuma "lei" científico-social que esteja livre de uma referência histórica e que não esteja ligada à estrutura específica de um período determinado. Outras "leis" sempre se evidenciam como abstrações vazias ou como tautologias obscuras. A única significação da expressão "leis sociais" é a de *principia media*, que

podemos descobrir ou, se quisermos assim, que podemos construir no interior da estrutura social, no interior de um campo historicamente específico. Não conhecemos um único princípio universal do desenvolvimento histórico; aquilo que conhecemos em termos de relação recíproca do desenvolvimento nunca é válido senão para uma determinada estrutura social. A mudança histórica é uma mudança das estruturas sociais e da relação entre seus componentes. Assim como há uma pluralidade de estruturas sociais, também há uma multiplicidade de princípios do desenvolvimento histórico (Mills, 1963, p. 199).

Aquilo que Mills denomina *principia media*, em articulação com Karl Mannheim, é outra expressão para designar a universalidade concreta de uma totalidade social. Nas determinações elementares do quadro teórico insere-se tanto daquilo que é específico de uma época, que todos os enunciados teóricos no interior desse quadro só são válidos para a conexão socioestrutural de um sistema social específico. Mills não investigou mais detidamente a lógica de uma pesquisa sociológica historicamente direcionada, que aponta com uma intenção prática para a análise do presente. As suas poucas indicações quase não resistem à crítica apresentada por Popper ao chamado historicismo da teoria da sociedade mais antiga (Popper, 1957). Só retornaremos a essa discussão depois de esclarecermos a metodologia de teorias gerais do agir social[37].

---

37. Cf., abaixo, seção IV, 10.

II

SOBRE A METODOLOGIA DE TEORIAS GERAIS DO AGIR SOCIAL

O olhar retrospectivo para as investigações metodológicas de Rickert, Cassirer e Weber lembrou-nos dos argumentos que afirmam, no quadro da crítica ao conhecimento que é determinada por Kant, um dualismo das ciências e, por isso, também reservam às ciências sociais um *status* peculiar ante as ciências naturais – a saber, o *status* das ciências nomológicas. A discussão da relação entre sociologia e história não pôde sustentar a tese contrária da unidade lógica entre ciência histórica e ciência teórica. Permaneceu em aberto a questão de saber se a pesquisa social alcança por fim uma historiografia sistematizada ou se a sociologia como ciência rigorosa pode se purificar a tal ponto da marca histórica, que ciências da natureza e ciências da ação assumiriam o mesmo *status* sob pontos de vista metodológicos. Por isso, procuramos agora clarificar como são possíveis teorias gerais da ação social. Será que essas teorias podem ser formuladas independentemente do saber histórico ou será que as suas hipóteses fundamentais encerram uma compreensão de sentido vinculada situacionalmente que só pode ser desdobrada hermeneuticamente?

Nós encontramos em todas as disciplinas científico-sociais abordagens teóricas que se ligam a uniformidades empíricas próprias ao agir social: na economia, na sociologia, na antropologia cultural e na psicologia social. A ciência política serve-se, conquanto não é orientada em termos de história ou de ciências humanas em sentido mais estrito, de abordagens teóricas das disciplinas vizinhas. Teorias gerais sempre formam tais teorias gerais, porém em um quadro específico: ou bem elas pertencem às teorias de escolha pura, ou bem se mantêm no quadro categorial da teoria da ação, ou bem constituem uma parte da ciência geral do comportamento. A comparação entre esses três modos de abordagem teórica serve-nos para a discussão de três problemas. De início, o que está em questão é saber se teorias cujas hipóteses devem explicar um agir intencional precisam partir de máximas de ação ou se podemos abdicar dessa abordagem normativa em favor de uma análise empírica dos contextos de ação. O que nos conduz à segunda questão de saber se um comportamento empírico-analítico torna ou não necessária a redução do agir intencional a um comportamento estimulado. Mas, se, tal como se mostrará, teorias não redutivas do agir social precisam abdicar da construção elementar de teorias científico-comportamentais em favor do funcionalismo, então precisaremos discutir, por fim, a questão: sob que condições uma pesquisa sistemática científico-social, para além do conhecimento prescritivo, pode contribuir para a análise empírica de contextos sociais. Essa última questão coloca uma vez mais em discussão os limites de teorias gerais.

Paul Lazarsfeld queixou-se uma vez do fato de as metodologias não auxiliarem as ciências sociais na resolução de seus problemas práticos de pesquisa (Lazarsfeld, 1965, p. 37ss.). Ele faz com que esse problema remonte ao fato de as ciências sociais ainda não terem conseguido desenvolver uma teoria em sentido estrito: "Só dispomos de técnicas de pesquisa e de uma série de generalizações de um nível de abstração mais baixo". Por isso, a programática da epistemologia lançar-se-ia para além das cabeças dos homens práticos. Parece-me que essa reflexão repousa sobre hipóteses equivocadas. A metodologia ocupa-se com normas do processo de pesquisa, que requisitam ao mesmo tempo uma obrigatoriedade fática para o contexto material tanto quanto para o pesquisador. Não importa se ela reflete ulteriormente sobre uma práxis de pesquisa rotineira, como no caso da física, ou se, como no caso da sociologia, ela se antecipa à práxis de pesquisa com recomendações: ela sempre desenvolve uma programática que dirige o progresso científico. Portanto, não é absurdo discutir requisições metodológicas, mesmo que elas não tenham sido cumpridas até aqui: elas exercem, em todo caso, uma influência sobre a articulação da autocompreensão das ciências. Pontos de vista metodológicos em parte constatam padrões, em parte antecipam metas gerais; esses dois processos juntos definem o sistema referencial no interior do qual a realidade é metodologicamente descoberta. Na medida em que a epistemologia reflete sobre as condições de pesquisas possíveis, ela realiza, intencional ou inconscientemente, a tarefa de uma interpretação prévia da realidade. A expectativa, em contrapartida, de que a própria metodologia compartilhe das atitudes das ciências e assuma a função de uma ciência auxiliar para as estratégias e tecnologias de pesquisa já reflete um preconceito positivista. Na medida em que a metodologia se apropria desse preconceito, ela reconhece o critério da crítica de Lazarsfeld e procede de maneira instrumental. Em contraposição a isso, gostaria de discutir questões metodológicas em uma atitude reflexiva.

3. As abordagens das ciências sociais analítico-normativas e empírico-analíticas

3.1 A contenda metodológica que se desenrolou outrora entre Schmoller e Menger no campo da economia criou frontes divergentes. Essa contenda nasceu de concepções controversas sobre o papel de teorias gerais nas ciências sociais. Enquanto os "teóricos" insistiam que a economia derivava hipóteses acerca da conexão funcional de fluxos quantificáveis de mercadorias e de capitais junto a sistemas de enunciados analítico-dedutivos e, por isso, podia ser fundamentada como uma teoria econômica matemática, os "historiadores" concebiam o processo econômico como um processo fático vital da sociedade, que precisaria ser apreendido a partir das instituições do agir econômico. Enquanto a teoria econômica matemática não poderia realizar senão a formação de modelos desprovidos de conteúdo empírico, uma economia social historicamente compreensiva deveria apreender os processos efetivos. O contra-argumento da escola histórica produz uma articulação sugestiva entre duas teses. A primeira afirma que a economia não tem nada em comum com funções ligadas a quantidades de mercadorias, mas sim com a interdependência de ações econômicas; a segunda tese parecia vir à tona a partir do seguinte ponto: como o agir intencional só é concebido compreensivamente, não pode haver teorias científico-econômicas rigorosas formuladas matematicamente. "Compreender" parecia dizer o mesmo que apreender historicamente um sentido concreto. Já nos anos de 1930, Ewald Schams (*Schmollers Jahrbuch*, v. 58) procurou romper o laço entre as duas afirmações com a demonstração de que precisamente a teoria econômica matemática, que se abstrai de todas as particularidades históricas, preenche as condições de uma chamada economia "compreensiva". Jürgen von Kempski articula-se com essas reflexões e mostra que a teoria econômica matemática "faz exatamente aquilo que a economia compreensiva, que poderia ser uma teoria das ações econômicas, precisaria fazer" (Kempski, 1964, p. 235).

As expressões matemáticas, que se ligam imediatamente às relações entre quantidades de mercadorias e preços, apresentam mediatamente funções de decisões dos sujeitos agentes. A teoria econômica, na qual elas surgem, é justamente um sistema de enunciados que repousa sobre hipóteses fundamentais acerca de um agir economicamente racional. Ela supõe que os sujeitos econômicos agem segundo máximas; normalmente, isso acontece sob a forma de postulados de optimização. As teorias econômico-científicas formalizadas só tornam sistematicamente compreensível um agir intencional por meio do fato de conceberem as relações entre grandezas mensuráveis como funções de ações sob máximas. A compreensibilidade refere-se à estrutura de uma escolha racional entre aplicações alternativas de meios com base em preferências indicáveis; portanto, ela refere-se a um agir estratégico. Essa forma do agir intencional pode ser apreendida de maneira teoricamente rigorosa em um quadro analítico-normativo. Mais ainda: uma teoria geral do agir social só parece possível se ela partir de hipóteses fundamentais sobre um agir compreensível desse tipo determinado.

Um agir racional regido por fins pode significar o emprego de instrumentos apropriados; nesse caso, o comportamento é dirigido por regras técnicas. Mesmo a escolha de estratégias, porém, pode ser racionalmente regida por fins; nesse caso, o comportamento é dirigido por máximas puras, que estabelecem decisões entre empregos de meios alternativos. No caso ideal, a racionalidade dos meios que se mostra como regida por fins, ou seja, a apropriação dos instrumentos, pode ser descuidada. A teoria econômica procede como se o agir estratégico dos sujeitos produtores do processo econômico, que escolhem entre decisões alternativas de oferta e demanda, não tivesse nenhum aspecto tecnológico. É por isso que von Kempski acentua o fato de, em circunstâncias definidas, as teorias do agir estratégico poderem se contentar com os conceitos fundamentais da ação sob máximas: "Nós nos referimos nesse caso à ação como a transformação de uma situação. Essa transformação de uma situação obedece a uma máxima, e, na verdade, no caso ideal (isto é, teoricamente relevante), de tal modo que a situação final é fixada com a situação inicial e com a máxima de ação. Se a situação inicial inclui muitas pessoas, então a situação final pode ser pensada como definida por meio das máximas de todos os envolvidos [...]. Só gostaria de apontar para o fato de, na ação, introduzir-se um momento espiritual, justamente aquilo que denomino uma máxima" (Kempski, 1964, p. 299s.).

Kempski está convicto de que todas as ciências sociais, assim como a ciência do direito e a ética (Kempski, 1964, p. 231; 1965), podem ser construídas segundo o padrão da teoria econômica matemática como teorias estratégicas da ação. Diferentemente das teorias científico-naturais, elas não apoiam os seus prognósticos em uniformidades empíricas, mas em regras de ação hipoteticamente normativas. Elas formam ciências humanas nomológicas no sentido de que, em vez de explicarem fenômenos com base em leis naturais, elas deduzem ações seletivas a partir de leis próprias à liberdade. Não é por acaso que von Kempski se encontra na tradição kantiana. Kant tinha contraposto às leis naturais do campo fenomenal as máximas de ação no reino da liberdade. É também sob tal ponto de vista que Kempski faz uma distinção entre ciências naturais e ciências sociais:

> A diferença decisiva entre ciência social teórica e física reside no fato de o comportamento humano estudado pelas ciências sociais sempre se encontrar sob

o pressuposto de que ele é dominado por certas máximas, que os homens respeitam, mas que também podem não respeitar. Os modelos científico-sociais sempre pressupõem a "validade" de determinadas máximas. É por isso que as investigações das ciências sociais, investigações voltadas para a construção de modelos teóricos, são fundamentalmente investigações acerca da ação possível. A física teórica, em contrapartida, sempre está ligada à natureza real e à constatação de que as coisas podem se comportar de maneira diversa do que a teoria nos permite esperar; é mortal para teorias físicas. É por isso também que uma teoria geral da ação é problemática de uma forma totalmente diversa de uma teoria geral da física, pois, ao englobar necessariamente os modelos possíveis, ela compreende inevitavelmente a liberdade do homem em relação às máximas de sua ação (Kempski, 1964, p. 230).

O que Kempski nos diz sobre o *status* de teorias gerais da ação é ambíguo. Por um lado, elas devem servir para explicar contextos fáticos de ação e, por outro lado, elas não estão em condições de permitir prognósticos condicionados para um comportamento observável (Kempski, 1964, p. 96ss.). Kempski não deixa nenhuma dúvida quanto ao fato de as ciências humanas monológicas analisarem possibilidades de ação, ou seja, quanto ao fato de elas fornecerem informações sobre como as ações precisam transcorrer em uma situação dada a partir de máximas dadas, para que satisfaçam condições de uma racionalidade estratégica regida por fins. E, contudo, elas não parecem fornecer apenas informações para fins prescritivos, mas também para fins descritivos, pois transcursos fáticos de ação podem ser explicados com vistas ao campo da ação possível. Com isso, Kempski segue a sugestão de Max Weber de conceber modos de comportamento irracionais em termos de fins como desvios do tipo ideal. Mesmo a distinção introduzida por Felix Kaufmann entre leis teóricas, que são conquistadas a partir de hipóteses fundamentais idealizadoras e deduzidas por meio de cláusulas correspondentes de refutação empírica, por um lado, e leis empíricas, que podem fracassar sob condições usuais de teste junto à experiência, por outro lado, só tem sentido caso as teorias da ação estratégica puderem ser de alguma maneira aplicadas à análise empírica, ou seja, se elas chegarem a contribuir para o conhecimento descritivo[38]. Essa concepção só conquista certa plausibilidade sob pressupostos kantianos. Assim como as realizações da consciência transcendental não são indiferentes para a consciência empírica, as leis da razão prática, por meio das quais determino as minhas ações como uma pessoa livre, também não são irrelevantes para as consequências dessas ações no mundo do fenômeno. Por isso, a conexão legal entre leis empíricas não pode ser analisada sem que se leve em conta o fato de os agentes serem seres inteligíveis, isto é, sempre precisarem agir a partir da suposição de uma legitimação racional: eles agem sob a compulsão da liberdade imputada. Tais reflexões permanecem certamente arbitrárias, enquanto não se ligam de maneira sistemática com as hipóteses metodológicas.

A fraqueza do normativismo científico-social é evidente. As hipóteses fundamentais ligam-se a um agir idealizado sob máximas puras; não se pode derivar delas nenhuma hipótese legal empiricamente dotada de conteúdo. Ou bem se trata de transformações dedutivas de enunciados analíticos, ou bem as condições, sob as quais as derivações podem ser inequivocamente falsificadas, são alijadas por meio de cláusulas *ceteris paribus*. Apesar de sua referência à realidade, os enunciados legais da economia pura possuem um pequeno conteúdo de informação ou não possuem nenhum conteúdo de informação[39]. Na medida em que as teorias de uma escolha racional procuram satisfazer a pretensão a um conhecimento empírico-analítico, elas se expõem à censura por um platonismo dos modelos. Hans Albert recolheu uma vez mais os argumentos (Albert, 1965, p. 406ss.; 1964, p. 22-38): o ponto central é a confusão entre pressupostos lógicos e condições empíricas. As máximas de ação introduzidas

---

38. F. Kaufmann publicou em 1944 uma versão inglesa completamente revisada de sua doutrina metodológica das ciências sociais (Viena, 1936): *Methodology of social science* (1958); cf. em particular os capítulos VI, X e XVII.

39. Já L. Robbins (1946) aponta para a forma analítica dos enunciados legais na economia pura.

não são tratadas como comprováveis, mas como hipóteses sobre um agir por princípio possível levado a termo por sujeitos econômicos. Nós nos restringimos a derivações formais das implicações na expectativa infundada de, contudo, conquistarmos enunciados com um conteúdo empírico. A crítica de Albert dirige-se em primeira linha contra um procedimento tautologizante e contra o papel imunologizante de fórmulas-álibi.

Essa crítica aos modos de procedimento analítico-normativos insiste em afirmar que teorias gerais da ação racional são obtidas ao preço da exclusão do conteúdo informativo empiricamente comprovável e descritivamente dotado de sentido. Evidentemente, a justificação kempskiana da teoria econômica matemática como uma economia "compreensiva" perde de vista uma exigência que também estava contida na crítica de Schmoller àqueles que constroem os modelos da economia pura: a saber, ela perde de vista a necessidade de levar em consideração a conexão fática entre as ações institucionalizadas dos sujeitos comerciais. Essa exigência não é de maneira alguma satisfeita por meio da reconstrução do transcurso econômico a partir da conexão hipoteticamente normativa de ações idealizadas. Albert faz valer contra o normativismo mais recente da economia pura o antigo ponto de vista de que uma teoria econômica precisa fazer suposições sobre ações relativas a portadores de papéis sociais. As relações de troca que ela sistematicamente apreende são interações entre pessoas presentes em grupos sociais:

> A ideia central do pensamento econômico é uma ideia sociológica em um sentido muito fundamental: a saber, a ideia de que a produção e a distribuição das mercadorias se regulam quase automaticamente de uma maneira relevante para a satisfação de necessidades em um sistema de relações comerciais entre pessoas e grupos de uma sociedade, apoiado por determinados mecanismos jurídicos que envolvem sanções. Portanto, o que está em questão é a análise de determinados efeitos de processos no interior de um âmbito parcial mercadologicamente organizado da sociedade. Nesse caso, o que se busca é reconduzir todos os processos relevantes a decisões dos sujeitos

econômicos, que se dão segundo máximas de ação [...]. Trata-se aí, sobretudo, de fatores como estruturas motivacionais, posicionamentos, orientações valorativas, assim como o respectivo contexto social dos modos de comportamento em questão – e isso mesmo que se abstraia do campo das relações comerciais [...]. A significação desses fatores não parece se reduzir a âmbitos especiais da sociedade. Tais fatores, porém, não costumam na maioria das vezes imergir nos modelos dos teóricos puros. Postulam-se muito mais aqui reações funcionais que devem ser ou bem completamente ou bem ao menos em um grau elevado independentes das propriedades disposicionais das pessoas e de todos os componentes não comerciais de seu meio social (Albert, 1965, p. 421s.).

O sistema das relações de troca é tão pouco isolado da sociedade conjunta, que o comportamento social dos sujeitos econômicos não pode ser apreendido pela conexão institucional, isto é, pelos padrões extraeconômicos de motivação: "A imunização contra a influência dos chamados fatores extraeconômicos leva à imunização contra a experiência em geral" (Albert, 1965, p. 422; Parsons, 1964, p. 136ss.).

A partir de reflexões similares, E. Grunberg concluiu rapidamente que as construções facultativas da teoria econômica precisam ser resgatadas sobre o solo de uma ciência comportamental empírico-analítica (Grunberg, 1964, p. 137ss.). Como ciência experimental teórica, a economia só pode alcançar hipóteses empiricamente dotadas de sentido sob a forma de uma sociologia econômica. Para além disso, ela teria de tentar reconduzir estruturas normativas a leis da pesquisa psicológico-social voltada para pequenos grupos. Sim, Grunberg não exclui que uma redução mais ampla a enunciados sobre regularidades fisiológicas, químicas e físicas possa se mostrar como necessária (p. 149).

3.2 Mesmo se nos abstrairmos de tais variantes extremas e nos limitarmos às exigências próprias ao reducionismo moderado, a concepção da economia como uma sociologia especial é insatisfatória. Por um lado, não há como refutar os argumentos contra o normativismo científico-social; por outro lado, porém, a sugestão alternativa, a saber, a integração da economia às ciências comportamentais em sentido estrito, não toca propriamente a intenção da teoria econômica. Essa teoria procura evidentemente fornecer uma classe de informações diversa em relação ao que é capaz de fazer qualquer sociologia ou psicologia social. Considerada de maneira exata, a crítica à ausência de conteúdo empírico dos modelos científico-econômicos visa atacar uma autocompreensão falsa, não a práxis da pesquisa econômica. Ela perde o seu objeto logo que as teorias do agir economicamente racional abdicam da falsa pretensão de prestar informações sobre regularidades empíricas. A interpretação kempskiana da economia pura com o auxílio do esquema de ações a partir de máximas puras já pode ser concebida como a tentativa de interpretar a teoria econômica no sentido de uma lógica da decisão. No entanto, ele ignora a questão de saber se ciências analítico-normativas do agir social podem ser equiparadas a ciências empírico-analíticas. As ciências que procedem de modo analítico-normativo são aquelas ciências em cujas teorias se imiscuem hipóteses fundamentais sobre uma ação idealizada. Essas hipóteses sobre o agir a partir de máximas puras não possuem o caráter de hipóteses condicionadas, ou seja, empiricamente comprováveis; elas valem de maneira hipoteticamente incondicionada e também fixam, por isso, o sentido de uma validade possível de um conhecimento analítico-normativo. Esse conhecimento não contém nenhuma informação sobre regularidades empíricas – sobre um saber tecnicamente aproveitável de um primeiro nível –, mas apenas informações sobre uma escolha racional de estratégias com vistas afins; estratégias, que pressupõem em certos casos a aplicação de um conhecimento técnico de primeiro nível. Podemos, então, computar tais informações como pertencendo ao saber técnico de segundo nível.

Neste ínterim, G. Gäfgen acabou apresentando as suas pesquisas sobre a lógica da significação econômica do agir racional que, em articulação com a teoria matemática dos jogos desenvolvida por Neumann e Morgenstern, inserem sistematicamente a teoria econômica em uma teoria geral do agir estratégico (Gäfgen, 1963; Morgenstern, 1965). A teoria da decisão não tem nada em comum com um comportamento adaptativo. Com certeza, todo comportamento pode ser concebido sob o ponto de vista da adaptação a uma situação dada. Nesse caso, contudo, é alijado justamente o ponto de vista analítico, segundo o qual um comportamento pode ser julgado como um agir estratégico: ou seja, segundo o qual é possível dizer se o movimento adaptativo leva a um estado de satisfação ótima para o sujeito da ação. Ao lado das técnicas aplicáveis, um comportamento adaptativo sempre pode ser inserido como uma condição externa na coroa de dados que é intrínseca ao cálculo da decisão. Esse tipo de cálculo refere-se apenas a um agir estratégico que, por meio da aplicação de uma máxima de decisão definida e de um sistema de valores, conduz uma situação que se constitui somente a partir do agente e de seu meio relevante para uma nova situação. O sistema de valores contém as regras de preferência, que indicam como as consequências abarcáveis de decisões alternativas são avaliadas pelo agente. As máximas de decisão indicam qual é a escolha que pode ser tomada entre estratégias diversas com base na avaliação das consequências. A toda valoração corresponde outra máxima. A racionalidade da ação, que introduz normativamente a teoria da decisão, é a racionalidade de uma escolha entre caminhos alternativos para a realização de metas. Ela é formal, porque não se liga à adequação tecnológica dos meios. E ela é subjetiva, porque ela não é medida a partir do sistema de regras de avaliação e máximas obrigatório para os próprios agentes.

Proposta por Pareto, a recusa a uma fundamentação psicológica dos atos próprios a uma escolha econômica foi o mais importante pressuposto para que a teoria econômica tenha sido interpretada em termos da lógica da decisão. Essa interpretação tem a vantagem de relativizar as hipóteses clássicas sobre a optimização como casos-limite em uma escala de máximas de decisão possíveis. Além disso, ações seletivas também podem ser calculadas para situações nas quais os sujeitos econômicos só estão informados de maneira incompleta, ou seja, só têm sob controle uma parte das variáveis. A teoria geral da escolha racional ou da ação estratégica refere-se a todas as situações seletivas possíveis, nas quais uma dada quantidade de meios admite um número determinado de aplicações alternativas dos meios, sendo que cada uma dessas alternativas fixa graus de preenchimento determinados para metas diversas (Gäfgen, 1963, p. 46)[40].

A interpretação da economia pura pautada pela lógica da decisão abandona a exigência empírico-analítica para as teorias gerais do agir economicamente estratégico. Gäfgen investiga uma vez mais a aplicação descritiva de modelos de decisão estabelecida em termos de uma ciência experimental e chega ao resultado negativo de "que a teoria da decisão produz, na verdade, enunciados empíricos fracos sobre o comportamento econômico particular, mas mesmo esses enunciados fracos só podem possuir uma validade empírica restrita"[41]. Esses enunciados não fornecem nenhum saber tecnicamente aplicável de primeiro nível. Não obstante, a teoria econômica, assim como todas as teorias do agir estratégico, pode ser empregada para metas prescritivas. Ela serve, então, como um auxílio normativo para a decisão e fornece um saber tecnicamente utilizável de segundo nível. As informações que ela viabiliza não necessitam de comprovação empírica, uma vez que não podem ser "verdadeiras" ou "falsas" no sentido de uma pertinência empírica. Elas possuem muito mais o *status* de imperativos condicionados (de enunciados de comando, de proibição e de permissão), que são dedutivamente "válidos" ou "não válidos". Por isso, mesmo se pudermos abdicar de um emprego descritivo da teoria, "ainda poderemos continuar utilizando o modelo para recomendar a atores determinados um agir de acordo com ele: na medida em que se exige para as máximas de ação admitidas no modelo uma validade ética (social) enquanto normas do agir correto, podem-se derivar dali proposições prescritivas em vez de proposições ontológicas"[42]. Gäfgen concebe a teoria econô-

---

40. "Neste caso, porém, as metas não são ligadas apenas pela delimitação material do preenchimento, mas também diretamente, na medida em que o preenchimento de uma meta pode elevar (complementaridade) ou diminuir (possibilidade de substituição das metas) a significação de outra".

41. Mostra-se que somente teorias econômicas particulares podem assumir a forma de uma teoria do agir estratégico. Essa teoria, em contrapartida, só é levada em consideração com vistas a teorias de toda a circulação econômica. Quanto à pesquisa sistemática que se serve de um quadro funcionalista, cf. abaixo seção 5.2.

42. Ibid.

mica como um ensinamento formalizado que fundamenta de maneira axiomático-dedutiva o aconselhamento econômico[43]. Assim como um saber legal empírico-normativo pode ser traduzido em recomendações tecnológicas e aplicado na produção de técnicas, enunciados analítico-normativos também assumem a forma de recomendações estratégicas que, junto a técnicas, valores e metas dadas, podem determinar a escolha de estratégias possíveis.

A teoria da decisão é uma teoria geral do agir social; ela se refere certamente a uma variante extrema de ações – à ação e interação entre sujeitos que agem racionalmente com vistas afins. Por isso, ela é inútil para uma análise empírica. Segue-se disso que teorias úteis em termos empírico-analíticos precisam se abstrair da intencionalidade do agente e se restringir a um comportamento estimulado? A partir do ponto de vista positivista, só pode haver uma ciência teórica empírica do agir social com a condição de que medidas legais sejam estendidas exclusivamente ao contexto de variáveis do comportamento observável. Ela precisa se abstrair do sentido subjetivamente visado, pelo qual os agentes se orientam. Dessa maneira, uma ciência comportamental generalizante levaria em conta a crítica da escola histórica à falta de conteúdo empírico da teoria pura, mas pagando o preço da exigência contraposta por uma teoria compreensiva do agir estratégico: ou seja, pagando o preço de um acesso compreensivo aos fatos sociais[44].

---

43. Cf. também a introdução do organizador à coletânea (Gäfgen, 1966).

44. No que se segue, deixo de lado uma tentativa interessante de associar o conceito de "ação racional regida por fins" com o conceito empírico de um "comportamento psicológico dirigido" (Miller; Galanter; Pribram, 1960). Os autores substituem o modelo do arco reflexivo de estímulo e reação pelo modelo de retroativo de *test-operate-test-exit*. Um comportamento observável é concebido como resultado da realização de um plano. Um sistema valorativo dado decide sobre a escolha entre os planos disponíveis para uma determinada situação. Cf., antes de tudo, o capítulo 4: Values, intentions, and the execution of plans, p. 59ss. Não vejo naturalmente como esse "behaviorismo subjetivo" pode identificar empiricamente os sistemas valorativos e planos, ou seja, o aparato intencional do comportamento, sem se enredar ao mesmo tempo em dificuldades hermenêuticas inerentes à abordagem praxiológica. Quanto a esse ponto seção 3.

Mas será que o reducionismo científico-social é uma base metodologicamente suficiente para teorias descritivamente aplicáveis do agir social, que não podem ser conquistadas sobre a base do normativismo científico-social?

4. Agir intencional e comportamento estimulado

4.1 Há hoje duas abordagens teóricas relativas à análise de processos sociais: uma ciência comportamental geral, que se impôs na etnologia e na psicologia social, e uma teoria da ação, que predomina na antropologia cultural e na sociologia. A abordagem behaviorista restringe a escolha das suposições fundamentais teóricas de tal modo, que as hipóteses legais acabam por se ligar a uma conexão de estímulos e reações comportamentais, enquanto a abordagem acionista fixa um quadro categorial, no interior do qual são feitos enunciados sobre o agir intencional. A teoria do aprendizado (Skinner, Miller, Dollard), hipóteses sobre dissonâncias cognitivas (Festinger), teorias relativas aos comportamentos de pequenos grupos (Lippit) documentam as primeiras tentativas exitosas de apresentar teorias gerais do tipo científico-comportamental. A teoria da ação, em contrapartida, designa um aparato categorial (Parsons, Merton, Shils entre outros), que serve na pesquisa social a orientações gerais e que conduziram até aqui a generalizações empíricas, mas não a teorias propriamente ditas, ainda que de amplitude média (Merton, 1957, p. 86ss.).

A abordagem praxeológica já havia sido formulada por Max Weber. Ele concebeu a ação social como um comportamento subjetivamente dotado de sentido, isto é, orientado por um sentido subjetivamente visado e também motivado por ele. Tal sentido só pode ser concebido apropriadamente em relação às metas e valores, pelos quais o agente se orienta. A regra metodológica que resulta disso foi estabelecida por W. I. Thomas por meio do princípio da interpretação subjetiva dos fatos sociais: só o sentido visado pelo sujeito da ação abre adequadamente o acesso a um comportamento que se constrói junto a uma situação interpretada por ele mesmo. O agir social não é independente de uma definição socialmente obrigatória da conjuntura. Por isso, é preciso apreender todo comportamento social observável a partir da perspectiva – subtraída à observação imediata – do próprio agente; dito de outro modo, é preciso "compreendê-lo" (Thomas, 1927). O princípio da exegese subjetiva, ou melhor, da interpretação compreensiva está em relação com o acesso aos fatos sociais, com a constatação de dados. No lugar da observação controlada entra a compreensão simbólica, pois o sentido subjetivamente visado é dado apenas em conexões de símbolos. Aquele princípio define, portanto, a base empírica das ciências praxeológicas. A experiência não está ligada aqui à percepção sensível individual, cuja intersubjetividade só é garantida em conexão com um controle do sucesso do agir instrumental (habitualmente no experimento), mas antes à comunicação linguística:

> No plano da compreensão, a pesquisa científica é no fundo um processo de comunicação significativa, mesmo quando se trata de um processo unilateral, por exemplo, lá onde os objetos estão mortos. Em princípio, sempre seria desejável que o objeto estivesse acessível para entrevistas; enunciados escritos sobre ele mesmo e relatos sobre ele nunca são apropriados senão em segunda linha; assim, seria extremamente desejável entrevistar Brutus sobre a morte de César (Parsons, 1965, p. 50).

Se não quisermos abdicar nas ciências sociais de ações intencionais como dados, então o sistema da experiência, na qual esses dados são acessíveis, é a comunicação linguística e não a observação livre da comunicação.

Há com certeza um caso-limite do agir intencional, a saber, o agir estratégico, junto ao qual o sentido subjetivamente visado não precisa ser primeiro apropriado a partir de uma tradição cultural, explicado, compreendido, e, concomitantemente, experimentado enquanto um sentido concreto na comunicação. O sentido pelo qual o agir estratégico se orienta pode ser sempre definido como regra de maximização ou optimização de grandezas mensuráveis ou ao menos comparativamente definíveis. A inequivocidade é aqui garantida por meio da forma do enunciado, que fixa uma máxima do agir racional regido por fins, assim como por meio da universalidade da significação, que constitui o conteúdo semântico da meta aspirada. O agir estratégico visa na maioria das vezes a categorias da riqueza ou do poder, que podem ser naturalmente operacionalizadas de uma maneira diversa segundo o critério do quadro institucional. A riqueza pode ser medida em preços e mercadorias, isto é, em potenciais de satisfação de necessidades; o poder pode ser medido em votos ou armas, ou seja, em potenciais de legitimação da dominação ou da aniquilação física. O conteúdo significativo dos predicados, que são empregados para a formulação de máximas de ação, a saber, o sentido de riqueza e poder, expressa evidentemente experiências antropológicas profundamente enraizadas e, por isso, universalmente difundidas, de modo que justamente essas expressões não precisam ser explicitadas caso a caso, elucidando-as na comunicação com os próprios agentes ou com as tradições, a partir das quais suas ações são compreensíveis. O caso-limite do agir estratégico tem a vantagem de que o sentido subjetivamente visado pode ser fixado monologicamente: ele é "inequivocamente" compreensível, a saber, ele é acessível sem um esforço hermenêutico. A base experimental da compreensão destacou-se nesse âmbito quase totalmente do sistema referencial da comunicação corrente, de modo que podemos aparentemente nos assegurar dela de forma "introspectiva"; de fato, contudo, mesmo o sentido "inequívoco" do agir estratégico só se mostra como um "sentido compreensível", porque ele pode entrar a qualquer momento na comunicação e ser atribuído interpretativamente por um dos parceiros ao comportamento observável do outro.

O agir estratégico é apenas o caso-limite do agir social, que se orienta no caso normal por um sentido comunicável. Esse sentido é concreto: ele provém de conteúdos significativos legados por uma tradição cultural e entra, na medida em que motiva a ação social, na definição de normas socialmente obrigatórias. Durkheim concebeu as normas sociais como regras morais (que Freud esclarece em sua função de censura pulsional). G. H. Mead, em contrapartida, compreende as normas sociais como papéis sociais. Nos dois casos, o sentido orientador possui a forma de uma expectativa de grupo obrigatória por modos de comportamento específicos em determinadas situações. O agir social confunde-se com a obediência a normas. Normas determinantes da ação são expectativas comportamentais coletivas. Essas expectativas são um recorte relevante para o agir institucionalizado da tradição cultural. Essa tradição é uma conexão de símbolos, que fixa a imagem de mundo correntemente articulada de um grupo social e, com isso, o quadro para possíveis comunicações nesse grupo. Por isso, o agir social só é dado com relação ao sistema de padrões culturais legados no qual a autocompreensão de grupos sociais se articula. A metodologia das ciências praxeológicas não pode fugir da problemática da compreensão de sentido, que se apropria hermeneuticamente da tradição cultural.

Por essa razão, o positivismo prefere uma abordagem teórica que torna supérfluo o princípio da interpretação subjetiva de fatos sociais. Se normas sociais podem ser concebidas como expectativas comportamentais, por que essas expectativas não poderiam, então, ser expressas também em variáveis de um comportamento observável? No plano da experiência de estados de coisa sociais, portanto, um quadro da comunicação linguística não seria necessário; seria sempre suficiente a observação em vez de uma compreensão problemática de sentido.

4.2 Theodor Abel analisou a compreensão da motivação em um ensaio que se tornou famoso (Abel, 1964, p. 177ss.). Ele parte de uma observação trivial: um vizinho se levanta de sua escrivaninha em uma tarde de abril na qual faz frio, vai até a garagem, parte a lenha para, em seguida, acender a sua lareira e retomar uma vez mais ao seu trabalho. Evidentemente, o vizinho acendeu o fogo, assim "compreendemos" o seu comportamento, porque estava sentindo frio. Dois acontecimentos são diretamente acessíveis à observação: a queda de temperatura e a preparação do fogo da lareira. Tornamos compreensível para nós a sua ligação exterior, que não é de início produzida senão no interior do sistema de coordenadas espaçotemporal por meio da interpolação de uma máxima comportamental. De início, traduzimos o primeiro acontecimento (a condição inicial) como um estímulo subjetivo e o segundo (o acontecimento da ação) como uma reação a esse estímulo: o "estado interno" do sentir frio é subordinado à queda de temperatura, assim como um estado de aquecimento é subordinado ao fogo da lareira. Com isso, é suficiente o emprego de uma máxima de ação (por exemplo, uma pessoa que sente frio procura se aquecer) para interpretar os dois acontecimentos observados como componentes de uma situação transformada por uma atividade subjetiva regida por fins e "compreender" o nexo do processo observado, a própria ação:

> By specifying the steps which are implicit in the interpretation of our case, we have brought out two particulars which are characteristics of the act of *Verstehen*. One is the "internalizing" of observed factors in a given situation; the other is the application of a behavior maxim which makes the connection between these factors relevant. Thus we "understand" a given human action if we can apply to it a generalization based upon personal experience. We can apply such a rule of behavior if we are able to "internalize" the facts of the situation[45] (Abel, 1964, p. 181).

Abel concebe o termo "compreender" como a interpolação de uma máxima comportamental. Essas máximas são dadas de maneira não problemática. Elas possuem a forma de enunciados universais, mas não são de maneira alguma leis empiricamente comprováveis. Sabemos simplesmente que buscamos calor quando sentimos frio; que nos defendemos quando somos atacados; que tendemos a ser precavidos quando sentimos medo, que odiamos nossos inimigos, evitamos danos, buscamos vantagens etc. etc. O ato da compreensão parece apenas se servir de tais regras triviais e não se orientar, por exemplo, por elas.

---

45. Em inglês no original: "Ao especificar os passos que estão implícitos na interpretação de nosso caso, destacamos dois traços particulares que são característicos do ato de *Verstehen* (compreender). Um é a 'internalização' de fatores observados em uma dada situação; o outro é a aplicação de uma máxima de comportamento que torna relevante a conexão entre esses fatores. Assim, 'compreendemos' uma dada ação humana se conseguimos aplicar a ela uma generalização baseada na experiência pessoal. Podemos aplicar tal regra de comportamento se formos capazes de 'internalizar' os fatos da situação" [N.T.].

Não podemos, contudo, pressupor regras menos triviais simplesmente como evidentes. É isso que se mostra a partir do segundo exemplo discutido por Abel. A conexão entre o sucesso na colheita e a frequência dos casamentos em uma comunidade rural, observada durante um espaço de tempo determinado, torna-se compreensível pela suposição de que uma perda de arrecadação provoca o medo, e o medo diminui a prontidão para assumir novos compromissos. Nesse caso, a máxima não é de maneira alguma desprovida de problematicidade. O casamento não precisa ser julgado em primeira linha sob o aspecto da sobrecarga econômica; precisamente em situações de insegurança, o fato de possuir uma família como um grupo íntimo que prometeria segurança poderia muito bem se mostrar como desejável. O modo como fazendeiros se comportam em péssimas colheitas depende evidentemente das representações valorativas tradicionais e dos papéis institucionalizados. Tais padrões culturais e tais normas sociais, porém, precisam ser apreendidos descritivamente. Eles não pertencem à classe de certas regras de comportamento aparentemente introspectivas. Nós nos asseguramos de seu conteúdo semântico por meio de uma compreensão hermenêutica de sentido.

Max Weber falava de interpretações valorativas nos casos em que a compreensão se dirigia para as significações objetivadas em conexões simbólicas. É só quando o conteúdo simbólico de normas vigentes é descoberto por uma compreensão de sentido que o observador pode apreender um comportamento observado em relação àquelas normas como um agir subjetivamente significativo.

A distinção entre uma compreensão hermenêutica de sentido e uma compreensão das motivações deixa claro que a operação da compreensão não se esgota no emprego de uma máxima comportamental em uma situação dada. Essa aplicação já pressupõe muito mais a explicação do sentido subjetivamente visado a partir de uma tradição cultural. A compreensão hermenêutica de conteúdos de sentido tradicionais é independente de se esses conteúdos se inserem na definição de normas sociais e se são, com isso, acolhidos nas intenções dos sujeitos da ação. Se esse é o caso, podemos compreender em relação ao sentido orientado pela ação até mesmo o próprio agir como um agir cuja motivação possui sentido. Se Abel tivesse escolhido exemplos de ações oriundas de culturas estrangeiras ou de épocas distantes, ele não teria deixado de perceber que aquele que compreende precisaria primeiro se assegurar de início das máximas comportamentais não triviais, antes de poder aplicá-las a um comportamento cuja motivação possui sentido. As máximas comportamentais não são de maneira alguma dadas por meio de algo assim como a introspecção. Elas são objetos da experiência no plano da compreensão simbólica, assim como os acontecimentos físicos o são no plano da observação direta.

Com certeza, não é por acaso que Abel restringe a escolha dos exemplos. Ele limita a sua análise a modos de comportamento, que podem ser concebidos como adaptação do organismo marcado por necessidades a um meio ambiente, ou seja, a modos de comportamento que podem ser inseridos em um esquema do tipo estímulo e reação. Sem discussão, as condições iniciais são concebidas como um estímulo, o comportamento manifesto como reações que buscam a adaptação e o estado final como o resultado de um comportamento estimulado. A tradução dos acontecimentos em estados psíquicos simplesmente interpola, então, a concepção subjetiva do estado de tensão desencadeado pelo estímulo e da distensão obtida por meio da adaptação. Essa chamada internalização da condição inicial e do estado final permite de tal modo a aplicação de uma máxima comportamental, que o mesmo processo, que é observado como comportamento adaptativo, também pode ser concebido como agir racional regido por fins:

> The generalization which we call "behavior maxims" link two feeling-states together in a uniform sequence and imply a functional dependence between them. In the cases cited it can be seen, that the functional dependence consists of the fact that the feeling-state we ascribe to a given human action is directed by the feeling-state we presume is evoked by an impinging situation or event. Anxiety directs caution; a feeling of cold, the seeking of warmth; a feeling of insecurity,

a desire for something that will provide reassurance[46] (Abel, 1964, p. 184).

A trivialidade das máximas comportamentais explica-se a partir do fato de Abel só levar em consideração um comportamento adaptativo que também pode ser interpretado como agir instrumental. O sentido visado subjetivamente se determina nesses casos segundo necessidades que podem ser estimuladas por disposições e que (além das regras técnicas) fixam modos específicos de satisfação. Assim, Abel reduz a compreensão a uma operação com o auxílio da qual um comportamento adaptativo vem a ser experimentado quer como uma organização racional e regida por fins dos meios (o vizinho arranja lenha e acende a lareira, para se aquecer) quer como uma escolha de estratégias que se mostra como racional e regida por fins (os fazendeiros evitam assumir compromissos adicionais, para que seus temores despertados sob a circunstância da perda de arrecadação não cresçam). Evidentemente, porém, essa redução permanece aquém de uma compreensão motivacional dirigida para o agir social, pois modos de comportamento racionais regidos por fins são apenas casos-limite do agir comunicativo. Por isso, mesmo as máximas comportamentais para uma adaptação a situações dadas são casos-limite de normas determinantes da ação em geral. Essas normas podem ser concebidas como expectativas de comportamento de grupos sociais, que não são dadas de modo algum de maneira evidente, mas que necessitam, por sua parte, de uma explicação voltada para a compreensão de sentido, antes de poderem ser colocadas na base de uma compreensão motivacional.

---

46. Em inglês no original: "A generalização que denominamos 'máximas comportamentais' liga dois estados sentimentais em uma sequência uniforme e implica uma dependência funcional entre eles. Nos casos citados, pode ser que a dependência funcional consista no fato de o estado sentimental que atribuímos a uma ação humana dada seja dirigida pelo estado sentimental que presumimos que é evocada por uma situação ou um evento conflituosos. O medo dirige a cautela; o sentir frio, a busca por calor; o sentimento de insegurança, o desejo de algo que forneça um reforço da segurança" [N.T.].

A análise de Abel persegue o intuito de clarificar criticamente o que a compreensão propriamente realiza. Ele supõe que as metodologias das ciências humanas poderiam justificar a compreensão como um substituto para a explicação. Essa tese é insustentável, pois a compreensão de motivações não é nenhum procedimento válido para a comprovação da pertinência empírica; ela pode, em todo caso, conduzir a hipóteses. Toda e qualquer máxima que permita compreender por interpolação um comportamento em circunstâncias dadas é do mesmo modo suficiente para o desejo de compreensibilidade. Por meio da própria compreensão não se impõe nenhuma decisão entre interpretações concorrentes. As interpretações permanecem arbitrárias até o ponto em que são submetidas a um teste pela via usual. Max Weber já havia apontado para isso de maneira inequívoca: "A descoberta do sentido de uma ação em uma situação dada [...] é simplesmente uma hipótese adotada à guisa de interpretação, uma hipótese que sempre necessita, por princípio, da verificação empírica, por mais que possa parecer absolutamente segura em milhares de casos" (Weber, 1922, p. 100). Abel dá um passo além. Como concebe o agir social fundamentalmente a partir do esquema do comportamento adaptativo, a interpretação intencional é para ele extrínseca ao comportamento observado. A compreensão motivacional não é nenhum passo indispensável, mas um passo metodologicamente adicional que, abstraindo-se da satisfação que cria para nós por meio do fato de podermos inserir processos objetivos no horizonte de nossas experiências pessoais, possui no máximo um sentido heurístico. Na medida em que tornamos compreensível para nós um processo observado por meio da interpolação de uma máxima comportamental, fazemos suposições, que podem ser convertidas em hipóteses comprováveis: a compreensão motivacional dá o impulso para a imaginação que cria hipóteses (Abel, 1964, p. 186)[47]. A interpretação

---

47. *"It is an accepted fact that, in formulating hypotheses, we start with some 'hunch' or 'intuition'. Now it appears highly probable that the hunches which lead us to certain hypotheses concerning human behaviour originate from the application of the operation of Verstehen"* ("Trata-se de um fato aceito que, ao formularmos hipóteses, começamos com algum 'palpite' ou 'intuição'.

psicológico-cognitiva, contudo, não pode ser confundida com uma interpretação metodológica.

Esse argumento é correto. No entanto, ele é desprovido de objeto, na medida em que a compreensão não pode ser requisitada para fins de explicação causal, mas apenas como acesso aos fatos sociais. No quadro da teoria da ação, a explicação que compreende o sentido do agir segundo papéis só serve à constatação de dados: considerados em si mesmos, os diversos papéis dos fazendeiros e a instituição do casamento em uma comunidade rural não explicam nada; eles servem apenas para a descrição de interações. Hipóteses sobre a conexão empírica entre papéis necessitam dos procedimentos usuais de comprovação. O princípio metodológico da compreensão só é afetado por uma crítica que conteste efetivamente a necessidade de um acesso subjetivo aos fatos sociais. A sociologia compreensiva, que se serve do quadro categorial da teoria da ação, só requisita a compreensão para fins analíticos, porquanto as hipóteses legais precisam ser formuladas com vistas à covariância de grandezas compreensíveis – para a forma lógica da análise de estruturas legais do agir social, porém, a operação da compreensão é indiferente.

O argumento behaviorista em sentido estrito volta-se contra a apreensão subjetiva do agir social. Na etnologia, na pesquisa sobre o comportamento dos animais, procedimentos objetivos foram ratificados; um comportamento adaptativo dirigido para uma meta pode ser concebido e analisado sem uma referência a intenções. Nagel acentua que a abordagem teórica das ciências comportamentais não exclui a existência de "consciência" ou de estados internos. No entanto, se estados mentais e acontecimentos psíquicos se comportam de maneira adjetiva ou adverbial em relação a estados ou acontecimentos físicos, então o comportamento manifesto oferece uma base suficiente para hipóteses sobre o agir social como um todo. O agir social não precisa ser negado, mas basta investigar o comportamento observável, no qual ele se manifesta. Nagel assume o ônus da prova de que um

---

Agora, parece extremamente provável que o palpite que nos leva a certas hipóteses acerca do comportamento humano se origine da aplicação da operação de *Verstehen* [compreensão]").

agir subjetivamente dotado de sentido não precisa ser necessariamente concebido a partir de categorias da autocompreensão, isto é, em relação ao sentido visado subjetivamente de regras orientadas pela ação ou de padrões culturais. Ele defende a tese contrária de que, inversamente, são os conteúdos de sentido culturalmente legados ou as orientações valorativas que só podem ser definidos inequivocamente a partir de variáveis do comportamento observável:

> The point I wish to make is that in imputing a certain schema of values to a community, one is imputing to its members certain attitudes. But an attitude is not something that can be established by introspection, whether in the case of our own persons or of others. An attitude is a dispositional or latent trait; and it is comparable in its theoretical *status* with viscosity or electrical resistance in physics, even if, unlike the latter, it can be usefully defended for sociopsychological purposes only in statistical terms. In any event, the concept is cognitively valuable only in so far as it effects a systematic organization of manifest data obtained from overt human responses to a variety of conditions, and only in so far as it makes possible the formulation of regularities in such responses[48] (Nagel, 1964, p. 172; 1961, p. 473ss.).

Contra a tese da teoria da ação de que expectativas de comportamento socialmente obrigatórias precisam ser explicitadas a partir de contextos significativos culturais, Nagel afirma a

---

48. Em inglês no original: "O que gostaria de enfatizar é que, ao imputarmos certo esquema de valores a uma comunidade, estamos imputando certas atitudes a seus membros. Uma atitude, porém, não é algo que pode ser estabelecido introspectivamente, nem no caso da própria pessoa nem no caso dos outros. Uma atitude é um traço disposicional ou latente; e ele é comparável em seu *status* teórico à viscosidade e à resistência elétrica na física, mesmo que, diferentemente da física, ele só possa ser definido de modo útil para propósitos sociopsicológicos em termos estatísticos. Em todo acontecimento, o conceito nunca é cognitivamente válido senão à medida que opera uma organização sistemática de dados manifestos obtida a partir de respostas humanas evidentes a uma variedade de condições, e somente à medida que torna possível a formulação de regularidades em tais respostas" [N.T.].

necessidade de expressar normas de comportamento nos termos do próprio comportamento: o conteúdo semântico das normas sociais, que determinam o comportamento social, só pode ser ele mesmo definido de maneira inequívoca com referência às variáveis comportamentais.

4.3 Uma transformação de enunciados sobre um sentido subjetivamente visado em enunciados sobre um comportamento objetivo depara-se certamente com objeções de ordem lógica. Toda tentativa direta de traduzir enunciados intencionais do tipo "A acha que 'p'" em expressões de uma linguagem empírica está fadada ao insucesso.

A linguagem empírica é extensional: nela, dois predicados são equivalentes, quando definem classes dotadas da mesma abrangência. Nesse quadro, uma classe de estados mentais é sinônima de uma classe de variáveis comportamentais que acompanham regularmente esses estados. Além disso, linguagens empiristas preenchem a condição de serem funcionais no que diz respeito à verdade: proposições só podem surgir ali em proposições mais complexas como as suas condições de verdade, isto é, os valores de verdade dos enunciados globais são definidos por meio do valor de verdade de seus argumentos. Evidentemente, porém, não é possível construir enunciados intencionais de tal modo que o seu valor de verdade derive apenas da forma lógica. O objeto intencional em tais enunciados (ou seja, por exemplo, o estado de coisas visado, desejado, esperado, temido, explicitado, colocado em questão ou defendido) não preenche as condições de verdade do enunciado como um todo: o problema está justamente no valor de verdade do conteúdo visado. Se A R p é uma proposição, na qual R compreende a classe de todas as expressões intencionais, então p se mostra como valor argumentativo em uma função de verdade S (Pap, 1955, p. 13ss.; Carnap, 1954, p. 129ss.)[49]. Não posso me deter aqui na ampla discussão sobre o *status* das chamadas *belief sentences*.

---

49. Em conexão com o *Tractatus* de Wittgenstein, Apel (1965, p. 241-249). No que diz respeito à abordagem fenomenológica, Skjervheim (1959), em particular o cap. 5: A tese sobre a extensionalidade.

As dificuldades com as quais se depara uma tradução de enunciados intencionais em uma linguagem empírica mostram de maneira inequívoca que proposições sobre acontecimentos não podem ser epistemologicamente equiparadas a proposições sobre opiniões. Disso se segue que as representações simbólicas de acontecimentos não podem ser tratadas no mesmo nível do que os próprios acontecimentos empíricos. A hipótese metafísica de que o conteúdo intencional e o sentido subjetivamente visado podem ser remetidos a estados mentais ou acontecimentos psíquicos que se encontram em correlações inequívocas com o mundo dos corpos é insustentável. Aquilo que se apresentava ao neokantismo como um problema relativo à posição epistemológica dos valores ou das formas simbólicas (da manifestação empírica de realizações transcendentais da consciência) impele o positivismo mais recente a uma aplicação metodológica da teoria dos tipos: os estados de coisa aos quais se referem enunciados intencionais não se encontram no plano dos fatos, mas antes no plano dos enunciados sobre estados de coisa. Teorias científico-experimentais próprias ao agir comunicativo, que se referem a um campo de objetos já linguisticamente constituído, podem ser concebidas, por isso, como teorias metafísicas. Naturalmente, porém, essa consequência só é retirada pela filosofia linguisticamente orientada com base na autorreflexão do positivismo introduzida por Wittgenstein.

Para escapar dessa consequência, o behaviorismo mais recente modificou as exigências rigorosas do behaviorismo mais antigo (Watson, 1930). Enquanto se supunha outrora que uma tradução direta de conteúdos intencionais em enunciados sobre acontecimentos físicos permitiria uma desconsideração das chamadas experiências introspectivas, agora se insere a dimensão da própria linguagem que resiste à redução no campo de objetos: *"Professed behaviorists today generally accept introspective reports by experimental subjects, not as statements about private psychic states of the subjects, but as observable verbal responses the subjects make under given conditions; and accordingly, introspective reports are included among the objective data upon which psychological generalizations are to be founded*[50] (Nagel, 1961, p. 477).

A comunicação linguística é concebida como um comportamento verbal que se encontra em ligações causais empiricamente comprováveis com outros modos de comportamento do organismo: o emprego de símbolos linguísticos é parte do comportamento adaptativo. Por isso, o programa científico-comportamental pressupõe uma teoria behaviorista da linguagem. Apoiado em trabalhos preparatórios oriundos das escolas pragmática (Peirce, Dewey, Mead) e positivista (Carnap), Ch. Morris elaborou o quadro de tal teoria geral do sinal e do símbolo (Morris, 1955; Apel, 1959, p. 161ss.). Morris compreende a comunicação linguística a partir da conexão funcional dos símbolos com o comportamento dirigido pelos símbolos. Ele deriva esse comportamento dirigido pelos símbolos do comportamento controlado pelos sinais, um comportamento que já pode ser observado junto aos animais. Assim, o comportamento verbal, a partir de um estágio do desenvolvimento orgânico, pertence ao círculo funcional do comportamento adaptativo e pode ser ele mesmo estudado de acordo com pontos de vista estritamente científico-comportamentais.

Os sinais possuem uma função relativa à direção do comportamento no processo de adaptação de organismos ao seu meio ambiente. Quando um acontecimento A evoca regularmente um comportamento adaptativo em uma dada situação da mesma maneira que um acontecimento B, denominamos A um sinal de B. O organismo que reage a sinais é o intérprete. Determinante para a interpretação são as disposições marcadas por necessidades que permitem ao organismo reagir a sinais e os esquemas comportamentais segundo os quais transcorrem as reações. Todo objeto que se mostra como meta apropriada para a reação desencadeada pertence à classe dos acontecimentos

---

50. Em inglês no original: "Behavioristas confessos geralmente aceitam hoje relatos introspectivos dos sujeitos experimentais, não como afirmações sobre estados psíquicos privados desses sujeitos, mas como respostas verbalmente observáveis dadas pelos sujeitos sob certas condições; e, por conseguinte, relatos introspectivos estão incluídos entre os dados objetivos, entre os quais generalizações psicológicas podem ser encontradas" [N.T.].

designados. Todas as condições empíricas que são suficientes para o prognóstico de um acontecimento designado constituem juntas a significação do sinal (Morris, 1955, p. 17). Os sinais que controlam o comportamento também substituem estímulos naturais que disparam os movimentos de adaptação de um organismo que se conserva em uma situação dada. Morris denomina os sinais naturais como signos. Quando o próprio intérprete produz sinais que assumem o lugar dos sinais naturais, falamos de gestos. Tais gestos só conquistam uma significação em sentido semântico se, em uma comunicação, possuírem a mesma significação para o organismo que produz os gestos e para o intérprete. G. H. Mead denomina "símbolos" esses gestos que possuem uma significação idêntica; no sentido de Cassirer, eles possuem uma função representadora. Uma linguagem é constituída a partir de sinais, que podem ser produzidos por todos os parceiros da comunidade linguística, interpretados da mesma maneira independentemente da situação e combinados segundo regras. A comunicação linguística, porém, equivale, então, ao emprego mútuo de símbolos sistematicamente ordenados, que possuem significações constantes em um dado grupo. Nesse caso, o conteúdo semântico define-se segundo modos de comportamento observáveis que são dirigidos por símbolos. Todas as reações podem ser, por isso, investigadas como função do comportamento adaptativo e expressas em variáveis desse comportamento.

Com certeza, a definição de símbolos de mesma significação encerra uma dificuldade. A saber, a identidade de significações não pode ser reduzida à concordância intersubjetiva em um grupo. No quadro do behaviorismo linguístico, símbolos já possuem o mesmo conteúdo semântico quando membros quaisquer da comunidade linguística reagem a eles com os mesmos modos de comportamento. A exigência de que, no plano da comunicação linguística, todos os parceiros de diálogo associem a mesma significação com os sinais que eles produzem já é cumprida quando esses parceiros reagem de maneira uniforme a esses sinais sob circunstâncias dadas. Morris parte do modelo do processo solitário de adaptação de um organismo singular. Ele deriva todos os processos comunicativos desses elementos.

Por isso, ele não consegue distinguir de modo plausível entre as respostas monológicas uniformes a um símbolo e a interação linguisticamente mediada:

> It is sufficient that organisms perform response-sequences of the same behavior family, as would be the case of two dogs each seeking food without cooperating in the process. Even if two dogs competing for food, our analysis would permit the genesis of signs of food producible by either organism and giving rise to similar interpretants regardless of which organism made the sign in question. And even if the organisms had to co-operate to secure food, it is not a social goal which is essential but similar response-sequences (and so similar individual goals). Response-sequences of the same behavior-family are necessary to secure similar sign-vehicles and similar interpretants, but such response-sequences are possible without there being cooperative social acts[51] (Morris, 1955, p. 44).

Esse argumento volta-se contra a teoria da linguagem de G. H. Mead, que havia suposto o fato de a igualdade significativa dos símbolos, pressuposta para a comunicação linguística, não poder ser dada pela simples uniformidade das reações, mas só pela antecipação recíproca do mesmo comportamento-resposta: *"The critical importance of language in the development of human experience lies in the fact that the stimulus is one that can react upon the speaking individual as it reacts upon the*

---

51. Em inglês no original: "É suficiente que organismos realizem sequências de respostas da mesma família de comportamentos, como se se tratasse de dois cachorros procurando comida sem cooperação nesse processo. Mesmo se dois cachorros estivessem competindo por comida, nossa análise permitiria reconstruir a gênese de sinais de comida passíveis de serem produzidos por cada um dos organismos e suscetíveis de interpretações análogas, sem levar em conta qual dos organismos produz o sinal em questão. E, mesmo se os organismos tiverem de cooperar para assegurar a comida, essa não é uma meta social que seria essencial, mas sequências de respostas similares (e assim metas individuais similares). Sequências de respostas da mesma família de comportamentos são necessárias para assegurar veículos de sinais similares e interpretações análogas, mas tais sequências de respostas são possíveis sem que haja atos sociais cooperativos" [N.T.].

other"[52] (Mead, 1934, p. 69). Um símbolo tem o mesmo conteúdo significativo para dois indivíduos quando o falante pode antecipar a reação do outro, assim como esse outro pode antecipar, por sua vez, a sua antecipação: a identidade de significações não se constitui por meio de reações uniformes, constatadas pelo observador, mas por meio da expectativa de uma reação comportamental na qual os próprios parceiros de diálogo concordam, isto é, na intersubjetividade da expectativa de comportamento. Mead faz a comunicação linguística remontar a uma interação no interior de papéis, por mais que toda atividade segundo papéis já envolva intencionalidade. Compreender a significação de um símbolo significa assumir os papéis de um parceiro, a saber, estar em condições de antecipar a sua reação comportamental. Ao contrário, porém, precisamente um comportamento dirigido por símbolos não é um comportamento adaptativo controlado por sinais no sentido de Morris, mas um agir intencional – ou seja, um comportamento que se segue à antecipação de outro. Ele apropria-se de seu papel. A interação no papel possui por correlato o sentido intersubjetivamente visado de uma expectativa de reações *compartilhada* por agentes.

O conteúdo significativo de símbolos é definido por meio de *expectativas* de comportamento e não por meio de *modos* de comportamento. Por isso, o emprego de símbolos não pode ser reduzido a mero comportamento. Morris gostaria de derivar, em contrapartida, o comportamento verbal do comportamento estimulado e o comportamento intencional do comportamento verbal: a comunicação linguística torna possível um agir recíproco segundo papéis antecipados, mas a interação em papéis não é condição da comunicação linguística:

> At times (Mead) talks as if role-taking were a precondition of the significant symbol and at times as if it were made possible by such symbols. The ambiguity is at least partially resolved, if we recognize two senses of role-taking: the sense in which a person simply

---

52. Em inglês no original: "A importância crítica da linguagem no desenvolvimento da experiência humana provém do fato de o estímulo poder agir sobre aquele que fala da mesma maneira que sobre aquele que escuta" [N.T.].

as a fact responds to a sound he makes as other respond, and the sense in which a person identifies the response he makes to this sound as the kind of response another person makes. Role-taking in the first sense is involved in language signs, but adds no new factor to our previous account; role-taking in the second (and more usual sense) would seem to require complex signs (and perhaps even language), since it requires the signification of another person and the attribution to that person of a disposition to respond similar to that of the interpreter himself. The distinction is important, since there is no evidence that taking the role of the other in the latter sense is required to explain the genesis of the language sign[53] (Morris, 1955, p. 45s.).

A distinção feita por Morris não afasta as dificuldades lógicas que surgem com a redução da linguagem ao comportamento, mas as deixa claras pela primeira vez. Em consonância com Mead, ele apresenta para a comunicação linguística o critério de que as significações simbolizadas precisam ser constantes em situações alternantes e idênticas para quaisquer membros da comunidade linguística. Conquistamos esse critério a partir do conhecimento interno daqueles que desde sempre tomaram parte em tais comunicações: experimentamos como falantes a validade intersubjetiva das normas, uma validade que consis-

---

53. Em inglês no original: "Por vezes (Mead) fala como se assumir papéis fosse uma pré-condição do símbolo significante e por vezes como se ele fosse possibilitado por tais símbolos. A ambiguidade é no mínimo parcialmente resolvida, se reconhecemos dois tipos de assunção de papéis: o sentido no qual uma pessoa responde de maneira simplesmente factual ao som que ela emite exatamente como outras respondem e o sentido no qual uma pessoa identifica a resposta que ele dá a esse som como o tipo de resposta que outra pessoa dá. A assunção de papéis no primeiro caso está implicada nos signos linguísticos, mas não adiciona nenhum novo fator à nossa avaliação prévia; a assunção de papéis no segundo caso (mais usual) pareceria requerer signos complexos (e talvez mesmo uma linguagem complexa), uma vez que ela exige a significação de outra pessoa e a atribuição a essa pessoa de uma disposição para responder de maneira similar àquela do próprio intérprete. A distinção é importante, na medida em que não há nenhuma evidência de que assumir o papel do outro no último sentido seja requerido para explicar a gênese do signo linguístico" [N.T.].

te em podermos segui-las conjuntamente. A comunhão entre intenções ou obrigações é o solo, sobre o qual nos comunicamos; por isso, a identidade de uma significação é medida inicialmente a partir da concordância intersubjetiva de reações comportamentais em uma expectativa simbolicamente expressa. Agora, essa concepção intersubjetiva da identidade de significações deve ser substituída por uma concepção objetiva: no lugar da intersubjetividade dos papéis, que não pode ser confirmada aos olhos dos agentes senão por meio de uma interação dotada de sucesso, entra em cena agora a identidade de modos de comportamento observados. Se a significação de um sinal pode ser suficientemente fixada a partir de critérios próprios aos modos de comportamento estimulados por sinais, então um símbolo ao qual reagem de maneira uniforme diversos organismos preenche a condição de uma mesma significação para esses intérpretes. Considerada estritamente, contudo, essa definição só fixa uma interpretação para o observador que, como pode falar, sabe desde o princípio o que significa a identidade da significação. A partir de um critério, ele pode identificar modos de comportamento como similares ou, dada uma semelhança suficiente, como iguais, porque ele mesmo pode fixar um ponto de vista idêntico, isto é, pode seguir uma regra intersubjetiva válida. Já se insere ao mesmo tempo na interpretação do observador uma pré-compreensão que não pode ser confirmada no plano do comportamento interpretado. Em uma discussão com P. F. Strawson, que havia assumido a posição de Morris (Strawson, 1981, p. 84ss.), P. Winch desenvolveu esse argumento da seguinte forma:

> Strawson argues that we can quite well imagine, as a logical possibility, a desert-islander who has never been brought up in a human society devising a language for his own use. We can also, he says, imagine the introduction of an observer (B) of the user of this language who observes a correlation between the use of its words and sentences and the speaker's actions and environment [...]. Observer B is thus able to form hypothesis about the meanings (the regular use) of the words of his subject's language. He might in time come to be able to speak it: then the

practice of each serves as a check on the practice of the other. But shall we say that, before this fortunate result was achieved (before the use of the language becomes a shared "form of life"), the words of the language had no meaning, no use? (Winch, 1958, p. 85). To Strawson it seems self-evidently absurd to say such a thing. The persuasiveness of his position lies in the fact that he appears to have succeeded in giving a coherent description of a situation which, on Wittgenstein's principles, ought to be indescribable because inconceivable. But this is only appearance; in fact Strawson has begged the whole question. His description is vitiated at the outset as a contribution to the problem under discussion by containing terms the applicability of which is precisely what is in question: terms like "language", "use", "words", "sentences", "meaning" – and all without benefit of quotation marks. To say that observer B may "form hypothesis about the meaning (the regular use) of the words in his subject's language" is senseless unless one can speak of what his subject is doing in terms of the concepts of meaning, language, use etc. From the fact that we can observe him going through certain motions and making certain sounds – which, were they to be performed by somebody else in another context, that a human society, it would be quite legitimate to describe in those terms it by no means follows that his activities are legitimately so describable. And the fact that B might correlate his subject's practices with his own does not establish Strawson's point[54] (Winch, 1958, p. 34s.).

---

54. Em inglês no original: "Strawson defende que podemos muito bem imaginar, como uma possibilidade lógica, um morador de uma ilha deserta que nunca teve contato com a sociedade humana e que inventa uma língua para os seus próprios fins. Também podemos imaginar, ele diz, a introdução de um observador (B) do usuário dessa língua, percebendo a correlação entre o uso de suas palavras e sentenças e as ações e o meio ambiente do falante [...]. O observador B seria, então, capaz de construir hipóteses sobre o significado (o uso regular) das palavras que constituem a língua do sujeito observado. Com o tempo, pode ser que ele se torne capaz de falar essa língua: pois a prática de cada um deles serve para checar a prática do outro. Mas será que devemos dizer que as palavras dessa língua não possuíam nenhum significado,

Uma vez mais, essa dificuldade emerge daquela relação reflexiva entre o plano teórico e o plano dos objetos, uma relação que deveria ter sido alijada por meio da redução da linguagem a um comportamento estimulado. Só há um caminho que nos permite escapar dessa dificuldade lógica: a inserção das regras metodológicas na investigação empírica. Mesmo a comunicação dos pesquisadores pode ser concebida como um comportamento verbal: a aplicação de teorias à realidade pode ser encerrada no campo de objetos de uma análise do comportamento. Voltar-se-ia, nesse caso, de modo naturalista a teoria científico-comportamental da linguagem sobre a comunicação dos cientistas comportamentais. Assim, a abordagem behaviorista tornar-se-ia dependente de uma questão passível de ser decidida empiricamente. Se aceitamos essa sugestão, o valor do modelo científico-comportamental não é mais medido a partir dos critérios de sucesso de uma estratégia de pesquisa, mas é submetido a um teste: o modelo só faz sentido se conseguir apreender o surgimento da linguagem de uma maneira tão analítico-causal, que formas quaisquer do comportamento verbal, mesmo o comportamento verbal do pesquisa-

---

nenhum uso, antes de tal resultado feliz ter sido alcançado (antes do uso da língua se tornar uma 'forma de vida' compartilhada)?" (Winch, 1958, p. 85). Para Strawson, parece obviamente absurdo dizer uma coisa como essa. O caráter persuasivo de sua posição deve-se ao fato de ele parecer ter conseguido dar uma descrição coerente de uma situação que, segundo os princípios de Wittgenstein, deveria ser indescritível, uma vez que inconcebível. Mas essa é apenas uma aparência; de fato, Strawson cometeu uma petição de princípio no que diz respeito à questão como um todo. Sua descrição é viciada desde o início enquanto contribuição ao problema em discussão, uma vez que contém termos cuja aplicabilidade é justamente o que está em questão: termos como 'linguagem', 'uso', 'palavras', 'sentenças', 'significado' – e tudo sem o benefício das aspas. Dizer que o observador B pode 'formar hipóteses sobre os significados (o uso regular) das palavras que constituem a linguagem do sujeito observado' é um contrassenso, a não ser que se possa falar sobre aquilo que o sujeito está fazendo em termos dos conceitos de significado, linguagem, uso etc. Do fato de que podemos observá-lo realizando certos movimentos e produzindo certos sons – que seriam perfeitamente descritíveis nesses termos, se eles fossem produzidos por outra pessoa em outro contexto, por exemplo, no contexto da sociedade humana – não se segue de maneira alguma que suas atividades podem ser legitimamente descritas assim. E o fato de B poder estabelecer uma correlação entre as práticas do sujeito observado e as suas próprias não comporta o ponto de vista de Strawson" [N.T.].

dor behaviorista, possam ser prognosticadas de modo suficientemente confiável.

4.4 B. F. Skinner empreendeu essa tentativa com uma teoria do aprendizado da linguagem. Ela deve fornecer as condições sob as quais as regras para o emprego de sinais linguísticos é adquirida (Skinner, 1957)[55].

Noam Chomsky demonstrou em uma crítica detalhada a Skinner que o processo de aprendizado da língua não pode ser apreendido suficientemente no quadro da teoria do aprendizado. Ele mostra que os conceitos comprovados na pesquisa comportamental, os conceitos de estímulo e reação, recompensa e punição, intensificação e extinção perdem a sua inequivocidade operacional na aplicação ao comportamento verbal e, na verdade, só traduzem de maneira vaga as expressões tradicionais da análise mentalista da linguagem. Skinner não leva em consideração a performance sintética das regras, segundo as quais os elementos da língua são a cada vez organizados. Precisamente o fracasso da tentativa de reduzir a linguagem ao comportamento traz à tona o papel peculiar das regras gramaticais: essas regras não se manifestam diretamente no comportamento verbal observável e não podem ser deduzidas do encadeamento das reações comportamentais a estímulos externos e das combinações correspondentes de sinais. A gramática que dominamos coloca-nos em condição de distinguir proposições corretamente construídas de proposições falsas; de produzir ou compreender novas proposições em dadas situações; e de gerar e dissolver a duplicidade de sentido do uso linguístico reflexivo, metafísico ou irônico, isto é, a ambiguidade do uso linguístico. Essas performances criativas da língua podem ser analisadas em relação a um aparato de regras gramaticais internalizadas, mas não podem ser derivadas de experiências cumulativas segundo o esquema da tentativa e do erro:

---

55. As hipóteses que foram neste ínterim refinadas sobre uma teoria do aprendizado do comportamento linguístico remontam à investigação fundamental de Miller e Dollard (1941).

We constantly read and hear new sequences of words, recognize them as sentences, and understand them. It is easy to show that the new events that we accept and understand as sentences are not related to those with which we are familiar by any simple notion of formal (or semantic or statistical) similarity or identity of grammatical frame. Talk of generalization in this case is entirely pointless and empty. It appears that we recognize a new item not because it matches some familiar item in any simple way, but because it is generated by the grammar that each individual has somehow and in some form internalized[56] (Chomsky, 1964, p. 576).

Chomsky concebe a gramática sob o ponto de vista de performances sintéticas ou, como ele mesmo se expressa, gerativas. Como um sistema internalizado, a gramática possibilita a cada vez a escolha de uma série apropriada de regras compatíveis para o emprego de símbolos e para novas composições de símbolos. Sob tal ponto de vista gerativo, a gramática se mostra como suma conceitual das "performances transcendentais". Na verdade, ela mesma é o produto de um processo de aprendizado, pois crianças precisam crescer no interior do sistema linguístico de seu meio. A gramática, porém, depois de ter sido internalizada, acaba por evidentemente fixar por sua vez as condições do processo de aprendizado possível. Ela dota aquele que a domina com formas possíveis de interpretação da realidade, ou seja, com os esquemas da concepção de mundo ou com os modelos de aprendizado. Aprender uma língua é algo que se realiza no plano transcendental, que é diverso do plano

---

56. Em inglês no original: "Lemos e ouvimos constantemente novas sequências de palavras, nós as reconhecemos como sentenças e as compreendemos. É fácil mostrar que os novos eventos que aceitamos e compreendemos como sentenças não estão ligados àqueles com os quais estamos familiarizados por qualquer noção simples de similitude formal (semântica ou estatística) ou de identidade da estrutura gramatical. Falar de generalização nesse caso seria inteiramente despropositado e vazio. Parece que reconhecemos um novo item como uma sentença não porque ele corresponde de uma maneira simples a algum item familiar, mas porque ele é gerado pela gramática que todo indivíduo de algum modo e de alguma forma internalizou" [N.T.].

linguisticamente já condicionado (comportamentos, posicionamentos). Sim, a observação da rápida aquisição de estruturas linguísticas complexas junto às crianças leva Chomsky a supor que somos por assim dizer dotados organicamente com um sistema de "linguagem em geral". Ele parte da hipótese

> that the structure of the grammar internalized by the learner may be, to a presently quite unexpected degree, a reflection of the general character of his experience. It seems not unlikely that the organism brings, as its contribution to acquisition of a particular language, a highly restrictive characterization of a class of generative systems from which the grammar of its language is selected on the basis of the presented linguistic data[57] (Chomsky, 1964, p. 113).

Como quer que seja – em todo caso, uma análise do comportamento daqueles que falam uma língua, que compreendem uma língua e que aprendem uma língua não possui nenhuma perspectiva de sucesso se não se referir às regras gramaticais da língua apreendidas independentemente disso. *"It seems natural to suppose that the study of actual linguistic performance can be seriously pursued only to the extent that we have a good understanding of the generative grammars that are acquired by the learner and put to use by the speaker or hearer"*[58] (Chomsky, 1964, p. 52).

Chomsky recusa nesta passagem o behaviorismo linguístico com a seguinte referência: *"The common characterization of language as a set of 'verbal habits' or as a 'complex of present*

---

57. Em inglês no original: "Que a estrutura da gramática internalizada por aquele que aprende pode ser, em um grau atual extremamente inesperado, um reflexo do caráter geral de sua experiência. Não parece improvável que o organismo traga, como sua contribuição para a aquisição de uma linguagem particular, uma caracterização extremamente restritiva de uma classe de sistemas gerativos, a partir dos quais a gramática de sua língua é escolhida com base nos dados linguísticos apresentados" [N.T.].

58. Em inglês no original: "Parece natural supor que o estudo da performance linguística atual só pode ser seriamente perseguida à medida que temos uma boa compreensão das gramáticas gerativas que são adquiridas por aquele que aprende e colocadas em uso pelo falante ou ouvinte" [N.T.].

dispositions to verbal behavior, in which speakers of the same language have perforce come to resemble one another' (Quine) is totally inadequate. Knowledge of one's language is not reflected directly in linguistic habits and dispositions, and it is clear that speakers of the same language or dialect may differ enormously in dispositions to verbal response, depending on personality, beliefs, and countless other extra-linguistic factors"[59].

A tentativa de reduzir a linguagem ao comportamento permanece problemática. Por razões principiais, não se consegue expressar completamente o agir comunicativo em determinações do comportamento adaptativo. J. Benett chega ao mesmo resultado por meio de uma espécie de experiência de pensamento. Ele parte do comportamento sinalizador das danças das abelhas e introduz gradativamente novas suposições, a fim de aproximar o comportamento internalizado das abelhas do padrão da comunicação linguística. Ao final de sua fábula das abelhas, o autor acaba por dotar os animais de linguagem: no lugar das reações comportamentais reguladas, controladas por sinais e estímulos, entram ações guiadas por normas. Como critério para a comunicação linguística, Benett introduz um comportamento avesso à norma. Somente se as abelhas da fábula puderem quebrar as regras que dirigem simbolicamente o seu comportamento, ou seja, somente se elas puderem agir segundo máximas ou expectativas, a expressão "linguagem das abelhas" possui um sentido estrito. Os passos exatamente construídos da fábula mostram, contudo, que as abelhas não podem atingir esse estágio sem que a apresentação seja obrigada a extrapolar o vocabulário do comportamento observável. Diferentemente do comportamento controlado por sinais, um agir normativamente dirigido

---

59. Em inglês no original: "A caracterização comum da linguagem como um conjunto de 'hábitos verbais' ou como um 'complexo de disposições atuais para o comportamento verbal no qual falantes de uma mesma língua acabam inevitavelmente por se assemelhar' (Quine) é totalmente inadequada. O conhecimento de uma língua não está refletido diretamente nos hábitos linguísticos e disposições, e é claro que falantes de uma mesma língua ou dialeto podem diferir enormemente em disposições para a resposta verbal, dependendo da personalidade, das crenças e dos outros fatores extralinguísticos incontáveis" [N.T.].

pressupõe regras, cuja validade não é garantida objetivamente, por meio de uma lei natural, mas intersubjetivamente, por meio do reconhecimento dos intérpretes participantes. O agir de um intérprete a partir de normas vigentes não pode, por isso, ser derivado de uma ligação isolada entre comportamento, sinal e meio ambiente. Normas repousam sempre sobre um reconhecimento comum e pressupõem, portanto, continuamente uma identidade da significação para o universo de todos os participantes por um período de tempo: significações temporalmente contínuas e intersubjetivamente vigentes, nesse sentido constantes, só se constituem como linguagem.

A. MacIntyre também é guiado por reflexões desse tipo em sua crítica às concepções de Marx e Paretto por um lado e de Max Weber, por outro: todos eles parecem supor uma ligação causal entre convicções subjetivas e comportamento manifesto para as ações sociais (MacIntyre, 1964, p. 48ss.)[60]. Entre as ideias e o comportamento dos sujeitos agentes deve existir uma conexão empírica, sem levar em conta se as ideias ou os modos de comportamento são concebidos como as variáveis independentes: *"Beliefs and ideas influence social life; and social life influences beliefs and ideas"*[61]. MacIntyre contesta que a cisão analítica entre essas classes de variáveis seja significativa para o agir social. Na verdade, os conteúdos intencionais podem ser investigados independentemente das ações, nas quais se inserem como orientação: em contextos simbólicos, eles possuem uma existência independente das ações. Mas o inverso não é verdadeiro. Ações não podem ser de modo algum concebidas sem referência às intenções diretrizes, ou seja, independentemente de algo assim como ideias. Não pode existir uma ligação empírica entre as ações, porque elas não são grandezas independentemente identificáveis. Elas comportam-se umas em relação às outras antes como os sinais e as significações no interior das palavras. Ações expressam igualmente intenções, ou melhor: elas apresentam

---

60. Não entrarei na interpretação problemática que o autor faz de Marx, Paretto e M. Weber.

61. Em inglês no original: "Crenças e ideias influenciam a vida social; e a vida social influencia crenças e ideias" [N.T.].

intenções, assim como os símbolos linguísticos apresentam as suas significações. Do mesmo modo que sinais não podem ser apreendidos sem o conteúdo simbolizado, as ações também não podem ser apreendidas sem o seu conteúdo intencional, a não ser que não sejam mais identificadas *como* sinais ou *como* ações. No entanto, se as intenções só aparecem independentemente das ações em expressões linguísticas, a relação entre ideia e comportamento só reflete de início a ligação entre sentido simbolizado e um comportamento observável, do qual supomos que ele pode ser interpretado como um agir. Essa ligação não é nenhuma ligação empírica, mas uma ligação interna. Para testar se determinadas ideias "estão em consonância" com modos de comportamento específicos, levamos a cabo operações que correspondem antes ao procedimento hermenêutico do que ao comportamento empírico-analítico: checamos se a intenção hipoteticamente assumida, que permite compreender um comportamento observável como um agir, pode ser formulada em proposições que concordam com as ideias expostas ou relatadas. Nesse sentido, checamos a "consistência" de comportamentos e ideias: *"It is because actions express beliefs, because actions are a vehicle for our beliefs that they can be described as consistent or inconsistent with beliefs expressed in avowals. Actions, as much as utterances, belong to the realm of statements, concepts and beliefs; and the relation of belief to action in not external and contingent, but internal and conceptual"*[62] (MacIntyre, 1964, p. 52; cf. tb. IV, 9.2).

Se o agir está associado de tal modo a intenções que ele pode ser derivado de proposições que expressam essas intenções, então também é válida inversamente a tese de que um sujeito só pode realizar as ações cuja intenção ele está fundamentalmente em condições de descrever. Os limites do agir são definidos pelo campo de jogo das autoatribuições possíveis.

---

62. Em inglês no original: "Como ações expressam crenças, como ações são um veículo para as nossas crenças, elas podem ser descritas como consistentes ou inconsistentes em relação às crenças expressas nas declarações. Assim como as enunciações, as ações também pertencem ao reino das asserções, dos conceitos e das crenças; e a relação entre a crença e a ação não é uma relação extrínseca e contingente, mas interna e conceitual" [N.T.].

Esse campo de jogo é fixado pelas estruturas da linguagem, na qual se articulam a autocompreensão e a concepção de mundo de um grupo social. Portanto, os limites do agir são estabelecidos pelos limites da linguagem.

Todas as investigações relevantes, a discussão lógica de enunciados intencionais, a análise empírica do comportamento linguístico, a análise linguística do aprendizado de uma língua e a investigação metodológica de ideias e modos de comportamento concordam quanto a um resultado: uma redução de ações intencionais a um comportamento estimulado não é possível. Esse resultado, porém, é contradito pelo fato de existirem análises científico-comportamentais dotadas de sucesso em âmbitos do agir social. Essa contradição pode ser esclarecida se não confundirmos a estratégia das ciências comportamentais com a sua autocompreensão declarada.

O programa científico-comportamental exige que o comportamento animal tanto quanto o humano sejam analisados segundo as mesmas regras metodológicas que os processos naturais na física, a saber, abstraindo-se do sentido acessível supostamente de maneira apenas introspectiva. De fato, contudo, a restrição do procedimento ao comportamento observável ainda não satisfaz esse postulado, pois, sem se notar, imiscui-se sub-repticiamente na abordagem teórica uma antecipação de contextos intencionais: o próprio comportamento é definido como um comportamento *compreensível*, ele não é "objetivo" senão em aparência. O comportamento é sempre interpretado no quadro de uma situação que interpolamos a partir de experiências próprias. A classe de acontecimentos observáveis, que denominamos "modos de comportamento", distingue-se da classe dos outros acontecimentos por meio de um sistema referencial que explicita uma conexão compreensível. Esse sistema produz justamente uma conexão funcionalista entre o estado inicial de um organismo, o seu meio ambiente (com condições de existência e impulsos estimulantes) e um estado final do organismo. Essa conexão é funcionalista sob o ponto de vista da satisfação de necessidades, uma satisfação que permanece inacessível para a observação direta. Nós, desde sempre, compreendemos o que significa satisfazer uma necessidade; nunca o compreenderíamos por meio apenas da observação. Essa interpretação oriunda da esfera da experiência própria não se acrescenta simplesmente à observação. Ela fornece *previamente* o critério para a delimitação da classe de acontecimentos que podem ser apreendidos como comportamento; além disso, ela permite pela primeira vez hipóteses teóricas sobre a significação constante de classes de acontecimentos para um organismo dado. Assim, a pesquisa voltada para o comportamento biológico conta com estímulos que produzem um disparo e que "significam" inimigo, presa, ninhada ou sexo. A teoria do aprendizado conta ao mesmo tempo, independentemente de direções pulsionais específicas, com duas classes de estímulos que são distintos claramente pelo organismo como punição ou recompensa. Com isso, o comportamento situa-se nos dois casos em uma conexão intencional[63]. As hipóteses científico-comportamentais não podem se ligar aos acontecimentos, que seriam totalmente purificados de conteúdos intencionais.

Por outro lado, no plano do comportamento animal, o momento do elemento intencional ainda não é destacado dos modos de comportamento e supra-assumido em conexões simbólicas. É somente a autonomização dos conteúdos intencionais que torna possível o agir na linguagem. Um sistema de impulsos mais ou menos estrito, que define significações específicas à espécie por assim dizer por detrás de suas costas, fixando-as a condições selecionadas relativas ao meio ambiente, não se destaca senão no plano cultural de correlações inequívocas com o meio ambiente; somente então esse sistema pode, por sua vez, ser submetido a novas definições por meio de um sistema linguístico com significações variáveis. Enquanto significações *sinalizadas*

---

63. Não distingo aqui entre as abordagens analítico-comportamentais concorrentes dos teóricos do instinto, por um lado, e, por outro lado, dos teóricos behavioristas do aprendizado. O sistema referencial psicológico das teorias estímulo-resposta é mais pobre em termos de conteúdo e permite, por isso, uma estratégia de pesquisa mais extensa sob pontos de vista reducionistas. O sistema referencial biológico é apreendido de maneira mais específica. Ele repousa sobre hipóteses ligadas à teoria da evolução e só leva em consideração processos de aprendizado que servem à conservação da espécie (Lehrmann, 1953, p. 337-365; Lorenz, 1965, p. 301-358; 1965).

dependem de posicionamentos de necessidades e não fazem senão indicar objetos pulsionais previamente selecionados, as significações *simbólicas* autonomizadas em sistemas linguísticos alcançaram o poder de interpretar retroativamente mesmo as necessidades. A teoria da ação apoia-se sobre esse estado de coisas, na medida em que supõe que o transcurso de uma ação precisa ser apreendido a partir da interpretação do próprio agente: o motivo da ação volta-se do plano característico do sistema pulsional para o plano da comunicação linguística. A pesquisa comportamental, em contrapartida, também torna obrigatória para um agir social uma postura na qual os símbolos linguísticos são apreendidos uma vez mais como sinais, as motivações por meio do sentido simbolizado uma vez mais como motivações impulsionadoras e as ações intencionais uma vez mais como modos de comportamento suscitados por estímulos. Isso não é alcançado por meio de uma suspensão do sentido e da compreensão de sentido em geral, mas apenas por meio de uma restrição certamente radical do horizonte linguisticamente aberto a poucos elementos. Nesse caso, mesmo os componentes reduzidos permanecem ligados fundamentalmente ao horizonte da comunicação linguística: quando denominamos recompensa e punição as abstrações da satisfação e da frustração de necessidades, já nos referimos a um sistema de valores válidos; e, independentemente do quão elementares possam se mostrar para nós as direções pulsionais que distinguimos qualitativamente com indicações a inimigo, presa e sexo, nunca alcançamos algo assim como impulsos desprovidos de toda interpretação linguística.

Precisamente o laço inconfesso, mas indissolúvel, da abordagem behaviorista com uma pré-compreensão correntemente articulada de experiências em nosso mundo da vida social torna plausível por que teorias científico-comportamentais do comportamento humano são possíveis. Na verdade, a linguagem não pode ser reduzida ao comportamento, mas o agir intencional na postura da pesquisa comportamental pode ser analisado a partir do pressuposto de uma pré-compreensão vinculada à comunicação linguística da intencionalidade secreta do comportamento. Como as ciências comportamentais abstraem-se metodologicamente dos momentos que são específicos para a convivência cultural, suas informações só possuem certamente sentido no interior de limites indicáveis. Se nos recusarmos a pagar esse preço por uma redução do agir ao comportamento, precisamos nos manter junto a teorias gerais do agir intencional. Essas teorias precisam abrir uma via de acesso aos fatos sociais por meio da compreensão de sentido.

5. Três formas do funcionalismo

5.1 A abordagem behaviorista tem a vantagem de que com ela não surge nenhuma complicação fundamental para a formação teórica. Se aceitamos as suposições fundamentais teórico-comportamentais, podemos proceder como nas ciências naturais: lá como aqui o que está em questão é a derivação e a comprovação de hipóteses sobre uniformidades empíricas; diversidades estruturais referentes aos campos de objetos não são consideradas. Em contrapartida, se o campo de objetos é designado por meio de uma classe de fatos sociais, que só podem ser concebidos como atos intencionais por meio de uma interpretação que compreenda o sentido, então a formação teórica também não permanece sem ser afetada por isso. Como é que teorias gerais do agir comunicativo são em geral possíveis?

Se concebermos um agir social como um agir sob normas válidas, teorias do agir precisarão se ligar a conexões entre normas, que permitem predizer o curso das interações. Como as normas são dadas inicialmente sob a forma de símbolos, é natural deduzir os sistemas de ação a partir de condições da comunicação linguística. Onde limites da linguagem definem os limites da ação, as estruturas da linguagem fixam os canais para as interações possíveis. Para a análise das conexões do agir comunicativo é suficiente, então, uma ampliação sistemática daquela compreensão de sentido que abre de todo modo o acesso aos fatos sociais. Nesse caso, podemos nos servir dos procedimentos de análise linguística ou de hermenêutica linguística. A linguística orienta-se pelas regras gramaticais para as comunicações em uma dada sociedade, a hermenêutica ocupa-se para além disso com as tradições, que são apropriadas culturalmente por uma sociedade no interior de um âmbito linguístico[64].

Com certeza, esses procedimentos são por demais extensos para uma ciência social compreensiva – por sobre esse caminho, a sociologia acabaria necessariamente por se dissolver em história do espírito ou em ciências linguísticas comparativas. Sim, é preciso perguntar se uma analítica e uma hermenêutica da linguagem cobrem efetivamente o âmbito do agir social. Na verdade, sempre se insere na definição de normas válidas um recorte da tradição cultural; e o contexto comunicativo que dirige as interações é certamente fixado por uma gramática obrigatória. Mas é evidente que esses sistemas de símbolos tradicionais ordenados sistematicamente só fornecem o material do qual uma parte é consumida para a institucionalização do agir. Podemos dizer, na terminologia de Max Weber, que está difundida na sociologia atual por meio da recepção americana de Weber: a sociologia pressupõe de certa maneira a interpretação valorativa das ciências hermenêuticas, mas ela mesma só se ocupa com a tradição cultural e os sistemas valorativos à medida que eles alcançam um poder normativo para a orientação do agir – a sociologia só lida com valores institucionalizados. Podemos conceber agora a nossa questão de uma maneira mais especial: Como é que são possíveis teorias gerais do agir segundo valores institucionalizados (ou normas válidas)?

Teorias gerais desse tipo precisam partir de suposições fundamentais, que não se estendem nem apenas para a conexão empírica de acontecimentos observáveis, nem exclusivamente para a conexão interna de um sentido simbolizado, pois normas válidas são por um lado conexões de sentido institucionalizadas, que não podem ser expressas suficientemente em variáveis do comportamento observável; por outro lado, porém, não têm a forma de puras máximas de um agir estratégico, a partir das quais podem ser deduzidas decisões possíveis. As teorias exi-

---

64. Retornarei a esse ponto no próximo parágrafo. Um *reader* organizado por D. Hymes (1964) ensina-nos sobre a relevância e a amplitude de investigações linguísticas na antropologia cultural e na sociologia. Além disso, Lévi-Strauss (1967).

gidas precisam admitir hipóteses sobre a conexão empírica de normas válidas. Por um lado, essa conexão projeta-se para além do sentido subjetivamente visado daqueles que agem a partir de normas; como uma ligação real entre normas, contudo, ela compartilha com essas normas o momento daquilo que é dotado de sentido. A conexão não corresponde às intenções dos sujeitos das ações e, no entanto, ela é intencional. Também podemos dizer que o sentido institucionalizado em regras e papéis é manifesto, enquanto o sentido da conexão objetiva desses papéis permanece latente. Hipóteses ligadas a leis, que são próprias para a explicação do agir comunicativo, relacionam-se, então, com covariantes de regras gramaticais, papéis sociais e condições empíricas que são, por sua vez, latentemente significativas. Isso resulta da compreensibilidade de fatos sociais.

A partir dos fatos sociais, o sentido buscado intencionalmente no agir e objetivado na linguagem tanto quanto nas ações é transposto para as relações entre fatos: não há nenhuma uniformidade empírica no âmbito do agir social que não seria inteligível, apesar de não ter sido visada. Mas, se as covariantes que são afirmadas com as hipóteses legais devem ser dotadas de sentido, então elas mesmas precisam ser concebidas como parte de uma conexão intencional. No quadro de uma teoria científico-experimental de uma construção elementar, as diversas hipóteses legais encontram-se exclusivamente em uma conexão lógica entre si; essa conexão não expressa de maneira alguma uma conexão real entre as próprias covariantes afirmadas e as leis particulares. Por isso, é necessária a suposição *adicional* de uma conexão objetiva, no interior da qual uniformidades empíricas aparecem como significativas; ela é introduzida sob a forma de uma hipótese funcionalista. Parte-se do fato de as teorias gerais do agir social se ligarem a sistemas, nos quais elementos preenchem funções indicáveis para um estado definido ou para uma mudança contínua de estado do sistema. A hipótese funcionalista supõe uma conexão sistemática na própria realidade e não, por exemplo, metas a serem apenas analisadas. Ela permite interpretar adicionalmente como significativa a conexão funcional usual entre variáveis particulares formulada em enunciados legais a partir de uma conexão funcionalista mais abrangente própria à manutenção de um sistema.

A partir da filosofia da história, conhecemos sugestões para tais conexões objetivo-intencionais. Elas são atribuídas a um sujeito conjunto, que impõe a sua meta para além das cabeças dos indivíduos que agem. O plano pode ser concebido teleologicamente; nesse caso, o *modelo artesanal* fica na base da atividade instrumental, por meio da qual uma finalidade é concretizada com os meios apropriados. O plano também pode ser concebido dialeticamente; nesse caso, o *modelo do palco* do agir comunicativo se encontra na base e o autor torna transparente uma experiência por meio do desempenho de um papel por parte do ator. Enquanto o estado de um processo de produção fechado pode ser identificado pela observação, a experiência do acontecimento dramático só pode ser explicitada no diálogo. A intenção orienta-se no primeiro caso por uma obra bem-sucedida, no segundo pela palavra reveladora. As duas intenções são apropriadas para interpretações histórico-filosóficas, mas não naturalmente para um funcionalismo científico-experimental que precisa renunciar a um sujeito histórico-mundano.

Outro modelo provém da biologia: a reprodução de todo organismo singular parece garantir uma conformidade a fins sem uma atividade regulada por fins, isto é, sem uma conexão objetivo-intencional. A partir desse modelo é possível conceber sistemas como unidades organizadas, que se mantêm autorregulativamente em um estado definido em ambientes alternantes. O comportamento adaptativo dos sistemas autorregulados também pode ser interpretado como um agir instrumental; mas a hipótese de um sujeito agente é supérflua. A intenção da autoconservação não é por assim dizer objetiva apenas para os elementos no interior do sistema, mas é "objetiva" em si, pois não precisa ser justificada por meio da atribuição a um sujeito conjunto que age por detrás das costas dos singulares e dos grupos.

As ciências sociais adotaram da biologia essa abordagem funcionalista. Isso não parece problemático, pois se encontra no âmbito do agir social um modelo que corresponde ao modelo do organismo: a organização. Na verdade, organizações sociais podem ser planejadas e erigidas, mas elas se reproduzem em seguida sob a forma de sistemas autorregulados. Assim como jogos estratégicos fornecem o modelo para o quadro teórico da teoria da decisão, organizações sociais fornecem-no para o quadro da pesquisa sistêmica. É verdade que a natureza não oferece, para os jogos sociais, nenhum protótipo análogo aos organismos, que parecem corresponder às instituições sociais. Depois de impulsos iniciais acolhidos da sociologia alemã mais antiga e de Durkheim, a antropologia cultural inglesa (B. Malinowski, A. R. Radcliffe-Brown) escolheu inicialmente um quadro funcionalista para análises empíricas (Malinowski, 1944; Radcliffe-Brown, 1952). O modelo da biologia encontra-se diante de nossos olhos:

> If we consider any recurrent part of the life-process (of an organism), such as respiration, digestion etc., its function is the part it plays in, the contribution it makes to, the life of the organism as a whole. As the terms are here being used a cell or an organ has an activity and that activity has a function. It is true that we commonly speak of the secretion of gastric fluid as a "function" of the stomach. As the words are here used we should say that this is an "activity" of the stomach, the "function" of which is to change the proteins of food into a form in which these are absorbed and distributed by the blood to the issues. We may note that the function of a recurrent physiological process is thus a correspondence between it and the needs (i.e., necessary conditions of existence) of the organism [...]. To turn from organic life to social life, if we examine such a community as an African or Australian tribe we can recognize the existence of a social structure. Individual human beings, the essential units in this instance, are connected by a definite set of social relations, like that of an organic structure, is not destroyed by changes in the units. Individuals may leave the society, by death or otherwise; others may enter it. The continuity of structure is maintained by the process of social life, which consists of the activities and interactions of the individual human beings and of the organized groups

into which they are united. The social life of the community is here defined as the functioning of the social structure. The function of any recurrent activity, such as the punishment of a crime, or a funeral ceremony, is the part it plays in the social life as a whole and therefore the contribution it makes to the maintenance of the structural continuity[65] (Radcliffe-Brown, 1952, p. 179s.).

As sociedades primitivas, com as quais lida preponderantemente a antropologia cultural, privilegiam unidades delimitáveis de maneira relativamente fácil e proporcionalmente estáticas. Nesse ínterim, porém, R. K. Merton e antes de tudo T. Parson elaboraram um quadro funcionalista para as teorias científico-sociais (Parson, 1964; Merton, 1964; Parson; Shils, 1962). Esse desenvolvimento segue uma consequência interna, pois, logo que concebemos um agir social como intencional, teorias gerais marca-

---

65. Em inglês no original: "Se considerarmos qualquer parte recorrente do processo vital (de um organismo), tal como a respiração, a digestão etc., sua função é a parte que ele desempenha na contribuição que ele faz para a vida do organismo como um todo. Tal como os termos estão sendo usados aqui, uma célula ou um órgão possuem uma atividade, e essa atividade possui uma função. É verdade que comumente falamos da secreção do suco gástrico como uma 'função' do estômago. Tal como as palavras são usadas aqui, deveríamos dizer que essa é uma 'atividade' do estômago, a 'função' de transformar as proteínas dos alimentos em uma forma na qual esses alimentos são absorvidos e distribuídos pelo sangue para os tecidos. Podemos notar que a função de um processo fisiológico recorrente é, então, a correspondência entre ele e as necessidades (isto é, condições necessárias de existência) do organismo [...]. Para voltar da vida orgânica para a vida social, se examinarmos tal comunidade como uma tribo africana ou australiana, podemos reconhecer a existência de uma estrutura social. Seres humanos individuais, as unidades essenciais nessa instância, estão conectados por um conjunto definido de relações sociais com um todo integrado. A continuidade da estrutura social, tal como aquela de uma estrutura orgânica, não é destruída por mudanças nas unidades. Indivíduos podem deixar a sociedade, por conta da morte ou de outro modo; outros podem entrar nela. A continuidade da estrutura é mantida pelo processo social, que consiste nas atividades e interações dos seres humanos individuais com os grupos organizados nos quais eles se reúnem. A vida social da comunidade é aqui definida como o funcionamento da estrutura social. A função de toda atividade recorrente, tal como a punição por um crime ou uma cerimônia funeral, é a parte que ela desempenha na vida social como um todo e, por conseguinte, a contribuição que ela faz para a manutenção da continuidade estrutural" [N.T.].

das por uma construção elementar mostram-se como úteis[66]. É somente quando normas sociais, que institucionalizam padrões ou valores culturais, são concebidas como estruturas em sistemas autorregulados, que os processos sociais podem ser analisados com base em hipóteses sobre a conexão empírica compreensível entre expectativas comportamentais organizadas. As funções que elas desde sempre possuem, então, para a manutenção ou transformação de um estado sistêmico definido, são expressão da conexão empírica latentemente significativa entre as ações manifestas, ou seja, também subjetivamente significativa entre indivíduos e grupos. Sem um quadro funcionalístico, as hipóteses sobre a conexão empírica de normas sociais só seriam possíveis sob a condição de que essas normas fossem expressas exclusivamente em variáveis do comportamento observável, sob a condição de que, portanto, ações sociais fossem reduzidas a comportamentos e despidas de conteúdo intencional. Isso contradiria a nossa pressuposição.

Parsons concebe sistemas sociais como a conexão funcional de instituições. Com isso, valores culturais que chegam por assim dizer de cima para o sistema tornam-se obrigatórios para o agir social. A validade normativa das regras e papéis definidos a partir do repertório da tradição cultural é assegurada por meio de uma integração suficiente de energias impulsivas, que penetram por assim dizer o sistema de baixo juntamente com as características da personalidade. As instituições produzem uma intermediação dos valores orientadores da ação com disposições inerentes a necessidades (*value orientations* com *motivational fores* ou *motivational potency*). Instituições compõem-se a partir dos papéis e normas, que são obrigatórios para grupos e indivíduos. Portanto, as instituições encontram-se em uma conexão funcional, se é que elas são demarcáveis como um sistema (com

---

66. Uma sugestão para o quadro analítico de uma teoria da ação que não é construída de maneira funcionalista é feita (em articulação com Weber, Mannheim e Myrdal) por Rex (1961), em particular o cap. V, p. 78ss. Rex não me convence quanto ao fato de teorias gerais de ações não racionais não serem possíveis no interior desse quadro.

valores de controle e condições internas) em relação a condições externas do meio.

Em pesquisas mais recentes, Parsons já se serve da linguagem da cibernética (Parsons, 1959, p. 612-712; 1963, p. 37ss.; 1964, p. 30ss.; 1964). Os valores de controle definem o estado de equilíbrio no qual um sistema se mantém. As condições internas definem o potencial motivacional que um sistema precisa processar. As condições externas definem o meio ao qual um sistema precisa se adaptar enquanto ele não o tem sob controle. Supõe-se para todo sistema que ele tende a conservar ou alcançar um estado nominal. Todo estado sistêmico pode ser descrito com o auxílio de valores, que variam independentemente uns dos outros em quatro dimensões. Trata-se de uma medida para o preenchimento das quatro funções fundamentais, um preenchimento do qual depende a manutenção do sistema: valores para o grau de realização de metas dadas (valores para a elasticidade da adaptação a condições externas, valores para o grau da integração e para a medida da estabilidade de padrões institucionais existentes):

> The four exigencies to which a system of action is subject are those of "goal attainment", "adaption", "integration" and "pattern maintenance". These are dimensions of a space in the sense that a state of the system or of its units' relation to each other may be described, relative to satisfactory points of reference, as "farther along" or less far along on each of these dimensions; a change of state may be described in terms of increases or decreases in the values of each of these variables[67] (Parsons, 1959, p. 631).

---

67. Em inglês no original: "As quatro exigências às quais um sistema de ação está sujeito são: 'realização de uma meta', 'adaptação', 'integração' e 'manutenção de padrões'. Essas são dimensões de um espaço no sentido de que um estado do sistema ou da relação de suas unidades com cada uma das outras pode ser descrita, em relação com pontos de referência satisfatórios, como 'mais extensa' ou menos extensa do que cada uma dessas dimensões; uma mudança de estado pode ser descrita em termos de aumento ou decréscimo nos valores de cada uma dessas variáveis" [N.T.].

Instituições encontram-se, então, em uma conexão funcional quando a transformação de seus elementos pode ser medida a partir do modo como elas influenciam um estado sistêmico fixado por valores de controle. Os mecanismos de governo, por meio dos quais o sistema se mantém em equilíbrio, trabalham segundo o modelo das regulações cibernéticas: meios universais como o dinheiro nos sistemas econômicos governam, mesmo quando são dotados de uma pequena quantidade de energia, sistemas com uma energia essencialmente maior. Seguindo o modo de ser do dinheiro, Parsons também procura conceber meios como o poder e a opinião pública como linguagens de governo. Eles regulam os processos nas instituições e as transformações na relação das instituições entre si de tal modo que os valores de controle do sistema são respeitados.

Essas poucas indicações devem ser suficientes para caracterizar a abordagem funcionalista de Parsons de uma pesquisa sistêmica científico-social. O próprio Parsons elaborou essa abordagem para processos de circulação econômica conjunta e de formação da vontade política (Parsons; Smelser, 1956; Parsons, 1959, p. 80ss.). Evidentemente é possível compreender e analisar âmbitos da organização social tais como organismos vivos como sistemas autorregulados. Se a lógica da pesquisa sistêmica concorda nos dois casos e se a semelhança entre organização e organismo não ilude sob o ponto de vista do funcionalismo, então Parsons expôs a condição de possibilidade de teorias gerais do agir social. Esse fato é contestado com boas razões por parte do positivismo[68].

5.2 Hempel e Nagel investigaram a forma lógica da explicação funcionalista. Em todos os casos é preciso que dois pressupostos sejam preenchidos: a saber, a demarcação confiável de um sistema e a identificação de um estado sistêmico defi-

---

68. Deixo de lado as objeções que foram feitas por parte da sociologia (Dahrendorf, Lockwood, Rex) contra a abordagem funcionalista, porque elas só possuem uma significação metodológica mediata. A tese de que conflitos sociais e mudanças socioestruturais no quadro funcionalista não podem ser analisadas suficientemente é difícil de ser sustentada. Importante é naturalmente a referência crítica a uma limitação metodologicamente infundada que Parsons empreende quando ele faz as perturbações do equilíbrio do sistema remontarem a condições externas e exclui causas endógenas da disfuncionalidade dos estados (Mayntz, 1964, p. 133ss.).

nido, e, por outro lado, a suposição de que o sistema tende a persistir nesse estado de equilíbrio mesmo sob condições externas transformadas. A tarefa de uma análise funcionalista consiste em apreender conexões de variáveis, que influenciam o estado de equilíbrio do sistema, a fim de fixar como essas grandezas covariantes estão em conexão com outras variáveis no interior e fora do sistema. Se o estado de equilíbrio é caracterizado por um processo P, então a função que um elemento ou uma conexão de elementos A possui para a manutenção do estado de equilíbrio pode ser expressa da seguinte forma: *"Every system S with organization C and in environment E engages in process P; if S with organization C and in environment E does not have A, then S does not engage in P; hence, S with organization C must have A"*[69] (Nagel, 1961, p. 403). A explicação funcionalista permite um enunciado sobre *efeitos* que uma parte de um sistema apresenta para a manutenção de um determinado estado sistêmico; esse enunciado teleológico também pode receber uma formulação não teleológica. Nesse caso, ele fornece *condições* suficientes para o estado de equilíbrio caracterizado de um sistema. Os dois enunciados são conquistados por meio de dedução e são equivalentes; os dois fixam a mesma conexão causal empiricamente comprovável entre grandezas identificáveis. Nessa medida, a lógica da explicação funcionalista não se distingue da lógica da explicação causal.

Apesar dessa equivalência, a abordagem funcionalista não pode ser substituída aleatoriamente pela abordagem analítico-causal, pois nem todos os sistemas corporais são organizados de tal modo que contêm em regiões alternantes determinados valores de controle. Em particular a organização dos seres vivos sugere uma análise a partir do ponto de vista de tais mecanismos autorreguladores. O modo de consideração funcionalista também corresponde a uma classe determinada de objetos, que são organizados segundo o padrão de uma conformidade afins:

---

69. Em inglês no original: "Todo sistema S com uma organização C e um meio ambiente E está engajado em um processo P; se S com a organização C e no meio ambiente E não possui A, então S não está engajado em P; logo, S com organização C precisa ter A" [N.T.].

On the hypothesis that a teleological explanation can always be translated, with respect to what it explicitly asserts, into an equivalent nonteleological one, let us now make more explicit in what way two such explanations nevertheless do differ. The difference appears to be as follows: Teleological explanations focus attention on the culminations and products of specific processes, and in particular upon the contributions of various parts of a system to the maintenance of its global properties or modes of behaviour. They view the operations of things from the perspective of certain selected "wholes" or integrated systems to which the things belong; and they are therefore concerned with characteristics of the parts of such wholes, only insofar as those traits of the parts are relevant to the various complex features or activities assumed to be distinctive of those wholes. Nonteleological explanations, on the other hand, direct attention primarily to the conditions under which specified processes are initiated or persist, and to the factors upon which the continued manifestations of certain inclusive traits of a system are contingent. They seek to exhibit the integrated behaviours of complex systems as the resultants of more elementary factors, frequently identified as constituent parts of those systems; and they are therefore concerned with traits of complex wholes almost exclusively to the extent that these traits are dependent on assumed characteristics of the elementary factors. In brief, the difference between teleological and nonteleological explanations, as has already been suggested, is one of emphasis and perspective in formulation[70] (Nagel, 1961, p. 421s.).

---

70. Em inglês no original: "Com base na hipótese de que a explicação teleológica sempre pode ser traduzida, com respeito àquilo que ela explicitamente afirma, em um equivalente não teleológico, tornemos mais explícito agora em que medida duas explicações como essas não se distinguem. A diferença parece ser a seguinte: explicações teleológicas focam a atenção nas culminações e nos produtos de processos específicos, e, em particular, nas contribuições de várias partes de um sistema para a manutenção de suas propriedades globais ou modos de comportamento. Elas veem as operações com as coisas a partir da perspectiva de certas 'totalidades' selecionadas ou de sistemas integrados aos quais essas coisas pertencem; portanto, elas só estão preocupadas com

Para o positivista, que defende a unidade lógica das ciências, o decisivo é nesse caso o fato de as relações causais entre as variáveis de um sistema autorregulado, assim como as relações entre o sistema e o seu meio, poderem ser analisadas sem referência a um sentido ou a uma finalidade que se encontram ancorados na própria realidade. A teleologia é uma questão de formulação e não uma formulação da questão. Mesmo Hempel concebe o funcionalismo sob esse ponto de vista como uma estratégia de pesquisa útil, que se conserva por meio da fertilidade da formação de hipóteses. O momento da compreensibilidade de sistemas autorregulados, porém, que podemos *interpretar* segundo o modelo do agir instrumental conforme a fins, permanece extrínseco para o procedimento funcionalista (Hempel, 1959, p. 299s.). Esse fato é certamente válido para pesquisas biológicas. Nagel e Hempel perdem de vista, contudo, que a abordagem funcionalista é recomendável para as análises científico-sociais justamente por causa do momento da compreensibilidade. Mostramos que a estruturação dotada de sentido dos fatos, com os quais a sociologia compreensiva tem de lidar, só permite uma teoria geral do agir comunicativo se as relações entre os fatos também forem compreendidas. Sob tais circunstâncias, o quadro funcionalista não tem apenas uma significação analítica; ele representa muito mais no plano teórico uma propriedade do campo de objetos – a saber, a intencionalidade da conexão dos próprios sistemas sociais, uma conexão que não é naturalmente atribuída a um sujeito.

---

características das partes de tais 'totalidades', na medida em que esses traços das partes são relevantes para os vários traços ou atividades complexos que se supõe que sejam distintivos dessas totalidades. Explicações não teleológicas, por outro lado, dirigem a atenção primariamente para as condições sob as quais processos especificados são iniciados ou persistem e para os fatores segundo os quais as manifestações contínuas de certos traços inclusivos de um sistema são contingentes. Elas buscam expor os comportamentos integrados de sistemas complexos como as resultantes de fatores mais elementares, com frequência identificados como partes constituintes desses sistemas; por conseguinte, elas só estão preocupadas com traços das totalidades complexas quase exclusivamente até o ponto em que esses traços dependem de características supostas dos fatores elementares. Em suma, a diferença entre explicações teleológicas e não teleológicas, tal como acaba de ser sugerido, é uma diferença na ênfase e na perspectiva na formulação" [N.T.].

Na verdade, como permanecem presos ao modelo da ciência comportamental, os positivistas são cegos para esse estado de coisas; o seu esclarecimento lógico de modos de procedimento funcionalistas, contudo, traz à luz um ponto crítico para as ciências sociais. Na biologia, os pressupostos citados podem ser em geral satisfeitos sem dificuldades para uma explicação funcionalista. Um ser vivo orgânico é por natureza um sistema limitado; e o estado no qual um organismo reproduz a sua vida é facilmente identificável por meio de uma série de processos de uma importância vital (metabolismo). Os dois pressupostos, em contrapartida, são difíceis ou mesmo impossíveis de serem preenchidos na sociologia. Na delimitação de sistemas sociais em relação ao seu meio ambiente, o que está em questão pode ser uma dificuldade pragmática, passível de ser dominada por meio de definições habilidosas; não obstante, parece-me duvidoso que a pesquisa sistêmica seja possível em um sentido rigorosamente empírico-analítico, se as unidades sistêmicas não são meramente introduzidas por definições, mas se elas são primeiramente formadas.

A outra dificuldade, a saber, a identificação amplamente confiável de um estado de equilíbrio, é de uma natureza principial. A reprodução da vida social não é fixada como a reprodução da vida orgânica por meio de valores que precisam ser apreendidos descritivamente. A sobrevivência física é uma condição necessária, mas de maneira alguma suficiente para a manutenção de sistemas sociais. Do mesmo modo, também não é possível encontrar nos processos sociais funções dotadas de uma importância vital que, tal como as funções orgânicas nos seres vivos, seriam suficientes para definir a manutenção do sistema em um estado de equilíbrio. A dificuldade é evidente: o critério para a vida e a sobrevivência históricas dependem de interpretações vigentes em um sistema social; essas interpretações, porém, também dependem, por sua parte, das condições objetivas do sistema e de seu meio ambiente. Parsons comete o erro de apreender sistemas sociais como um todo do mesmo modo que fatos sociais particulares. Ele supõe que os valores de controle que definem um equilíbrio sistêmico são "dados" da mesma forma que valores culturais que fixam normas sociais: "Podemos dizer que os elementos reguladores possuem primariamente uma referência normativa e cultural" (Parsons, 1972, p. 37). Na verdade, não é possível verificar os parâmetros do estado nominal de um sistema social da mesma maneira que os do estado de equilíbrio parametricamente definido de um organismo. Portanto, os valores empíricos que podem ser verificados em relação a um sistema dado nas dimensões citadas não podem ser ligados a um valor ótimo. Não "há" tais valores de controle; na melhor das hipóteses, esses valores podem ser "encontrados" por meio da formação de uma vontade política. Isso só seria possível, contudo, se pressupuséssemos uma discussão geral e pública por parte dos membros reunidos da sociedade com base nas informações sobre as condições dadas de reprodução do sistema. Nesse caso, poderia ser produzida uma concordância relativa sobre um sistema valorativo que inclui os valores de controle objetivos, deduzidos até aqui do saber e da vontade dos cidadãos. Em tal comunicação, os valores culturais até aqui reconhecidos não podem funcionar apenas como critério de medida: os próprios valores culturais seriam inseridos na discussão. Em confrontação com técnicas disponíveis e com estratégias palpáveis, considerando as circunstâncias dadas e alteráveis, eles seriam pragmaticamente comprováveis e purificados de seus componentes ideológicos.

Os valores de controle que Parsons introduz para sistemas sociais não estão ligados a condições fáticas de funcionamento, mas apenas a condições possíveis. Eles dependem justamente de regras de avaliação, que só precisaram se formar em um procedimento hipoteticamente indicável de formação da vontade. Sem esses padrões, falta-nos o sistema de referência no interior do qual podemos medir os valores a serem faticamente verificados para *goal attainment, integration, adaption and patter-maintenance*[71] a partir de valores de controle, para um estado de equilíbrio. A crítica de Nagel ao funcionalismo científico-social me parece ser concludente:

---

71. Em inglês no original: "Realização de uma meta, integração, adaptação e manutenção de modelos" [N.T.].

It follows that proposed explanations aiming to exhibit the functions of various items in a social system have no substantive content, unless the state that is allegedly maintained or altered is formulated more precisely than has been customary. It also follows that the claims functionalists sometimes advance (whether in the form of "axioms" or of hypotheses to be investigated) concerning the "integral" character of "functional unity" of social systems produced by the "working together" of their parts with the "sufficient degree of harmony" and "indispensable part" every element in a society plays in the "working whole", cannot be properly judged as either sound or dubious or even mistaken. For in the absence of descriptions precise enough to identify unambiguously the states which are supposedly maintained in a social system, those claims cannot be subjected to empirical control, since they are compatible with every conceivable matter of fact and with every outcome of empirical inquiries into actual societies[72][73] (Nagel, 1961, p. 530).

D. Rüschemeyer[74] retira a consequência dessas objeções epistemológicas; ele formula as seguintes condições para a análise funcionalista: em primeiro lugar, o sistema social, sobre o

---

72. Cf. a crítica análoga em Runciman (1963, p. 109ss.) e Rex (1961, p. 60ss.).

73. Em inglês no original: "Segue-se daí o fato de as explicações propostas, buscando exibir as funções de vários itens em um sistema social ou bem mantendo ou bem alterando o sistema, não têm nenhum conteúdo substantivo, a não ser que o estado supostamente mantido ou alterado seja formulado de uma maneira mais precisa do que de costume. Também se segue daí que as pretensões por vezes expressas pelos funcionalistas (seja sob a forma de 'axiomas', seja sob a forma de hipóteses a serem investigadas) acerca do caráter 'integral' ou da 'unidade funcional' de sistemas sociais produzida pela 'conjunção' de suas partes com um 'grau suficiente de harmonia' e de 'consistência interna', ou acerca da 'função vital' e da 'parte indispensável' que cada elemento em uma sociedade desempenha no 'funcionamento do todo', não podem ser propriamente julgadas como fundadas, dúbias ou mesmo erradas. Pois, na ausência de descrições suficientemente precisas para identificar de maneira inequívoca os estados que são supostamente mantidos em um sistema social, essas pretensões não podem ser submetidas ao controle empírico, uma vez que elas são incompatíveis com todo e qualquer estado de fato concebível, assim como com todos os resultados de investigações empíricas nas sociedades atuais" [N.T.].

74. No prefácio a Parsons (1964, p. 20).

qual podemos produzir enunciados, precisa ser empiricamente fixável em seus limites; em segundo lugar, o estado sistêmico, para o qual supomos tendências de autoconservação, precisa ser firmado operacionalmente; em terceiro lugar, as exigências funcionais desse estado precisam ser identificadas; em quarto lugar, é preciso que se possa especificar a que processos alternativos correspondem as mesmas exigências. Naturalmente, Rüschemeyer não vê que, nas ciências sociais, as condições 2 e 3 (e, assim, de maneira dependente, a condição 4) só podem ser satisfeitas por meio de uma determinação normativa. Em sistemas sociais delimitáveis, não podemos apreender um estado descritivamente, mas, na melhor das hipóteses, podemos fixar valores de controle para tal estado sistêmico sob pontos de vista pragmáticos. É assim que procede a pesquisa sistêmica no campo econômico. Precisamos abandonar a pretensão descritiva do funcionalismo, passando dos organismos para organizações que não são "determinadas" da mesma maneira. Com isso, porém, aquilo que Parsons sugere com um intuito empírico-analítico se converte em uma pesquisa sistêmica, que investiga o funcionamento de instituições sociais junto a uma finalidade do sistema que é normativamente pressuposta. Imperativos técnicos entram em cena na posição lógica, assumida pelas máximas hipotéticas nas teorias do agir estratégico. O *status* dos enunciados que possuem um conteúdo informativo tanto maior quanto maior é o número de dados empiricamente confirmados que entram no cálculo é nos dois casos o mesmo: assim como a teoria da decisão, a pesquisa sistêmica também gera informações utilizáveis prescritivamente, aquilo, portanto, que designamos um conhecimento técnico de segundo nível. É recomendável distinguir a pesquisa sistêmica que se estende nas ciências biológicas com uma intenção empírico-analítica de uma pesquisa sistêmica que precisa proceder analítico-normativamente com vistas ao seu campo de objetos – quer esse procedimento lhe seja consciente quer não.

5.3 A redução lógica de teorias funcionalistas da ação à validade de ciências analítico-normativas é insatisfatória. Apesar de todas as reservas, as discussões sobre sentido e limites do funcionalismo[75] mostram o anseio por encontrar um quadro útil empírica e analiticamente. Mesmo a sociologia mais antiga, historicamente orientada, mostrava-se como uma pesquisa sistêmica dotada de um intuito empírico. Suponho que, ao abdicarmos da pretensão de apresentar teorias *gerais* da ação social, podemos alcançar uma investigação funcionalista de sistemas sociais plena de conteúdo em termos históricos. Esse procedimento não corresponde apenas a uma tradição científica controversa, mas também a uma práxis científica certamente não muito difundida (penso nos trabalhos de Mills, Marcuse, Riesman, Schelsky e Dahrendorf). Nesse ponto, gostaria apenas de colocar em discussão duas dificuldades que podem nos levar a escolher a alternativa de uma *re-historicização da análise da sociedade.*

A primeira dificuldade vem à tona a partir do fato de a análise de sistemas de papéis pressupor a apreensão dos chamados sistemas de valores culturais. O sentido de normas sociais que orienta a ação provém efetivamente de uma tradição cultural correspondente. Na verdade, as ciências sociais só têm algo em comum com conteúdos semânticos legados pela tradição à medida que esses conteúdos se imiscuem em instituições. Com isso, porém, a problemática da compreensão semântica não pode ser delegada às ciências histórico-hermenêuticas a partir de uma divisão de trabalho. Por meio disso, a problemática hermenêutica não seria alijada, mas, na melhor das hipóteses, repelida para estágios iniciais não refletidos. Se devem ser apreendidos descritivamente como fatos e não construídos como puras máximas de comportamento, sistemas valorativos apresentam metodologicamente o mesmo problema para o cientista social que o sentido de documentos para o historiador e a significação de textos para o filólogo. Mesmo os valores institucionalizados pertencem a uma imagem de mundo legada em forma corrente, mais ou menos articulada, constantemente concreta em termos históricos e própria a grupos sociais. A concepção do sentido tradicionalmente legado é despida de sua problemática por Parsons, uma vez que ele supõe de maneira simplificadora um universalismo valorativo. Os conteúdos significati-

---

75. Cf. muito recentemente Martindale (1965). Mais além, Jarvie (1964) e Brown (1963), em particular, cap. IX, p. 109ss.

vos objetivados em sistemas valorativos não são, por conseguinte, admitidos em culturas e tradições únicas; eles se constroem muito mais a partir de componentes valorativos elementares, que permanecem os mesmos em culturas e épocas diversas e apenas entram em cena em combinações diversas[76]. Essa suposição elementarista, ligada à hipótese de uma autonomia do sistema valorativo das ciências institucionalizadas, destaca a questão: Será que as teorias da ação, na dimensão incontornável de uma apropriação hermenêutica de um sentido legado pela tradição, não precisam se entregar à problemática que Max Scheler tinha em todo caso considerado sob o título da interpretação axiológica? Depende da interpretação axiológica que, a partir das relações valorativas da própria situação, inanalisáveis em seus panos de fundo, precisa se dirigir para significações culturais historicamente objetivadas, a reconexão da compreensão com a conjuntura hermenêutica inicial.

Uma ciência social que não vira simplesmente as costas para a problemática hermenêutica emergente não pode se enganar quanto ao fato de uma pré-compreensão de situações históricas se inserir incontornavelmente nas suposições fundamentais de suas teorias. Isso pode facilitar a identificação de sistemas sociais; para a identificação de um estado de equilíbrio, porém, ainda não se conquistou muito com isso, pois os valores culturais não atuam apenas no comando do sistema social, mas também atuam no interior do sistema com vistas a metas que não estão refletidas neles mesmos. Somente se conseguíssemos cindir nos sistemas valorativos os conteúdos utópicos, os conteúdos ligados a uma

---

76. Os pontos de vista para a classificação de quaisquer valores é deduzido por Parsons dos padrões da orientação valorativa, que são fundamentais para todo agir social (*pattern-variables*). A tese do universalismo valorativo exige a comprovação da completude dessa tábua de categorias de orientações fundamentais. Parson procura empreender essa demonstração à medida que produz uma relação sistemática entre as quatro orientações fundamentais (*universalism/specificity*; *performance/affectivity*; *particularism/diffuseness*; *quality/neutrality*) e as quatro funções de um sistema autorregulado (*adaptation, goal attainment, integration, pattern-maintenance*). O grande esforço técnico é incapaz, porém, de iludir quanto ao fato de a coordenação de orientações valorativas fundamentais e funções sistêmicas necessárias permanecer arbitrária. Parsons desenvolve essa ideia sob o título "Pattern variables revisited" em uma resposta a Dubin (1961, p. 311ss.).

racionalidade regida por fins sob pontos de vista pragmáticos e os conteúdos ideológicos, poderíamos indicar as condições objetivamente possíveis de um equilíbrio para um sistema dado. A segunda dificuldade consiste no fato de o quadro categorial sugerido por Parsons não permitir tais distinções.

No quadro da teoria da ação, as motivações do agir são harmonizadas com valores institucionais, ou seja, com o sentido intersubjetivamente válido das expectativas comportamentais normativamente obrigatórias. Energias impulsionadoras não integradas, que não encontram nenhuma chance de satisfação autorizada nos sistemas de papéis, não são apreendidas analiticamente. Mas podemos supor que essas necessidades reprimidas, que não são absorvidas pelos papéis sociais, convertidas em motivações e sancionadas, possuem, todavia, suas interpretações. Ou bem essas interpretações apontam para além do existente e designam, por meio de uma antecipação utópica, uma identidade de grupo que ainda não se deu. Ou bem, transformadas em ideologias, elas servem tanto à justificação das instâncias repressoras em termos pulsionais quanto à satisfação projetiva compensatória: ou seja, à legitimação das posições de domínio e à canalização sem consequências de estímulos pulsionais socialmente indesejáveis, isto é, inúteis para a autoconservação coletiva. Com base em tais critérios, um estado de equilíbrio determinar-se-ia a partir do fato de um sistema de domínio de uma sociedade realizar os conteúdos utópicos e dissolver os conteúdos ideológicos segundo a medida que é permitida objetivamente pelo estado dado das forças produtivas e do progresso técnico (Marcuse, 1964). Com certeza, então, a sociedade não pode mais ser concebida exclusivamente como um sistema de autoconservação; o nexo objetivo-intencional não é mais, nesse caso, determinado por meio do caráter apropriado em termos de uma racionalidade regida por fins de um agir instrumental ou de um comportamento adaptativo, ou seja, por meio da racionalidade técnica. Ao contrário, o sentido a partir do qual a funcionalidade dos processos sociais é medido é fixado agora junto à ideia de domínio de uma comunicação livre. Sem uma recaída na filosofia da história, o funcionalismo definido segundo o modelo do artesão dá lugar ao funcionalismo definido pelo modelo do palco (seção IV).

As duas abordagens próprias às teorias do agir social comportam-se de modo complementar: o plano do comportamento adaptativo é estabelecido em uma dimensão profunda demais, o do agir comunicativo em uma elevada demais. Até o ponto em que alcança a nossa lembrança histórica, o agir social sempre foi as duas coisas – é importante compreender isso. A redução do agir a um comportamento estimulado depara-se com os limites da comunicação linguística: não se consegue aplacar sem rastros a intencionalidade. Mas a projeção do comportamento para o plano do agir intencional se mostra como uma antecipação, que carece de correção: não se consegue derivar o agir completamente do sentido subjetivamente visado. A conexão empírica entre as ações dirigidas pelas normas sociais excede o sentido manifesto das intenções e exige um sistema referencial objetivo, no qual é preciso captar o sentido latente de funções, pois a orientação dos agentes não coincide, por fim, de qualquer modo, com seus motivos. Conteúdos de sentido legados pela tradição ou valores culturais são, assim se diz, institucionalizados e conquistam por meio disso a força normativamente obrigatória para o agir social. A institucionalização liga às intenções ou expectativas comportamentais que pairavam até então por assim dizer livremente uma parcela suficiente de energias ou necessidades, cuja interpretação concorda com o conteúdo da definição de papéis. A institucionalização de valores é equivalente a uma canalização de energias pulsionais. Se não partimos de pressuposições harmonizadoras infundadas, a vinculação de energias pulsionais a regras e normas está sempre acoplada com a repressão das necessidades interpretadas, que não podem ser integradas aos papéis oferecidos. A rigidez das instituições, uma rigidez que impede a reflexão, é certamente medida a partir da relação das necessidades integradas e das necessidades reprimidas. Todavia, se as duas partes motivam na mesma medida comportamentos, então é claro que precisamos compreender dialeticamente a institucionalização dos valores. Na medida em que ela proporciona uma validade intersubjetiva e, com isso, uma força motivadora para as expectativas comportamentais intencionais, a institucionalização transforma a parcela reprimida das necessidades tanto em estímulos próprios a modos de comportamento não intencionais e a ações cifradas quanto em um potencial de sonho que inunda as intenções conscientes. Assim, o agir social é uma resultante oriunda das duas coisas: de compulsões reativas e de interações significativas. A relação na qual o agir é meramente estimulado sub-repticiamente por motivos dissociados ou é dirigido intencionalmente pela comunicação de sentido determina os graus de liberdade do agir social – o grau de tolerância das instituições e da individuação dos particulares. Esses graus podem ser deduzidos do respectivo estado de agregação da história. Nesse estado reflete-se a emancipação do gênero humano da compulsão natural tanto quanto da reprodução.

É somente quando os motivos dissociados e as regras profundamente internalizadas são concebidos a partir de sua conexão objetiva com as compulsões racionais da autoafirmação coletiva por um lado e com as compulsões irracionais de autoridades que se tornaram desprovidas de função por outro, é somente quando eles são reconciliados nas cabeças dos próprios agentes com os motivos subjetivamente significativos, que um agir social pode se desdobrar e se transformar em um agir verdadeiramente comunicativo. Uma teoria, porém, que não acolhe em si de maneira alguma primeiramente a dimensão desse desdobramento recai irrefletidamente em decisões prévias quanto a uma coisa, da qual não podemos estar certos *a priori*: a saber, quanto a decisões metodológicas sobre se nos assemelhamos mais aos animais ou aos deuses. Aqueles naturalmente que, de maneira bastante precipitada, se decidiram pela igualdade com os deuses acabam por reintroduzir seus heróis pela porta dos fundos no reino animal: de repente, os agentes que conservam suas intenções se encontram atrelados, juntamente com seus valores culturais, a sistemas que só obedecem aos valores biológicos fundamentais de sobrevivência e de adaptação eficiente.

Essa é a massa de saber transbordante que o positivismo tem de atribuir a si mesmo antes de poder vedar a si e aos outros certas dimensões abertas ao saber.

III

SOBRE A PROBLEMÁTICA DA COMPREENSÃO DE SENTIDO NAS CIÊNCIAS EMPÍRICO-ANALÍTICAS DO AGIR

Segundo o ponto de vista metodológico, a compreensão de sentido é problemática, quando o que está em questão é a apropriação de conteúdos significativos legados pela tradição: o "sentido" que deve ser explicitado tem o *status* de um fato, de algo empiricamente encontrado de antemão. Desprovida de problematicidade é a compreensão de contextos simbólicos que nós mesmos produzimos. Assim, enunciados formalizados, por exemplo, proposições matemáticas ou teorias rigorosas, não nos colocam diante de tarefas voltadas para a interpretação hermenêutica como textos ou documentos tradicionais. Entre as linguagens formalizadas estão, além disso, as regras de comunicação metalinguísticas, com o auxílio das quais podemos reconstruir enunciados dados, isto é, podemos produzi-los por nós mesmos uma vez mais. O pensamento analítico é com razão contraposto à elucidação hermenêutica (Becker, 1959; Pöggeler, 1965, p. 1ss.).

A problemática da compreensão de sentido também não vem à tona nas ciências sociais enquanto elas procedem normativo-analiticamente. As máximas de comportamento (ou os valores do estado nominal na pesquisa sistêmica) são introduzidas analiticamente. A teoria sempre fixa desde o princípio o "sentido" do agir social (ou do comportamento de partes do sistema); ele é definido no plano teórico e não precisa ser apreendido e explicitado pela primeira vez no plano dos dados. – Enquanto as ciências sociais procedem empírico-analiticamente, a compreensão de sentido não pode ser formalizada dessa maneira. Se elas se orientam pelo modelo das ciências comportamentais, porém, a problemática da compreensão de sentido é resolvida pelo fato de os dados serem restritos a acontecimentos observáveis. Na verdade, como mostramos, o behaviorismo não consegue suspender completamente o sentido e a compreensão de sentido. No entanto, por conta da redução radical do horizonte linguístico a poucas significações elementares e bem operacionalizadas (satisfação de necessidades, recompensa e punição), a pré-compreensão requisitada não precisa ser de modo algum tematizada. – Enquanto as ciências praxeológicas empírico-analíticas não aceitam a restrição behaviorista de seu campo de objetos, suas teorias se ligam a contextos objetivamente dotados de sentido de um agir subjetivamente dotado de sentido. Disso resulta a abordagem funcionalista da formação teórica. Nesse quadro, a problemática da compreensão de sentido não pode mais ser eliminada, mas, em todo caso, algo de que a tese de Parsons é um exemplo, repelida para níveis iniciais não refletidos.

Desde Dilthey, nós nos acostumamos a ver o caráter específico das ciências humanas no fato de o sujeito cognoscente se ligar a um campo de objetos que compartilha ele mesmo das estruturas da subjetividade. Em articulação com tradições idealistas, essa posição particular de sujeito e objeto pode ser interpretada de um modo tal, como se o espírito encontrasse a si mesmo nas objetivações do espírito. Collingwood ainda defende esta concepção: historiadores e filólogos não lidam com uma conexão objetiva de eventos, mas com a conexão simbólica de um espírito que se expressa nesses eventos. Por isso, uma reflexão sobre aquilo que fazem as ciências hermenêuticas precisa clarificar previamente como é que precisa ser pensado efetivamente o processo de formação, no qual algo espiritual se objetiva, e o quão complementar é o ato da compreensão que retraduz o objetivado no elemento interior. Assim, as discussões metodológicas em sentido mais restrito sobre a construção lógica de teorias e sobre a relação de teorias com a experiência foram ultrapassadas por investigações epistemológicas acerca da construção lógico-transcendental do mundo de sujeitos possíveis e acerca das condições da intersubjetividade da compreensão. No lugar da psicologia da compreensão da expressão, uma psicologia fundamentada em termos da filosofia da vida, logo entrou a fenomenologia da compreensão de sentido. Essa problemática fixou-se, então, em uma comunicação pela linguagem e foi elaborada, por um lado, a partir do desvio que passou por uma análise positivista da linguagem característica da filosofia linguística, e, por outro lado, na esteira de Husserl e Heidegger, pela hermenêutica filosófica.

Essas discussões, que não são certamente menos articuladas nem tampouco conduzidas em um nível inferior ao das discussões da teoria analítica da ciência, permaneceram, contudo, sem consequências para a lógica mais recente das ciências sociais. Isso se deve por um lado aos pressupostos idealistas que, sobretudo na Alemanha, foram tomados de empréstimo com certa obviedade à filosofia da reflexão: entre esses pressupostos temos o modelo do espírito, que se apreende em suas objetivações. Por outro lado, a recepção foi obstruída pelo fato de as investigações fenomenológicas, linguísticas e hermenêuticas não terem sido conduzidas de maneira alguma na dimensão que, segundo a compreensão positivista da metodologia, é a única adequada. Enquanto o positivismo, na atitude direta das ciências, discute regras metodológicas para a construção e teste de teorias, como se se tratasse de uma ligação lógica entre símbolos, essas análises se orientam, no posicionamento rebatido da reflexão, pela conexão epistemológica, na qual regras metodológicas são concebidas como regras metodológicas e compreendidas sob o ponto de vista da constituição de uma experiência possível.

Gostaria de não acolher imediatamente a problemática da compreensão de sentido nesse quadro lógico-transcendental, mas no plano da metodologia que também não pode ser eliminado por decisões prévias positivistas. O ponto de partida nos é oferecido pela metodologia das ciências praxeológicas que foi muito recentemente apresentada por A. Kaplan (1964), uma metodologia que leva em consideração os pontos de vista do instrumentalismo. Essa tradição que remonta a Dewey e a Pierce tem a vantagem de se articular estreitamente com a análise lógica da pesquisa, sem a restrição positivista da metodologia à análise da linguagem. O pragmatismo sempre concebeu regras metodológicas como normas da práxis de pesquisa. Por isso, o quadro referencial da lógica científica é o contexto comunicativo e a comunidade de experimentação do pesquisador, ou seja, uma rede de interações e operações que se estende sobre o solo de uma intersubjetividade assegurada linguisticamente. Desse modo, Kaplan distingue desde o início *logic-in-use* (lógica em uso) e *reconstructed-logic* (lógica reconstruída); a metodologia tem a tarefa de refletir sobre as regras da práxis de pesquisa, seguindo a sua própria intenção, em vez de submeter inversamente a práxis de pesquisa a princípios abstratos, que são válidos para a construção dedutiva de linguagens formalizadas[77].

A epistemologia pragmática não acentua apenas o momento descritivo em contraposição ao construtivo, mas ela também se livra do preconceito positivista sobre o *status* das regras, pelas

---

77. *"This reconstruction has been serviceable for some time, chiefly in application to the more advanced parts of physics, though in a few instances also to biological behavioural science. But a reconstructed logic is itself, in effect, a hypothesis. As with other hypotheses, as time goes, on it may become more and more awkward to 'fit' the hypothesis to the facts – here the facts constituted by the logic-in-use. It is not a question of whether the facts can be constructed, but rather whether it is still worthwhile to do so, whether the reconstruction in question continues to throw light on the sound operations actually being used. The 'hypothetic-deductive' reconstruction fails to do justice to some of the logic-in-use, and conversely, some of the reconstructed logic has no counterpart in what is actually in use. The formation of hypotheses is treated as though it were largely an extra-logical matter. On the other hand, formal deductions in postulational systems are so seldom found in science that the logician is called upon to construct such systems himself, so as to provide his reconstructions with a subject-matter"* (Esta reconstrução pôde prestar serviços por algum tempo, notoriamente em meio à aplicação a partes mais avançadas da física, apesar de em umas poucas instâncias também à ciência comportamental biológica. Mas uma lógica reconstruída é ela mesma, com efeito, uma hipótese. Como acontece com outras hipóteses, à medida que o tempo passa, pode ir ficando cada vez mais difícil "adequar" a hipótese aos fatos – aqui os fatos constituídos pela lógica-em-uso. Não se trata de saber se os fatos podem ser construídos, mas antes de se ainda vale a pena fazer algo assim, se a reconstrução em questão continua lançando luz sobre as operações válidas que estão sendo atualmente usadas. A reconstrução "hipotético-dedutiva" não consegue fazer justiça a uma parte da lógica-em-uso, e, inversamente, uma parte da lógica reconstruída não possui nenhuma contraparte naquilo que está atualmente em uso. A formação de hipóteses é tratada como se ela fosse em grande parte uma questão extralógica. Por outro lado, dedução formal em sistemas postulacionais são tão raramente encontrados na ciência que o lógico é chamado para construir por ele mesmo tal sistema, de modo a dotar as suas reconstruções com uma matéria) (Kaplan, 1964, p. 10).

quais a práxis da pesquisa se orienta. Ela não concebe essas regras desde o princípio como regras gramaticais, mas sabe que elas também equivalem, em outro aspecto, a regras do agir social. Ela não exclui, em outras palavras, uma análise transcendental, sem decair naturalmente por isso no preconceito do idealismo subjetivo, como se as regras da síntese pertencessem ao aparato de uma consciência invariável que transcende a realidade efetiva experimentável. Essa abordagem é tão liberal que a problemática da compreensão de sentido é visualizada. Nem mesmo nesse quadro, porém, ela é vislumbrada em suas consequências. Assim, esse complexo temático mantém infelizmente algo da aparência de uma especialidade europeia, que pertence ao resto não atualizado da filosofia tradicional e que não pode requisitar seriamente um lugar no corpo da lógica científica. Aquela problemática, contudo, pode ser inteiramente exposta no plano da metodologia em um sentido mais restrito. Ela é o portal, que a metodologia precisa atravessar, se é que a reflexão positivisticamente cristalizada deve ser uma vez mais desperta para a vida.

6. A abordagem fenomenológica

6.1 O campo de objetos das ciências praxeológicas é constituído a partir de símbolos e modos de comportamento que não podem ser concebidos *como* ações independentemente dos símbolos. O acesso aos dados não é constituído aqui apenas por meio da observação de eventos, mas ao mesmo tempo por meio da compreensão de conexões significativas. Nesse sentido, podemos distinguir a experiência sensorial da experiência comunicativa. Naturalmente, todas as experiências sensoriais são interpretadas; nessa medida, elas não são independentes de uma comunicação prévia. E, inversamente, a compreensão sem a observação de sinais não é possível. A experiência comunicativa não se orienta, contudo, tal como a observação, por estados de fato "nus", mas antes por estados de fato previamente interpretados: não é a percepção de fatos que é simbolicamente estruturada, mas os fatos enquanto tais. Enquanto não privilegiamos um dos dois modos de experiência por meio de realizações artificiais e ignoramos amplamente o outro, tal como acontece nas ciências comportamentais, vêm à tona dificuldades que "não se tornam menores por meio de afirmações acerca da aplicabilidade universal do método científico" (Kaplan, 1964, p. 136). Uma base experimental integral das ciências praxeológicas não exclui medidas em nome da intersubjetividade da experiência. Para a ratificação de teorias estritamente científico-experimentais não são admitidas observações quaisquer, mas apenas observações padronizadas. As regras exercidas nas operações de medida são aqui suficientes como padrões. Será que a intersubjetividade da experiência comunicativa pode ser suficientemente garantida da mesma maneira por meio de padrões de medida?

A experiência comunicativa emerge, tal como o nome indica, de um contexto de interação, que liga no mínimo dois sujeitos no quadro da intersubjetividade linguisticamente produzida do entendimento quanto a significações constantes. Nesse ponto, o "observador" é inicialmente tão "participante" quanto o "observado". A situação da observação participante atesta esse fato de uma maneira tão clara quanto a técnica da inquirição. No lugar das relações entre o sujeito observador e o *objeto*, relações com certeza extremamente complexas e por demais facilmente minimizadas por suposições de correspondência realístico-cognitivas, entra em cena a relação complexa entre sujeito e antagonista. A experiência é aqui mediada pela interação dos dois. Sua objetividade é ameaçada pelos dois lados: por meio da influência do "observador", cujos instrumentos distorcem as respostas, não menos do que pela reação do que se encontra contraposto, que desconcerta o observador engajado. Se descrevermos assim as ameaças da objetividade, já assumimos naturalmente uma perspectiva que nos é sugerida pelas condições familiares de uma observação controlada. Tudo se dá como se só uma irrealização corrente das pretensões que enredam o observador na interação pudesse purificar a experiência comunicativa de turvamentos subjetivos. Talvez, porém, o papel de um observador desengajado seja o falso modelo para o campo de experiência da comunicação; talvez o papel do parceiro de jogo refletido seja mais apropriado. É como parceiro de jogo refletido que a psicanálise também define por isso o papel do terapeuta no diálogo com o paciente. Transferência e contratransferência são mecanismos que não são alijados, como fontes de erros, das bases da experiência clínica, mas deduzidos da própria teoria como componentes constitutivos da ordem experimental: fenômenos de transferência são controlados por meio do fato de serem gerados e interpretados sistematicamente. A situação dialógica não é assimilada por medidas restritivas sob o modelo aparentemente mais confiável da observação controlada; ao contrário, a teoria relaciona-se com condições da intersubjetividade da experiência que resultam da própria comunicação.

Kaplan não encobre essa dificuldade; ele parte dela: *"Most of problems of observation in behavioural science (and some problems of theorizing too) stem from shared humanity of the scientists and his subject matter, or rather from the richer and the more specific commonalities to which the abstraction 'humanity' points"*[78] (Kaplan, 1964, p. 136).

Além disso, Kaplan vê que o campo de objetos das ciências sociais, um campo previamente construído por meio do elemento subjetivo, não tem consequências apenas no campo dos dados, mas também no plano teórico. Ele distingue cuidadosamente entre *act meaning*, o "sentido" pelo qual o agente mesmo se orienta, e *action meaning*, o "sentido" que uma ação também pode assumir sob pontos de vista teóricos para o cientista (Kaplan, 1964, p. 32). A isso correspondem duas categorias de explicação: a explicação semântica do sentido subjetivamente visado, que apreende descritivamente fatos sociais; e a explicação causal ou funcional, que apresenta a conexão entre os fatos sociais em referência a uma hipótese normativa. A explicação do sentido orientado pela ação refere-se ao plano dos dados, a explicitação de ações subjetivamente dotadas de sentido, ao plano

---

78. Em inglês no original: "A maioria dos problemas de observação em ciências comportamentais (assim como alguns problemas de teorização) provêm da humanidade compartilhada dos cientistas e de seu objeto ou antes dos pontos em comum mais ricos e mais específicos para os quais reenvia o termo abstrato 'humanidade'" [N.T.].

teórico. A questão é certamente saber se a cisão entre dados e teorias pode ser realizada da maneira usual: se os fatos mesmos já são mediados e previamente interpretados simbolicamente, pois, se a formação teórica precisa se articular com a formação categorial do campo de objetos, os pontos de vista teóricos não são extrínsecos aos fatos sociais do mesmo modo que as hipóteses o são em relação aos eventos observáveis, junto aos quais elas podem ser falsificadas. De início não fica claro se, sob tais circunstâncias, explicações teóricas não assumem igualmente a forma de uma explicação de conexões de sentido ou se as interpretações semânticas mesmas já realizam aquilo que é de resto reservado às explicações causais:

> Many other methodological problems concerning explanations in behavioural science stem from the complex interrelations between the two sorts of interpretation – of acts and actions; it is easy to understand why they are so often confused with one another. In particular, the behavioural scientist often makes use of what might be called the circle of interpretation: act meanings are inferred from actions and are then used in the explanation of the actions, or actions are construed from the acts and then used to explain the acts. Thus Collingwood has said about the historian that "when he knows what happened he already knows why it happened"[79] (Kaplan, 1964, p. 362).

Encontraremos versões de uma sociologia compreensiva que, de fato, estão tão preocupadas com o problema de uma descrição pertinente de modos de comportamento simbolica-

---

79. Em inglês no original: "Muitos outros problemas metodológicos concernentes à explicação provêm das inter-relações complexas entre os dois tipos de interpretação – de atos e de ações; é fácil entender por que elas são tão frequentemente confundidas umas com as outras. Em particular, o cientista comportamental faz com frequência uso do que pode ser chamado o círculo da interpretação: significados de atos são inferidos a partir das ações e então usados na explicação das ações ou ações são construídas a partir de atos e então usadas para explicar os atos. Assim, Collingwood disse sobre o historiador que, 'quando ele sabe o que aconteceu, ele já sabe por que aconteceu'" [N.T.].

mente mediados, que a explicação do agir social coincide com a explicação compreensiva.

A alternativa é a seguinte: ou a problemática da compreensão de sentido permanece acidental para a metodologia das ciências praxeológicas e não toca, por fim, de maneira principal, a lógica da pesquisa, ou ela possui efetivamente um peso tal que não se insere sem nenhuma compulsão no modelo positivista das ciências experimentais rigorosas. Se devesse se mostrar que precisamos abandonar ao campo de aplicação das ciências praxeológicas empírico-analíticas a relação geralmente suposta entre teoria e realidade, seríamos remetidos ao caminho tradicional da teoria do conhecimento, que transcende o âmbito propriamente metodológico. Nesse caso, assim como uma clarificação lógico-linguística de enunciados hermenêuticos, uma discussão das técnicas de pesquisa e do levantamento de dados não ajuda a seguir adiante. A base empírica peculiar às teorias da ação deveria ser antes investigada previamente a partir do ponto de vista transcendental: a partir da pergunta por quais são as condições sob as quais experiências comunicativas em geral se constituem. O ponto de partida de tais análises não é mais a situação da pesquisa, mas a rede de interações na qual mesmo a práxis da pesquisa se inseriu. O que está em questão ali são as condições transcendentais da intersubjetividade de sistemas de ação mediados linguisticamente, ou seja, a construção lógica do mundo da vida social, que possui um valor conjuntural para a pesquisa.

Por um lado, o mundo da vida social é o campo de objetos da pesquisa; sob esse aspecto, uma investigação transcendental fornece informações sobre estruturas da realidade antes de toda análise empírica. Por outro lado, porém, ele também se mostra como base para a própria pesquisa; sob esse aspecto, uma investigação transcendental permite a autorreflexão dos métodos aplicados. Na tradição, é possível encontrar três abordagens para análises desse tipo. A *abordagem fenomenológica* conduz a uma investigação acerca da constituição da práxis vital cotidiana. A *abordagem linguística* centra-se em jogos de linguagem, que determinam ao mesmo tempo formas de vida de maneira transcendental. A *abordagem hermenêutica* torna possível finalmente que concebamos as regras linguístico-transcendentais do agir comunicativo a partir do contexto objetivo de uma tradição atuante – com isso, já se implode o quadro lógico-transcendental. Kaplan, que não nega a problemática da compreensão de sentido, acha, contudo, que essa problemática não nos impele a tal reflexão. A distinção entre clarificação semântica e explicação causal deve ser suficiente para purificar a formação de teorias da problemática da compreensão de sentido. Essa problemática pode ser circunscrita ao plano dos dados e ali minimizada, quando vem à tona que fatos sociais, sem levar em conta a sua mediação por meio da experiência comunicativa, podem ser apreendidos operacionalmente da mesma maneira que eventos observáveis, pois nesse caso eles possuem, vistos metodologicamente, o mesmo *status* que todos os outros dados. O problema aguça-se, portanto, na questão de saber se e como podemos medir fatos sociais.

Sabemos que não há experiências não interpretadas, nem na práxis vital cotidiana nem com maior razão ainda no quadro da experiência cientificamente organizada. Padrões de medida são regras segundo as quais as experiências cotidianas interpretadas de maneira corrente são reorganizadas e transformadas em dados científicos. Nenhuma dessas interpretações é suficientemente determinada por meio da própria matéria experimentada. Seria possível, porém, que, por meio de operações de medida, transformemos experiências sensoriais em dados por *outra* via que não a das experiências comunicativas. Não é possível que os caminhos de transformação nas ciências praxeológicas sejam diversos dos da física – e que, por isso, dados e teorias se encontrem aqui em uma relação diversa da que se dá lá?

P. Lorenzen esboçou o quadro transcendental para o campo de objetos da física sob a forma de uma protofísica, isto é, de uma doutrina não hipotética de espaço, tempo e massa (Lorenzen, 1968, p. 142ss.). Essa doutrina contém os princípios da geometria, cinética e mecânica; ela pode ser concebida como um sistema de exigências ideais, que precisam ser apresentadas a operações de medida. Trata-se da medição de espaços, tempos e medidas. Essas três classes de operações reunidas possibilitam aquilo que denominamos medições físicas. Todas elas podem ser remetidas à medição de corpos móveis. A doutrina de espaço, tempo e massa concebida como protofísica, uma doutrina que não pressupõe nada além de aritmética, explicita a pré-compreensão transcendental do campo de objetos possíveis; ela contém apenas deduções a partir de proposições, que enunciam o contexto idealizado de operações de medida cotidianamente exercidas. Também podemos dizer: a protofísica é a elaboração da gramática de um determinado jogo de linguagem, que denominamos "medição física".

Todas as teorias físicas são formuladas de tal modo que as suas expressões se ligam direta ou indiretamente a esse jogo de linguagem. Para cada teste, as indicações de medições podem ser derivadas da teoria. Nas ciências sociais, essa continuidade não existe, pois não há nenhuma protossociologia que explicitasse uma pré-compreensão una e transcendental de seu campo de objetos do tipo daquela protofísica. À exigência abstrata de medir fatos sociais não corresponde nenhum jogo de linguagem faticamente exercido, ao qual pudessem se ligar as expressões da teoria. As técnicas de medição são construídas ulteriormente caso a caso. A operacionalização de expressões teóricas é extrínseca à própria teoria. Ela exige passos adicionais da interpretação. É somente sobre a via dessa interpretação que experiências comunicativas são transformadas em dados. Não há em relação a isso nenhuma contrapartida nas ciências naturais. Mesmo na física, os conceitos operacionais só definem as condições de aplicação de teorias, cujos predicados teóricos fundamentais não estão ligados imediatamente à experiência e não esgotam seu conteúdo semântico nas condições operacionais de aplicação; não obstante, há uma relação dedutiva entre expressões teóricas e operacionais. Foi antes de tudo Carnap que analisou essa ligação entre a linguagem teórica e a linguagem observacional, na qual as leis hipotéticas precisam ser formuladas.

Nas ciências praxeológicas empírico-analíticas não há essa continuidade entre quadro categorial, padrões de medida e base experimental. Aqui escolhemos os instrumentos de medida *ad hoc*, sem saber se as hipóteses ali implicadas com as teorias que devem ser checadas possuem efetivamente uma ligação sistemática.

Esse ponto foi elaborado de maneira enérgica por A. V. Cicourel:

Our lack of methodological sophistication means that the decision procedures for categorizing social phenomena are buried in implicit common-sense assumptions about the actor, concrete persons, and the observer's own views about everyday life. The procedures seem intuitively "right" or "reasonable" because they are rooted in everyday life. The researcher often begins his classification with only broad dichotomies, which he expects his data to "fit", and then elaborates on these categories of apparently warranted by his "data". Finally, he may employ classification procedures which conform to the progression (from rating and ranking scales to interval or ratio measures) mentioned by Lazarsfeld and Barton. Although some "rules" exist for delineating each level of classification, our present knowledge seldom permits us to link category and thing according to theoretically justified derivations; instead, the coupling between category and observation is often based upon what are considered to be "obvious" "rules" which any "intelligent" coder or observer can "easily" encode and decode. Each classification level becomes a more refined measurement device for transforming common-sense meanings and implicit theoretical notions into acceptable "evidence". The successive application of classificatory operations produces "data" which assume the form of conventional measurement scales[80] (Cicourel, 1964, p. 21s.).

---

80. Em inglês no original: "Nossa falta de sofisticação metodológica significa que os procedimentos de decisão para a categorização de fenômenos sociais estão dissimulados sob suposições implícitas ao senso comum sobre o ator, pessoas concretas, e as visões do próprio observador sobre a vida cotidiana. Os procedimentos parecem intuitivamente 'corretos' ou 'razoáveis', porque eles estão enraizados na vida cotidiana. O pesquisador começa com frequência a sua classificação com apenas dicotomias muito simples que ele espera que sejam 'adequadas' aos seus dados, e, então, elabora essas categorias aparentemente garantidas por seus 'dados'. Finalmente, ele pode usar procedimentos de classificação que são conformes à progressão (desde escalas de estimação e de classificação até medidas de intervalos ou proporções) mencionadas por Lazarsfeld e Barton. Apesar de algumas 'regras' existirem para delinear cada nível de classificação, nosso conhecimento presente raramente nos permite ligar categoria e coisa de acordo com derivações teórica e substantivamente justificadas; com frequência, a ligação estabelecida entre categoria e

The lack of a developed social theory forces all researchers in sociology to employ common-sense concepts that reflect common knowledge known to both sociologists and the "average" members of the community or society. By assuming from the outset that the social scientist and his subjects form a common culture which each understands in more or less the same way, the "obvious" meanings of the operationalized questionnaire on which the indicators are based, will incorporate properties only vaguely defined in social theory but nonetheless taken for granted as relevant to the research project[81] (Cicourel, 1964, p. 19).

Cicourel não se atemoriza diante da consequência radical: *"The fact that we cannot demonstrate a precise or warranted correspondence between existing measurement systems and our theoretical and substantive concepts but must establish the link by fiat, means we cannot afford to take research procedures and, therefore, the conclusions based on them for granted"*[82] (Cicourel, 1964, p. 18).

---

observação é antes baseada naquilo que foi considerado como 'regras' 'óbvias' que qualquer codificador ou observador pode 'facilmente' codificar ou decodificar. Cada nível de classificação torna-se um instrumento mais refinado de medida, uma vez que transforma em 'evidências' aceitáveis significados do senso comum e noções implicitamente teóricas. A aplicação sucessiva de operações classificatórias produz 'dados' que assumem a forma de escalas de medida convencionais" [N.T.].

81. Em inglês no original: "A falta de uma teoria social desenvolvida obriga todos os pesquisadores em sociologia a empregar conceitos do senso comum que refletem o conhecimento comum tanto pelos sociólogos quanto pelos membros ordinários da comunidade ou sociedade. Admitindo desde o início que o cientista social e seu sistema formam uma cultura comum que cada um entende mais ou menos da mesma maneira, os significados 'óbvios' dos elementos do questionário que se tornaram operatórios – significados sobre os quais os indicadores estão baseados – incorporarão propriedades que só são definidas de maneira vaga em uma teoria social, mas que são apesar disso assumidas como relevantes para o projeto de pesquisa" [N.T.].

82. Em inglês no original: "O fato de não podermos demonstrar uma correspondência precisa ou garantida entre sistemas de medida existentes e nossos conceitos teóricos e substantivos, mas precisarmos estabelecer uma ligação por consentimento significa que não podemos nos permitir considerar os pro-

Agora, pode ser que essa situação insatisfatória não reflita dificuldades principiais, mas antes o estado insatisfatório da formação de teorias. Se as coisas se comportassem dessa forma, então não precisaríamos senão tentar desenvolver sistemas referenciais analíticos que concordassem com as teorias científico-naturais no fato de que se pode conquistar a partir dos predicados fundamentais até mesmo propriedades numéricas em correspondência com os padrões de medida existentes. Para a física, se aceitarmos a sugestão de Lorenzen, a correspondência entre o quadro categorial e a base empírica é assegurada desde o princípio por uma protofísica, isto é, por meio de uma doutrina de espaço, tempo e massa, na qual regras para operações de medida elementares vêm à tona como axiomas: o jogo de linguagem da medição física determina de modo transcendental o campo de objetos possíveis da experiência cientificamente relevante. Mesmo nas ciências praxeológicas existe uma correspondência prévia entre base empírica e quadro analítico; essa correspondência, porém, é produzida por outros jogos de linguagem, a saber, independentemente de operações de medida, por meio das interpretações da práxis de vida cotidiana correntemente colocadas em jogo. A formação conceitual sociológica articula-se imediatamente com as experiências comunicativas, que são estruturadas pré-cientificamente. As operações de medida precisam se adequar ulteriormente a um acordo transcendental que se formou na autocompreensão cultural de mundos da vida sociais sem nenhuma consideração por uma práxis de medição, ou seja, sem nenhuma consideração da disponibilização técnica. É por isso que não pode haver uma protofísica das ciências praxeológicas. Considerado exatamente, corresponderia a ela uma análise das regras que determinam de maneira transcendental a construção de mundos da vida sociais. Como essas regras certamente não coincidem com as exigências ideais de operações de medida, a desproporção entre teorias e dados não é casual e não é, em todo caso, dependente do progresso das próprias teorias. O arbítrio das operacionalizações poderia ser

---

cedimentos de pesquisa e, por conseguinte, as conclusões baseadas neles como garantidas" [N.T.].

reduzido por meio do fato de nos conscientizarmos da equiparação ulterior dos procedimentos de medida a uma correspondência ancorada pré-cientificamente entre conceitos sociológicos e experiências comunicativas. Por essa razão, A. V. Cicourel retorna à análise husserliana do mundo da vida que ele encontrou na interpretação de Alfred Schütz.

6.2 A problemática da medição de dados sociais está em conexão com a transformação de experiências comunicativas em dados. Por isso, ela ganha o pano de fundo nas ciências sociais, que não dependem de uma compreensão hermenêutica de sentido. Até o ponto em que procedem de maneira analítico-normativa, dados medidos podem ser definidos de maneira inequívoca no quadro referencial da teoria. O comportamento relevante, que pode ser diretamente observado ou indiretamente medido a partir de movimentos (que podem ser atribuídos a um comportamento, por exemplo, fluxos de bens), é interpretado de acordo com regras teoricamente fixadas como um comportamento próprio a uma escolha racional, ou seja, como índice para decisões. Os padrões de medida correspondem a contagens pré-cientificamente institucionalizadas (ou seja, critérios de uma administração racionalizada, de um domínio burocrático ou de um armamento tecnicizado). A determinação operacional de preferências em dimensões como poder e riqueza não é difícil, porque os sistemas de ação que devem ser calculados (o trânsito econômico, o embate político, a luta militar) já são estabelecidos como âmbitos institucionais de um agir racional regido por fins. As teorias podem acolher e idealizar os padrões desenvolvidos no campo de objetos (por exemplo, preços, votos, armas). Tais padrões também podem, em seguida, servir como critérios para a delimitação do campo de objetos: modos de comportamento que preenchem aqueles padrões são identificáveis como objetos relevantes. Aqui, de modo similar ao que acontece na protofísica, as regras para as operações de medida fixam um quadro transcendental. Naturalmente, os dados medidos não se encontram por si, mas são símbolos para decisões em um sistema teoricamente fixado.

Nas ciências comportamentais estritas, as medições também são tão pouco problemáticas. No entanto, isso não se dá porque os dados medidos, tal como na teoria da decisão, não seriam senão indícios de ligações internas, mas ao contrário: porque os dados são aproximados dos acontecimentos observados na física. Em todo caso, as ligações simbólicas entre os acontecimentos e um sentido subjetivo podem ser tão restritas, que essas significações residuais podem ser facilmente padronizadas. Se no quadro teórico se acolhem categorias como "recompensa" e "fracasso", então os impulsos gerados de maneira experimental, que são interpretados por um organismo dado como recompensa ou fracasso, não são certamente dados livres de sentido. De qualquer forma, se conhecermos a necessidade normal de alimento, poderemos medir de modo confiável o sentido subjetivo da "fome" por meio da privação de alimentos por unidade de tempo. Nos animais, o horizonte significativo ainda não se autonomizou ante o sistema motor interpretante, ele ainda não se tornou historicamente variável. Mesmo em experimentos com pessoas, o horizonte linguístico pode ser de tal modo reduzido que podemos empreender atribuições com uma segurança análoga. A medição de um comportamento que reage a estímulos parece permanecer desprovida de problematicidade até o momento em que se consegue alijar um agir intencional.

Todavia, logo que modos de comportamento observáveis precisam ser interpretados em relação com expectativas, as condições do agir não são mais dadas independentemente da interpretação do agente. Entre estímulo e reação comportamental intercalam-se esquemas de interpretação que precisam ser determinados enquanto tais, para que imprimam uma forma à concepção do mundo tanto quanto às necessidades. Esse fato é muito conhecido na sociologia desde que W. I. Thomas trouxe à tona esse estado de coisa uma vez mais de maneira clara: *"If men define situations as real, they are real in their consequences*[83][84] (Thomas, 1928, p. 572; 1951, p. 80ss.).

O sentido orientado pela ação só é acessível na experiência comunicativa. A tentativa de fixá-lo desde o princípio com base em critérios próprios a um comportamento observável conduz a um movimento circular, pois só nos deparamos com o conteúdo simbólico do agir, porque no plano do agir intencional a correlação entre impulso e reação é menos nítida: os mesmos estímulos podem despertar reações diversas, se elas forem interpretadas pelo agente. Não obstante, é preciso que possamos estabelecer uma coordenação entre dados medidos e conceitos teórico-práticos que façam frente a essa mediação simbólica dos modos de comportamento. Faltam regras fixas para essa coordenação, porque as operações de medida não estão ancoradas no próprio quadro teórico. Os padrões de medida que desenvolvemos para entrevistas, observação participativa e experimentos, a fim de produzir dados ordenados (modos de comportamento e símbolos), não fixam, por exemplo, um quadro transcendental. As regras segundo as quais o campo dos objetos possíveis é definido se constituíram antes de toda medição na experiência comunicativa do cotidiano. Interpretamos consequências de acontecimentos observáveis como agir social ou como componentes de uma situação de ação, quando podemos identificá-los como elementos significativos próprios a contextos de interação equilibrados e, com isso, quando eles resistem à prova pré-científica de um agir comunicativo. Por isso, não há nas ciências praxeológicas nenhuma teoria do medir que, tal como a protofísica no que diz respeito à natureza, explicite previamente o recorte relevante de uma experiência possível. Em face da sociedade, essa explicação já foi realizada de maneira pré-científica e informal, sem que venhamos a nos referir inequivocamente a operações de medida. Desse modo, precisamos produzir, por um lado, inicialmente uma ligação entre objetos que foram identificados

---

83. R. K. Merton denominou o princípio da interpretação subjetiva do agir social "Teorema de Thomas".

84. Em inglês no original: "Se os homens definem situações como reais, elas são reais em suas consequências" [N.T.].

em uma experiência comunicativa *como* algo e, por outro lado, dados medidos. Essa ligação não é ela mesma já definida por operações de medida. Foi isso que metodologistas acentuaram com frequência, em particular no que concerne ao comportamento de escalonamento:

> We might call this measurement by fiat. Ordinarily it depends on presumed relationships between observations and the concept of interest. Included in this category are the indices and indicants so often used in the social and behavioral sciences. This sort of measurement is likely to occur whenever we have a prescientific or commonsense concept that on a priori grounds seems to be important but which we do not know how to measure directly. Hence, we measure some other variable or weighted average of other variables presumed to be related to it. As examples, we might mention the measurement of socio-economic *status*, or emotion through use of GSR, or of learning ability through the number of trials or the number of errors it takes the subject to reach a particular criterion of learning[85] (Torgerson, 1958, p. 21s.).

Por essa razão, C. Coombs elaborou uma *Theory of data*. Ela busca restringir a inevitável margem de avaliação do sociólogo que pode deduzir padrões de medida de seu quadro teórico. Coombs fundamentou já há anos o programa de seu empreendimento:

---

85. Em inglês no original: "Podemos denominar essa mensuração por decreto. Normalmente, ela depende de relações presumidas entre observações e o conceito de "interesse". Os índices e os indicadores tão frequentemente usados nas ciências sociais e nas ciências comportamentais estão incluídos nessa categoria. Esse tipo de medição tende a ocorrer toda vez que temos um conceito pré-científico ou do senso comum no qual nos apoiamos *a priori* e que parece ser importante, sem que saibamos como mensurá-los diretamente. Por isso, medimos algumas outras variáveis ou uma média valorativa de outras variáveis que supomos em relação com elas. Como exemplos, podemos citar a medição do *status* socioeconômico ou a emoção por meio do uso do reflexo psicogalvânico ou a medição da capacidade de aprendizado através do número de tentativas e de erro que é preciso para que um sujeito alcance um critério particular de aprendizagem" [N.T.].

The method of analysis, then, defines what the information is and may or may not endows the data with properties which permit the information in the data to be used, for example, to construct a unidimensional scale. Obviously, again, such a scale cannot be inferred to be a characteristic of the behaviour in question if it is a necessary consequence of the method of analysis. – If therefore becomes desirable to study methods of colleting data with respect to the amount and kind of information each method contains about the behaviour in question as distinct from the imposed. Similarly, it becomes desirable to study the various methods of analyzing data in terms of the characteristics or properties each method imposes on the information in the data as a necessary preliminary to exacting it[86] (Coombs, 1964a).

Coombs parece partir do fato de podermos constatar o grau de adequação de medições com vistas a objetos previamente dados: podemos por assim dizer interrogar os dados para saber se eles chegaram a termo por meio de uma mera imposição ou por meio do estabelecimento adequado de padrões de medida (Coombs, 1964b). Essa alternativa, contudo, não faz sentido, pois sem a transformação de experiências dados não chegam de modo algum a termo. As medições físicas parecem mais fáceis do que as da pesquisa social empírica, porque as regras protofísicas da medição fixam ao mesmo tempo condições transcendentais de uma experiência possível em geral. Como isso não

---

86. Em inglês no original: "O método de análise, então, define o que é a informação e pode ou não atribuir certas propriedades a essa informação. Um método 'forte' de análise atribui aos dados propriedades que permitem usar a informação sobre esses dados, por exemplo, para construir uma escala unidimensional. Obviamente, uma vez mais, tal escala não pode ser inferida como sendo uma característica do comportamento em questão, se ela for uma consequência necessária do método de análise. – Por conseguinte, torna-se desejável estudar métodos de coleta de dados com respeito ao montante e ao tipo de informação que cada método contém sobre o comportamento em questão enquanto distinto daquele imposto. De maneira similar, torna-se desejável o estudo dos vários métodos de análise de dados em termos das características ou propriedades que cada método imprime à informação relativa aos dados como uma preliminar necessária à sua extração" [N.T.].

é válido para as ciências praxeológicas empírico-analíticas, as operações de medida portam aqui o peso de uma reconstrução ulterior. A violência que elas exercem sobre as coisas não pode ser deduzida delas. Cicourel percebeu isso muito bem:

> The present state of sociological methods makes difficult the adherence to Coombs' earlier remarks about mapping data into simple or strong measurement systems because the correspondence between measurement scale and observed and interpreted objects or events is imposed without our being able to ask – much less determine – if it is appropriate. Once imposed, the measurement framework "translates" or "transforms" the common-sense responses into "data". The logic of the measurement operations assures the necessary transformation for producing the desired product[87] (Cicourel, 1964, p. 22).

Foi um mérito de Cicourel não ter impelido para o nível da técnica de pesquisa as dificuldades que surgem com a pesquisa dos dados, mas ter se conscientizado epistemologicamente dessas dificuldades. Ele vê que nós (em vez de uma protofísica que não pode existir para as ciências praxeológicas) precisamos de uma teoria que explicite as estruturas do mundo da vida correntemente articulado que é próprio de nossa lida cotidiana. Como não podemos saber o que em geral apreendemos com operações de medida sem o recurso a uma pré-compreensão do mundo da vida social, precisamos refletir antecipadamente sobre o quadro transcendental da experiência comunicativa, no interior da qual relacionamos dados medidos com conceitos teóricos. Uma teoria da cultura precisa assumir a posição de uma protofísica do social, caso não queira continuar tateando no escuro. Cicourel

---

87. Em inglês no original: "O presente estado do método sociológico torna difícil a adesão às antigas observações de Coombs acerca do mapeamento dos dados em sistemas de medição simples ou fortes, porque a correspondência entre escala de medida e objetos observados ou interpretados ou eventos é imposta sem que sejamos capazes de perguntar – e ainda menos determinar – se ela é apropriada. Uma vez impostas, o sistema de medida 'traduz' ou 'transforma' as respostas do senso comum em 'dados'. A lógica das operações de medida assegura a transformação necessária para gerar o produto desejado" [N.T.].

parece não ter, naturalmente, total clareza quanto ao fato de tal teoria do mundo da vida só poder possuir o *status* de uma teoria das condições transcendentais da constituição de tais mundos da vida: a *"theory of culture"* exigida não pode ser confundida com uma ciência empírica da cultura. Com essa reserva, o programa de Cicourel é inequívoco e consequente:

> What are the appropriate foundations for measurement in sociology? The literature discussed above implies that with our present state of knowledge rigorous measurement (in the literal sense which obtains with the use of explicit theoretical systems) cannot be obtained in sociology for properties of social process. The precise measurement of social process requires first the study of the problem of meaning in everyday life. Social inquiry begins with reference to the commonsense world of everyday life. The meanings communicated by the use of ordinary day-to-day language categories and the non-linguistic shared cultural experiences inform every social act and mediate (in a way which can be conceptually designated and empirically observed) the correspondence required for precise measurement. The literal measurement of social acts (which implies that conceptual structures generate numerical properties corresponding to existing or constructable structable measurement systems) requires the use of linguistic and non-linguistic meanings that cannot be taken for granted but must be viewed as objects of study. In other words, measurement presupposes a bounded network of shared meanings, i.e., a theory of culture. The physical scientist alone defines his observational field, but in social science the arena of discourse usually begins with the subjects' preselected and preinterpreted cultural meanings. Because the observer and subject share cultural meanings interwoven with the language system they both employ for communication, the shared everyday meanings and the particular language used by the sociologist from a basic element of the measurement of social acts. The "rules" used for assigning significance to objects and events and their

properties should be the same, i.e., the language systems should be in some kind of correspondence with each other. But in sociological discourse the "rules" are seldom explicit even though there is a concern for precise definition and operational criteria. The "rules" governing the use of language and the meanings conveyed by linguistic and non-linguistic utterances and gestures are unclear and remain an almost untouched problem for empirical research. If the "rules" governing the use of language to describe objects and events in everyday life and in sociological discourse are unclear, then the assignment of numerals or numbers to the properties of objects and events according to some relatively congruent set of rules will also reflects a lack of clarity[88] (Cicourel, 1964, p. 14s.).

---

88. Em inglês no original: "Quais são os fundamentos apropriados para a medição em sociologia? A literatura discutida acima implica que, com o nosso presente estado de conhecimento, uma medição rigorosa (no sentido literal que ela obtém com o uso de sistemas teóricos explícitos) não pode ser alcançada na sociologia por conta de propriedades do processo social. A medição precisa do processo social requer em primeiro lugar o estudo do problema do significado na vida cotidiana. A investigação social começa com referência ao mundo do senso comum próprio à vida cotidiana. Os significados comunicados no uso das categorias da linguagem ordinária do dia a dia e as experiências culturais compartilhadas de maneira não linguística dão forma a todo ato social e mediam (de uma maneira que pode ser conceitualmente designada e empiricamente observada) a correspondência requerida para a medição precisa. A medição literal de atos sociais (que implica o fato de estruturas conceituais gerarem propriedades numéricas que correspondem a sistemas de medida existentes, construíveis e estruturáveis) requer o uso de significados linguísticos e não linguísticos que não podem ser considerados como garantidos, mas que precisam ser vistos como objetos de estudo. Em outras palavras, mediação pressupõe um tecido bem urdido de significações compartilhadas, isto é, uma teoria da cultura. O cientista físico define sozinho o seu campo observacional, mas nas ciências sociais a arena do discurso normalmente começa com as significações culturais pré-selecionadas e pré-interpretadas pelos sujeitos. Como o observador e o sujeito compartilham as significações culturais entretecidas com o sistema linguístico que eles dois empregam para a comunicação, as significações compartilhadas no dia a dia e a linguagem particular usadas pelos sociólogos formam um elemento básico da medição de atos sociais. As 'regras' usadas para assinalar significação para os objetos e eventos e suas propriedades deveriam ser as mesmas, ou seja, os sistemas linguísticos deveriam estar em algum tipo de correspondência mútua. No discurso sociológico, porém, as 'regras' são raramente explicitadas, mesmo que haja uma preocupação com a

As regras às quais Cicourel recorre não são regras gramaticais de jogos de linguagem; concordando com Alfred Schütz, ele tem em vista muito mais regras fundamentais pelas quais o agir comunicativo em geral se orienta no mundo cotidiano: *"These 'rules' and properties are invariant to the actual content and type of 'norms' which govern social action in particular situations. The study of these 'rules' and properties provides an experimental foundation for the measurement of meaning structures basic to all sociological events"*[89].

Cicourel investiga em diversos âmbitos da técnica de pesquisa sociológica as dificuldades que não param de se apresentar no plano do estabelecimento dos dados a partir do fato de o campo de objetos ser pré-interpretado pelos próprios agentes. Ele pode comprovar que o pesquisador, começando com análises de conteúdo e inquirições, passando pela técnica da observação engajada e do levantamento sociográfico, e indo até a experimentação, não consegue escapar totalmente do papel de copartícipe comunicacional[90]. A base que não pode ser dispensada da experiência

---

precisão da linguagem e com critérios operacionais. As 'regras' que governam o uso da linguagem e as significações veiculadas pelos gestos e enunciações linguísticas e não linguísticas são obscuras e permanecem um problema praticamente não tratado pela pesquisa empírica. Se as 'regras' que governam o uso da linguagem para descrever objetos e eventos na vida cotidiana e no discurso sociológico são obscuras, então o assinalamento de cifras e números para as propriedades de objetos e eventos de acordo com algum conjunto relativamente congruente de regras também refletirá uma falta de clareza" [N.T.].

89. Em inglês no original: "Essas regras e propriedades são invariantes para o conteúdo atual e para o tipo de 'normas' que governam a ação social em situações particulares. O estudo dessas 'regras' e propriedades provê uma fundamentação experimental para a medida de estruturas significativas básicas para todos os eventos sociais" [N.T.].

90. Mesmo sob condições extremas da objetivação, fenômenos de transferência não podem ser totalmente eliminados. Mesmo o experimentador entra em interação com as pessoas envolvidas nos experimentos. Abstraindo-se dos próprios instrumentos de medida, que pressupõem entre o pesquisador e seu objeto a intersubjetividade de símbolos tradicionais e interpretações usuais, a *situação da aplicação de instrumentos de medida* também é parte de um mundo cultural comum aos dois lados. Os experimentos sobre os experimentos, que foram realizados antes de tudo por Rosenthal e seus colaboradores, o confirmam. Há muito tempo se sabe que a concepção socioculturalmente determinada relativas ao gênero, à raça, à confissão, ao *status* social e aos traços de personalidade do experimentador produz um efeito sobre as performances

comunicativa que liga o sujeito e os objetos por trás de suas costas é formada pelas obviedades de um mundo sociocultural. Há a cada vez propriedades invariantes e regras constitutivas do mundo da vida primário, propriedades e regras que são assumidas de maneira inquestionada como condições de uma comunicação possível. Precisamos trazê-las à consciência fenomenologicamente. Assim, Cicourel espera conquistar expressamente com a apreensão das estruturas do mundo cotidiano um sistema de referências que desde sempre determine implicitamente a transformação de experiências comunicativas em dados medidos[91].

---

das pessoas envolvidas nos experimentos (*Experimenter attributes effects*). A sutileza dos fenômenos de transferência mostra-se, contudo, sobretudo na influência de variáveis subjetivas: a performance das pessoas envolvidas nos experimentos é tão dependente da capacidade do experimentador de resolver as próprias tarefas experimentais por ele apresentadas (*Experimenter modeling effects*), quanto das expectativas e desejos que o experimentador nutre sob o decurso do experimento (*Experimenter expectancy and data desirability effects*). Rosenthal conclui seu relato sobre *"The effect of the experimenter on the results of psychological research"* (Maher, 1964, p. 80s.) com a sentença: *"Perhaps the most compelling and the most general conclusion to be drawn is that human beings can engage in highly effective and influential unprogrammed and unintended communication with one another. The subtlety of this communication is such that casual observation of human dyads is unlikely to reveal the nature of this communication process"* (p. 111) ("Talvez a conclusão mais peremptória e a mais geral a ser tirada é a de que os seres humanos podem entrar em uma comunicação entre si de maneira não programada e não intencional com uma extrema efetividade e influência. A sutileza dessa comunicação é tal que não é provável que a observação casual dos grupos formados por homens seja capaz de revelar a natureza desse processo comunicacional"). Aquilo que se subtrai inicialmente à observação deixa evidente o padrão extremamente cerrado dos esquemas de apreensão culturalmente obrigatórios, sob os quais os acontecimentos mais inaparentes ganham conteúdo simbólico (Rosenthal, 1960, p. 20ss.).

91. *"The sociological observer, therefore, who fails to conceptualize the elements of common-sense acts in everyday life, is using an implicit model of the actor which is confounded by the fact that his observations and inferences interact, in unknown ways, with his own biographical situation within the social world. The very conditions of obtaining data require that he makes use of typical motives, cues, roles etc., and the typical meanings he imputes to them, yet the structures of these common-sense courses of action are notions which the sociological observer takes for granted, treats as self-evident. But they are just notions which the sociologist must analyze and study empirically if he desires rigorous measurement. The distributions he now constructs relegate such notions to a taken-for-granted status or some latent*

continuum. Therefore, the observations which go to make up a distribution of, say, types of cities, responses to questionnaire items, or occupational prestige categories are only half of the picture. The distribution merely represents the 'outer' horizon for which operational procedures have been devised. Yet the 'meaning' of this distribution relies upon common-sense knowledge which includes the observer's typification of the world as it is founded in his own biographical situation, and his formalization of the actor's typification which is inextricably woven into his response. Both sets of typifications must be objects of sociological inquiry. – The inner horizon of idiomatic expressions, course-of-action motives, institutional and innovational language, and the like remain unclarified in the sociologist's distributions. The observations which are coded into dichotomies, fourfold tables, ordinal scales, zero-order correlations, and distributions in general reveal only half of the story; the 'bottom half' has been taken for granted, relegated to a 'latent continuum', yet informs the observer's description and inferences about the 'top half' represented by 'rigorous' measurement devices. It is the lack of explicit conceptualization and observation on the 'bottom half' which makes measurement in sociology metaphorical and not literal. The difficulty is to be found in the lack of adequate conceptualization and the use of measurement axioms which do not correspond to the structure of social action" ("O observador sociológico, portanto, que não consegue conceituar os elementos dos atos do senso comum no cotidiano está usando um modelo implícito do ator que é confundido pelo fato de que suas observações e inferências interagem, de maneiras desconhecidas, com sua própria situação biográfica no interior do mundo social. As próprias condições de obtenção de dados requerem que ele faça uso de motivos, de réplicas e de papéis típicos, e as significações típicas que ele atribui a eles, por mais que as estruturas desses cursos de ação do senso comum sejam noções que o observador sociológico tome por garantido, trate como autoevidente. Mas elas são apenas as noções que o sociólogo precisa analisar e estudar empiricamente se ele quiser alcançar uma medição rigorosa. As distribuições que ele constrói agora relegam tais noções para um *status* próprio ao que é tido por garantido ou para algum *continuum* latente. Por conseguinte, as observações que permitem estabelecer, digamos, uma distribuição de tipos de cidades, respostas a um questionário de itens ou categorias relativas ao prestígio profissional só fornecem um quadro parcial. A distribuição não representa senão o horizonte 'exterior' para o qual procedimentos operacionais foram criados. Em contrapartida, a 'significação' da distribuição tem por base um conhecimento do senso comum que inclui a tipificação do observador do mundo tal como ela é encontrada em sua própria situação biográfica e sua formalização da tipificação do ator que é inextrincavelmente entretecida em sua resposta. Os dois conjuntos de tipificações precisam ser objetos do questionamento sociológico. – O horizonte interno das expressões idiomáticas, dos motivos relativos ao transcurso da ação, da linguagem institucional e inovadora e coisas do gênero permanecem sem esclarecimento nas distribuições do sociólogo. As observações que são codificadas em dicotomias, tábuas de quatro termos, escalas ordinais, correlações no grau zero e distribuições em geral só revelam metade da história; a 'metade do fundo' foi tomada como garantida, relegada

Esse programa só se torna completamente compreensível sobre o pano de fundo da obra teórica de vida de Alfred Schütz. Schütz já se ocupava nos anos de 1920 com a construção transcendental do mundo da vida social. Em 1932 surgiu *Der sinnhafte Aufbau der sozialen Welt* (A construção significativa do mundo social)[92]. Schütz empreende ali a tentativa sistemática de resolver os problemas fundamentais colocados por Max Scheler referentes a uma sociologia compreensiva a partir do quadro rickertiano e de integrá-los no horizonte de uma fenomenologia do mundo da vida estreitamente articulada com Husserl. Naturalmente, a concordância com as obras do Husserl tardio, em particular com as *Meditações cartesianas*, desperta, olhando retrospectivamente, uma falsa impressão. Schütz só pôde partir outrora da fenomenologia da consciência interna do tempo e extrapolar a partir disso uma reconstrução do mundo cotidiano que antecipa pontos de vista das análises husserlianas do mundo da vida. O conceito metodológico weberiano do sentido subjetivo fornece o fio condutor para uma clarificação fenomenológica da subjetividade em suas performances e do acesso a um mundo intersubjetivo do agir social: "Somente tal explicação dos fenômenos originários do ser social, fenômenos que ainda não foram até aqui suficientemente analisados, pode permitir a apreensão precisa dos modos de procedimento científico-sociais" (Schütz, 1932, p. III; Mühlmann, 1966, p. 21ss.; 1966, p. 457ss.). A invocação enfática dos fatos fenomenais da consciência tem hoje um tom algo fora de moda; mesmo no contexto anglo-saxão distanciado dos trabalhos que surgiram durante a emigração, porém, é fácil reconhecer o antigo rasgo fundamental e até mesmo a terminologia husserliana. A partir

---

a um *'continuum* latente', mas ela informa a descrição e as inferências do observador sobre a 'parte de cima' representada por dispositivos de medida 'rigorosos'. É a falta de uma conceitualização e de uma observação explícitas sobre a 'metade do fundo' que torna a medição em sociologia metafórica e não literal. A dificuldade reside na ausência de uma conceitualização e de um uso adequados de axiomas de medida que não correspondem à estrutura da ação social") (Cicourel, 1964, p. 223).

92. A quarta seção, que contém as mais importantes análises sobre o mundo circundante, o mundo compartilhado e o mundo anterior social, também se encontra agora disponível em inglês na tradução de Th. Luckmann (Schütz, 1964, p. 20ss.).

do contato com a tradição pragmática, sobretudo com Dewey, Schütz certamente aprendeu muito. Ele se confrontou muito seriamente com a teoria da ação de Parson, na qual a grande sociologia europeia foi amalgamada. No entanto, em uma consideração mais próxima, a análise da constituição do mundo da vida permaneceu inalterada em seus traços fundamentais[93].

Schütz parte da intersubjetividade do mundo das interações cotidianas. Nesse plano da intersubjetividade, dependemos de outros homens como sujeitos; lidamos com eles não como lidamos com coisas naturais, mas nos encontramos de antemão em perspectivas mutuamente restritivas e em papéis recíprocos do mesmo contexto comunicativo, falando e agindo uns com os outros. A sociologia também não pode jamais se emancipar totalmente dessa atitude própria à experiência comunicativa, a não ser que ela renuncie a um acesso que compreenda o sentido de seus dados em geral. Ela não pode destacar os fatos de seu ampo de objetos do plano da intersubjetividade no qual eles se constituem. Mesmo a sociedade identificada para fins de investigação com a natureza não abdica completamente de sua identidade. O campo de objetos é estruturado em si e previamente pelo contexto intersubjetivo dos mundos socioculturais. Os sujeitos sociais apresentam interpretações de seu campo de ação. Seu comportamento manifesto é apenas um fragmento do agir comunicativo na totalidade. Disso resulta metodologicamente a exigência da interpretação subjetivamente orientada. Os conceitos científicos precisam se articular com os esquemas interpretativos do próprio agente. As construções conceituais esgotam e reconstroem a reserva do saber prévio legado pela tradição, um saber que dirige e interpreta a práxis cotidiana. As construções científicas são construções de segundo grau[94].

---

93. Cf. os ensaios reunidos em Schütz (1962), sobretudo: Common-sense and scientific interpretation of human action; Concept and theory formation in the social sciences; Symbol, reality and society; do segundo volume (Schütz, 1964) é interessante o texto que faz referência a Parson: The social world and the theory of social action.

94. *"If, according to this view, all scientific constructs are designed to supersede the constructs of common-sense thought, then a principal difference between the natural and the social sciences becomes apparent. If it is up to*

the natural scientists to determine which sector of the universe of nature, which facts and events therein, and which aspects of such facts and events are topically and interpretationally relevant to their specific purpose. These facts and events are neither preselected nor preinterpreted; they do not reveal intrinsic relevance structures. Relevance is not inherent in nature as such, it is the result of the selective and interpretative activity of man within nature or observing nature. The facts, data, and events with which the natural scientist has to deal are just facts, data, and events within his observational field but this field does not 'mean' anything to the molecules, atoms, and electrons therein. – But the facts, events, and data before the social scientist are of an entirely different structure. His observational field, the social world, is not essentially structureless. It has a particular meaning and relevance structure for the human being living, thinking, and acting therein. They have preselected and preinterpreted this world by a series of common-sense constructs of the reality of daily life, and it is these thought objects which determine their behaviour, define the goal of their action, the means available for attaining them – in brief, which help them to find their bearings within their natural and sociocultural environment and to come to terms with it. The thought objects constructed by the social scientist refer to and are founded upon the thought objects constructed by the common-sense thought of man living his everyday life among his fellow-men. Thus, the constructs used by the social scientist are, so to speak, constructs of the second degree, namely constructs of the constructs made by the actors on the social scene, whose behaviour the scientist observes and tries to explain in accordance with the procedural rules of his science" ("Se, de acordo com essa visão, todas as construções científicas são destinadas a substituir as construções do pensamento do senso comum, então se evidencia uma diferença principal entre as ciências naturais e as ciências sociais. Cabe aos cientistas naturais determinarem que setor do universo da natureza, que fatos e eventos ali e que aspectos de tais fatos e eventos são tópica e interpretativamente relevantes para seus propósitos específicos. Esses fatos e eventos não são nem previamente escolhidos nem previamente interpretados: eles não revelam estruturas intrinsecamente relevantes. A relevância não é inerente à natureza enquanto tal, ela é o resultado da atividade seletiva e interpretativa do homem no interior da natureza ou observando a natureza. Os fatos, dados e eventos com os quais o cientista natural tem de lidar são apenas fatos, dados e eventos no interior de seu campo observacional, mas esse campo não 'significa' nada para as moléculas, átomos e elétrons no interior dele. – Mas os fatos, eventos e dados que vêm ao encontro do sociólogo são de uma estrutura totalmente diversa. Seu campo observacional, o mundo social, não é inteiramente desprovido de estrutura. Ele possui um significado particular e uma estrutura de relevância para os seres humanos vivendo, pensando e agindo no interior dele. Eles selecionaram e interpretaram previamente esse mundo em uma série de construções do senso comum da realidade da vida cotidiana e são esses objetos de pensamento que determinam seu comportamento, que definem a meta de suas ações, o significado disponível para alcançá-la – em suma, que o ajudam a encontrar seus esteios em seu ambiente natural e sociocultural e a fazer frente a ele. Os objetos de

O ponto de partida para a reconstrução do mundo da vida é a situação biográfica. Essa situação é construída de maneira egocêntrica, com os sistemas de referência pluridimensionais do aqui e do agora, do familiar e do estranho, do lembrado, do atual e do esperado. Eu me reencontro nestas coordenadas da história de vida entre contemporâneos e em meio a tradições que transmitimos aos descendentes. Quando crianças crescemos nessas tradições, a fim de alimentar ali o nosso plano individual de vida com expectativas específicas, com base em experiências acumuladas e lembranças perspectivisticamente reunidas e selecionadas. O saber cotidiano que a tradição entrega em nossas mãos nos dota com interpretações de pessoas e acontecimentos que estão em nosso espectro imediato e potencial[95].

Schütz fala de *stock of knowledge at hand*, de *common-sense knowledge*, que preenche o *everyday world*. O conhecimento prévio correntemente legado pela tradição é intersubjetivo: nele constitui-se o mundo no qual posso assumir as perspectivas do outro. Ele constitui-se a partir de receitas para aquilo que posso tipicamente esperar na lida com o outro e na confrontação com o meio ambiente natural. Ele me orienta também sobre a relevância de modos de comportamento e acontecimentos. Assim, o mundo se articula em contextos significativos culturalmente determinados e diferencialmente distribuídos. Eles circunscrevem o campo de jogo da intencionalidade, no interior do qual o agir social pode se estabelecer. Eles determinam o campo de jogo dos projetos possíveis do agir e dos esquemas interpretativos faticamente motivadores. Na base de tipificações, os conceitos tipológicos da sociologia compreensiva se excluem. Assim como as técnicas de investigação, o quadro teórico tam-

---

pensamento construídos pelos cientistas sociais fazem referência a e estão fundados nos objetos de pensamento construídos pelo pensamento do senso comum do homem que vive sua vida cotidiana em meio a seus camaradas. Com isso, as construções usadas pelo cientista social são, por assim dizer, construções de segundo grau, a saber, construções de construções feitas pelos atores na cena social, cujo comportamento o cientista observa e tenta explicar em sintonia com as regras procedimentais de sua ciência") (Schütz, 1962, p. 5s.).

95. Para a crítica a Schütz cf. Voegelin (1966, p. 17-60).

bém não pode ferir a articulação do mundo sociocultural, uma articulação que se tornou fenomenologicamente visível[96].

6.3 A fundamentação fenomenológica da sociologia compreensiva explode o quadro de uma metodologia geral das ciências empíricas. Esse fato não se dá por conta dos modos de procedimento particulares referentes ao estabelecimento de dados: a medição adequada de fatos sociais não procura excluir, por exemplo, fatos sociais, mas antes possibilitá-los. A sociologia, contudo, alcança agora um *status* próprio ante as ciências naturais e comportamentais. Ela encontra-se por princípio no mesmo nível das investigações transcendentais; o que ela apreende empiricamente são justamente as relações dos mundos da vida sociais, relações que se entrecruzam e estruturam previamente o campo de objetos. A realidade social é a suma conceitual dos acontecimentos que transcorrem no plano da intersubjetividade.

Em uma confrontação com Nagel e Hempel, Schütz lembra que esse plano da intersubjetividade se dissolve nas mãos do positivismo, que precisa, contudo, pressupor tal plano de maneira indiscutida no nível da formação teórica:

> All forms of naturalism and logical empiricism simply take for granted this social reality, which is the proper object of the social Sciences. Intersubjectivity, interaction, intercommunication, and language are simply presupposed as the unclarified foundation of these theories. They assume, as it were, that the social scientist has already solved his fundamental problem, before scientific inquiry starts. To be sure, Dewey emphasized, with a clarity worthy of this eminent philosopher, that all inquiry starts and ends within the social cultural matrix; to be sure, Professor Nagel is fully aware of the fact that Science and its selfcorrecting process is a social enterprise. But the postulate of describing and explaining human

---

96. Em articulação com a fenomenologia do mundo cotidiano de Schütz e em ligação com a psicologia social da identidade-eu de Mead, P. L. Berger e Th. Luckmann (2014) empreenderam a tentativa ousada de projetar sob a forma de uma sociologia do saber os traços fundamentais de uma teoria da sociedade antropologicamente fundamentada.

behaviour in terms of controllable sensory observation stops short before the description and explanation of the process by which scientist B Controls and verifies the observational findings of scientist A and the conclusions drawn by him. In order to do so, B has to know what A has observed, what the goal of his inquiry is, why he thought the observed fact worthy of being observed, i.e., relevant to the scientific problem at hand etc. This knowledge is commonly called understanding. The explanation of how such a mutual understanding of human being might occur is apparently left to the social scientist (1962, p. 53)[97].

O que os participantes do processo de pesquisa pressupõem pelas costas das ciências empírico-analíticas como base de seu entendimento é reclamado pela sociologia compreensiva como o seu campo propriamente dito. O contexto comunicativo e a comunidade de experimentação dos pesquisadores situam-se no plano da intersubjetividade do saber prévio correntemente articulado. As ciências empíricas estritas permanecem no interior desse horizonte inquestionado; apreendê-lo tematicamente é tarefa da sociologia. Por isso, ela não pode cindir da

---

97. Em inglês no original: "Todas as formas de naturalismo e de empirismo lógico tomam simplesmente como garantida essa realidade social, que é o próprio objeto das ciências sociais. Intersubjetividade, interação, intercomunicação e linguagem são simplesmente pressupostas como a fundamentação não esclarecida dessas teorias. Elas supõem, por assim dizer, que o cientista social já resolveu seu problema fundamental antes de a investigação científica se iniciar. Com toda a certeza, Dewey enfatizou com a clareza digna desse filósofo eminente que toda investigação começa e termina no interior da matriz sociocultural; com toda a certeza, o Professor Nagel tem toda a clareza quanto ao fato de a ciência com seu processo de autocorreção ser um empreendimento social. Mas os postulados da descrição e explicação do comportamento humano em termos de uma observação sensorialmente controlável para pouco antes da descrição e explicação do processo, nas quais o cientista B controla e verifica as descobertas observacionais do cientista A e as conclusões traçadas por ele. Para fazer isso, B tem de saber o que A observou, qual é a meta de sua investigação, por que ele pensa que o fato observado é digno de ser observado, ou seja, relevante para o problema científico em jogo etc. Esse conhecimento é comumente chamado compreensão. A explicação de como tal compreensão mútua entre seres humanos pode ocorrer é aparentemente deixada para o cientista social" [N.T.].

mesma maneira o plano – imanente à linguagem – das interações em jogo, um plano no qual hipóteses teóricas são projetadas, discutidas e testadas, do plano – transcendente em relação à linguagem – dos fatos: aquele plano transcendental é ao mesmo tempo o plano de seus dados. Com a abordagem fenomenológica, renova-se a conclusão inicialmente paradoxal à qual já havia sido impelido o neokantismo. Tanto quanto a sociologia, uma ciência da cultura compreensiva também lida com objetivações nas quais se exterioriza a subjetividade performática de uma consciência transcendental. Apesar de esses fatos serem simbolicamente mediados, eles não são gerados segundo regras lógicas. Ao contrário, eles são a princípio previamente encontrados de modo contingente. Por isso, exige-se de uma sociologia que não projeta seus fatos de forma objetivista para o plano dos eventos naturais uma análise empírica realizada segundo uma postura transcendental.

Na América, Schütz encontrou alunos que assumiram suas análises da constituição do mundo da vida sem se importar com o nível lógico-transcendental dessas análises; eles submeteram suas teorias a uma prova experimental. Cicourel nos fala de testes que remontam, sobretudo, a H. Garfinkel (1952; 1957; Cicourel, 1964, p. 165-170 e 204-208). Essas regras são tão estáveis e tão fluentes quanto o mundo no qual o indivíduo socializado vive. Podemos apreendê-las como condições transcendentais para a ordem social de uma situação histórico-vital. Essas condições firmam as coordenadas segundo as quais se mensura a normalidade dos eventos. A construção transcendental do mundo da vida social de uma pessoa mostra-se naquilo que, por essa pessoa, é considerado como *perceivedly normal*: *"The notion of perceivedly normal events directs the researcher's attention to (1) the typicality of everyday events and their likelihood of occurrence, (2) the ways in which they compare with events in the past and suggests how future events might be evaluated; (3) the actor's assignment of causal significance to events, (4) the ways events fit into an actor's or society's typical means-end relationships, and (5) the ways events are deemed necessary to an actor's or society's natural or moral order. How the actor perceives his environment is rooted in a culturally de-*

fined world. Practiced and enforced norms and rules of conduct would vary by typicality, comparability, likelihood, causal, significance, means-end schema, and the nature of the natural or moral order" (Cicourel, 1964, p. 207)[98].

A estratégia inerente às tentativas realizadas por Garfinkel de isolar a estabilidade de padrões fundamentais legitimadores próprios ao mundo da vida é simples. Ele parte de situações que se mostraram como normais ou bem informalmente por meio da experiência cotidiana ou bem formalmente por meio de regras de jogo (xadrez ou *bridge*), e transforma sistematicamente as suas condições até surgirem situações para o sujeito experimental que são inicialmente anormais, em seguida desorientadoras e, por fim, caóticas: o colapso controlado de um mundo procura desvelar as suas condições de estabilidade.

Para poder julgar o valor conjuntural lógico desses experimentos peculiares, é preciso lembrar da função que eles devem desempenhar. Cicourel espera dominar dessa maneira a discrepância entre fatos sociais e instrumentos de medida que se abatem sobre eles, a fim de poder satisfazer com isso a requisição imanente da experiência comunicativa. Se é possível expor a respectiva ordem constitutiva do mundo, à qual os sujeitos experimentais devem as suas próprias regras de interpretação, então o processo de tradução entre eles e o observador pode ser omitido. O experimentador pode se servir, então, desde o princípio, dessas regras, para definir o dispositivo experimental:

---

98. Em inglês no original: "A noção de eventos normais para a percepção dirige a atenção do pesquisador para (1) o caráter típico dos eventos cotidianos e a probabilidade de sua ocorrência, (2) os modos segundo os quais eles são comparáveis com eventos no passado e sugerem como eventos futuros podem ser avaliados; (3) a atribuição de uma significação causal a eventos, (4) os modos como eventos concordam com relações típicas entre meios e fins, características de um ator ou de uma sociedade, e (5) os modos como eventos são julgados necessários para uma ordem natural ou moral de um ator ou de uma sociedade. O modo como o ator percebe o meio ambiente está enraizado em um mundo culturalmente definido. Normas ou regras de conduta praticadas e impostas variariam de acordo com o caráter típico, a comparabilidade, a probabilidade, sua significação causal, esquemas meio-fim e com a essência da ordem natural ou moral" [N.T.].

If the experimental variations are not accepted or perceived by the subject as intended by the experimenter, a common basic order operating for the experimenter and subject(s) may still be presumed to hold. This common order is present before the experiment, is temporarily "dropped" or "suspended" during the experiment, and is adopted again after the experiment is concluded. If the experimental order is simulation of the common order, then the former can be understood only by references to the properties of the latter. The constitutive order or set of rules provides the actor with the basis for assigning meaning structures so that he can understand what has happened or what is happening (Cicourel, 1964, p. 169)[99].

Cicourel faz com que a apreensão experimental da construção transcendental de mundos da vida se transforme em pressuposto da pesquisa social que mede de maneira confiável. Com isso, ele acaba por enredar-se em um círculo. Pois não se consegue ver como o padrão fundamental biográfico deve ser medido apropriadamente, se são essas medições que trazem por seu lado pela primeira vez critérios para a definição do caráter apropriado de instrumentos de medida. Além disso, é de se perguntar que âmbito ainda deveria ser medido por uma sociologia compreensiva em geral antes de ela ter resolvido o problema mais premente de uma apreensão descritiva de mundos socioculturais quaisquer. A incompreensão da abordagem fenomenológica, que retira sua força da atualização reflexiva e que não pode ser voltada para fora experimentalmente, vinga-se em tais contradições. Se a descrição fenomenológica tem um sentido metodológico, então

---

99. Em inglês no original: "Mesmo que as variações experimentais não sejam aceitas ou percebidas pelo sujeito como desejadas pelo experimentador, sempre se pode supor a existência de uma ordem comum básica operativa tanto para o experimentador quanto para o(s) sujeito(s). Essa ordem comum está presente antes do experimento, é temporariamente 'abandonada' ou 'suspensa' durante o experimento e é uma vez mais adotada depois que o experimento é concluído. Se a ordem experimental é a simulação da ordem comum, então a ordem anterior só pode ser compreendida por analogia com a posterior. A ordem constitutiva ou o conjunto de regras provêm o ator com a base para assinalar estruturas significativas tais que ele possa compreender o que aconteceu ou o que está acontecendo" [N.T.].

esse sentido é certamente o de que ela pode ser testada por meio de uma meditação individualmente realizada, mas não pode ser testada intersubjetivamente. Os experimentos de Garfinkel poderiam satisfazer sua intenção declarada, se todos os sujeitos experimentais fossem fenomenólogos formados, que estariam conscientes de suas regras de interpretação em condições variadas – neste caso, porém, o teste também seria supérfluo; e podemos retornar aos modos de procedimento peculiares a Husserl, que tinha exigido de todo fenomenólogo que ele fosse o seu próprio experimentador e variasse em uma fantasia controlada as condições de uma situação.

Por outro lado, ninguém esperaria seriamente que uma ciência empírica pudesse se reduzir a meditações sobre a construção transcendental do mundo social. Uma investigação sociológica que se estabelece no plano da intersubjetividade não pode ser evidentemente realizada sob a forma clássica de uma análise de consciência, seja essa análise neokantiana ou fenomenológica. Como as regras transcendentais que precisam ser esclarecidas por uma sociologia compreensiva se alteram de acordo com as condições empíricas, como elas não podem mais ser consideradas como propriedades invariáveis de uma consciência transcendente em geral, elas podem se tornar acessíveis à investigação empírica. Por isso, a intenção de Garfinkel não é em si mesma falsa. Para resgatá-la, porém, ele precisaria naturalmente abandonar os pressupostos fenomenológicos e passar para o solo da linguística. Assim, ele poderia conceber aquelas regras de interpretação segundo as quais o agente define sua situação e sua autocompreensão como regras de uma comunicação que guia a ação.

O limite da abordagem fenomenológica ficará claro, se nos lembrarmos das duas tarefas que uma análise da constituição do mundo da vida deve assumir para a sociologia. Já mencionamos a primeira tarefa: ela deve afastar as dificuldades que vêm à tona com a medição de fatos sociais. Se soubermos exatamente como é que acontecimentos e pessoas são interpretados no mundo da vida, poderemos ajustá-los ao nosso padrão de medida. A investigação de Cicourel baseia-se nessa suposição fundamental. A análise do mundo da vida deve criar os pressupostos para uma objetividade do procedimento mensurador, uma objetividade que permanece inalcançável enquanto continuarmos nos abstrairmos da camada de filtragem própria à subjetividade. Essa reflexão induz em erro, pois ela parte sub-repticiamente do fato de que a análise do mundo da vida não está vinculada justamente ao processo de tradução que deve ser eliminado com o seu auxílio.

Pois bem, mas fenomenólogos sempre partiram da experiência de seu próprio mundo da vida individual, a fim de alcançar por abstração e generalização as performances da subjetividade instauradora de sentido. Por tal via, pode ser que seja possível investigar a constituição do mundo da vida em sua universalidade abstrata. Desse modo, porém, não nos deparamos com um único mundo da vida historicamente concreto a não ser com o mundo da vida do próprio fenomenólogo. Com certeza, podemos descrever fenomenologicamente o fato de só poder haver em geral mundos da vida que são inalienavelmente individuais. Mas essa constatação abstrata ainda não nos auxilia a saltar as barreiras que efetivamente separam uma descrição fenomenológica da construção do mundo da vida social da apreensão de cada mundo da vida individual possível, seja ele o mundo da vida de um indivíduo ou de um grupo social. Nesse caso, não é mais suficiente uma generalização da própria experiência, uma generalização na qual Schütz, como um bom discípulo de Husserl, sempre permaneceu. Agora, o sociólogo fenomenologicamente orientado precisa muito mais falar com quem está à sua frente. Ele precisa entrar em uma comunicação, que o liga a outro e que, se for preciso levar em conta a individualidade do mundo da vida, também é o único caminho para encontrar o particular por intermédio de categorias gerais: pois a língua falada na qual fixamos nossa identidade e a identidade dos outros é o único meio no qual se realiza cotidianamente a dialética do universal e do particular. Não satisfazemos condições metodológicas de uma experiência comunicativa pelo fato de as suspendermos fenomenologicamente. Se essa experiência não deve ser seccionada de maneira precipitada por uma aparente objetivação, ela exige o exercício em um quadro já constituído próprio à intersubjetividade de sujeitos que convivem e agem uns com os outros; ela exige, portanto, o aprendizado de padrões linguísticos concretos.

A análise da constituição do mundo da vida não pode cumprir aquilo que Cicourel se promete metodologicamente sobre ela. O sociólogo esclarecido por uma reflexão sobre as decisões prévias da práxis cotidiana não pode mais impor ingenuamente seus padrões de medida aos fatos sociais. Todavia, a reflexão quanto às condições de uma experiência comunicativa não pode nos dispensar de aceitar a compulsão metodológica dessa comunicação mesma. Na melhor das hipóteses, podemos nos adaptar metodologicamente a ela. Só apreendemos a construção dos mundos da vida individuais por meio do caminho que passa pelas comunicações socialmente vividas; aprendemos suas regras determinadas, contudo, por meio de uma participação sistemática no jogo, e não, como Schütz supõe, por meio de uma intuição fenomenológica, ou, como Cicourel pensa juntamente com Garfinkel, por meio de experimentos fenomenologicamente introduzidos.

O recurso sociológico à fenomenologia não tem naturalmente a função apenas de justificar a chamada abordagem subjetiva ante o objetivismo dos modos usuais de procedimento; ele também deve ajudar a diferenciar essa abordagem de tal modo que a sociologia compreensiva possa prescindir de um quadro funcionalista, sem precisar se reduzir com isso à história do espírito. A descrição de valores culturais e as análises de papéis orientam-se pela explicação de um sentido subjetivamente visado. Como análises de papéis evidentemente não são suficientes, porém, para explicar ou predizer de maneira causal o decurso fático de ações sociais, parece ser inevitável ou bem se restringir a uma história do espírito sistemática, ou bem recorrer a uma análise objetivamente orientada. Um funcionalismo que inclui condições não normativas e procura apresentar sistemas de papéis em seu nexo objetivo segue tal caminho. Em contrapartida, a fenomenologia parece inclinada a salvar a pretensão de exclusividade da abordagem subjetiva da análise científico-social.

A análise de papéis supõe que o agir social é motivado por expectativas comportamentais sancionadas próprias a grupos referenciais. Aquilo que é institucionalizado pelo lado do grupo como expectativa típica aparece ao indivíduo sob a forma de um compromisso. Para explicarmos agora o desvio do comportamento atual em relação às normas comportamentais com as quais precisamos constantemente contar é suficiente alterar a perspectiva da consideração: em vez de recorrermos a contextos objetivos, que superdeterminam ou atravessam a força motivadora de um sentido subjetivamente visado, não precisamos senão, assim o parece, aprofundar a abordagem subjetivamente orientada da análise. Se distinguirmos o papel como norma social do jogo atual de papéis, então a situação biográfica daquele que desempenha o papel fornece a chave para a explicação da inevitável incongruência. Logo que analisamos o comportamento inerente ao papel a partir da perspectiva do agente que se comporta em relação ao seu próprio papel, é possível esclarecer fenomenologicamente os desvios da norma. Erwin Goffman, que honrou pela primeira vez propriamente com seus engenhosos estudos particulares a visão fenomenologicamente acentuada na sociologia e é considerado por isso como um dos representantes do novo *West-Coast Approach* (Goffman, 1961; 1963; 1966), distinguiu nesse sentido *role* de *role performance* ou *role enactment:*

> Role may now be defined, in this corrected version, as the typical response of individuals in a particular position. Typical role must of course be distinguished from the actual role performance of a concrete individual in a given position. Between typical response and actual response we can usually expect some difference, if only because the position of an individual, in the terms now used, will depend somewhat on the varying fact of how he perceives and defines his situation. Where there is a normative framework for a given role, we can expect that the complex forces at play upon individuals in the relevant position will ensure that typical role will depart to some degree from the normative model, despite the tendency in

social life to transform what is usually done to what ought to be done. In general, then, a distinction must be made among typical role, the normative aspects of role, and a particular individual's actual role performance (Goffman, 1961, p. 93)[100].

Os papéis estão respectivamente situados no mundo da vida social do agente. O papel situado não equivale à norma relativa a esse papel[101]. Goffman investigou essa incongruência sobretudo sob o ponto de vista da distância em face do papel (1961, p. 85ss.). Em meio a uma grande distância em face do papel, dominamos o repertório das expectativas de comportamento de maneira soberana: nesse caso, podemos fazer malabarismos com papéis, podemos introduzi-los à guisa de manipulação, podemos colocá-los em jogo, quebrá-los ironicamente ou retirá-los; em contrapartida, em meio a uma forte identificação com o papel, somos dependentes, quase não fazemos frente ao papel e vivemos sob o seu ditame. Cicourel designa outras dimensões da sedimentação de papéis sociais no contexto do mundo da vida. Em todos os casos, a interpretação subjetiva da situação de ação determina a assunção do papel (*role-taking*). O ato de situar o papel e, com ele, as condições para a transformação de normas vigentes em motivações para a ação só podem ser, por sua vez, esclarecidos por meio de análises do mundo da vida: precisamos

---

100. Em inglês no original: "Papel pode ser definido agora, nesta versão correta, como a resposta típica de indivíduos em uma posição particular. É claro que um papel típico precisa ser distinto da realização de um papel atual por um indivíduo concreto em uma posição dada. Entre uma resposta típica e uma resposta atual, podemos normalmente esperar alguma diferença; e isso já pelo fato de a posição de um indivíduo, nos termos usados agora, depender de uma maneira ou de outra da forma variável com a qual ele percebe e define sua situação. Onde há um quadro normativo para um dado papel, podemos esperar que as forças complexas agindo sobre o indivíduo na posição relevante assegurarão que esse papel típico partirá em certo grau do modelo normativo, apesar da tendência na vida social para transformar o que é normalmente dado naquilo que deveria ser dado. Em geral, então, a distinção precisa ser feita entre o papel típico, os aspectos normativos do papel e a realização atual de um papel individual particular" [N.T.].

101. Em uma confrontação com o modelo do *homo sociologicus*, pontos de vista similares foram colocados em discussão na Alemanha: Bahrdt (1961, n. 1, p. 1ss.). Bahrdt é um dos poucos a manter uma abordagem fenomenológica. Quanto à problemática dos papéis, cf. também Popitz (1967).

lançar a pergunta de volta do sentido tipicamente visado das expectativas sancionadas de comportamento para as regras de interpretação, segundo as quais o agente define sua situação e sua autocompreensão:

> Patterns of responses may enable us to infer the existence and substantive properties of norms, but these patterns do not tell us how the actor perceives the role of the other and then shapes his self-role accordingly. They do not explain the differential perception and interpretation of norms and their practiced and enforced character in everyday-life [...]. "Typical", and often unstated conceptions about what is appropriate and expected provide the actor with an implicit model for evaluating and participating in (practiced and enforced) normative behaviour. An empirical issue which sociology has barely touched is how the actor manages the discrepancies between the formally stated or written rules, his expectations of what is expected or appropriate, and the practical and enforced character of both the stated and unstated rules (Cicourel, 1964, p. 202s.)[102].

Cicourel insiste na cisão entre *"rules of conduct"* e *"basic rules of everyday life"*: as regras transcendentais segundo as quais se constrói o mundo da vida social de um indivíduo conquistam, então, o valor conjuntural de regras de transformação para a conversão de normas vigentes em motivos de ação. Elas definem a situação de ação nas quais as normas são "assumidas".

---

102. Em inglês no original: "Padrões de resposta podem nos permitir inferir a existência e propriedades substantivas de normas, mas esses padrões não nos contam como é que o ator percebe o papel do outro e, então, configura o seu próprio papel de maneira correspondente. Eles não explicam a percepção e a interpretação diferencial de normas e o fato de essas normas serem praticadas e estarem em vigor na vida cotidiana [...]. Concepções 'típicas' e com frequência inexpressas sobre o que é apropriado e esperado provêm o ator com um modelo implícito para avaliar e participar em um comportamento normativo (praticado e em vigor). Um tema empírico que a sociologia quase não considerou ainda é com que o ator lida com discrepâncias entre as regras formalmente estabelecidas ou escritas, suas expectativas em relação ao que é esperado ou apropriado e o caráter prático e em vigor tanto das regras estabelecidas quanto das regras implícitas" [N.T.].

Ora, mas essas regras de interpretação não formam nenhuma dotação invariante da economia vital dos indivíduos ou dos grupos. Elas se alteram constantemente junto com as estruturas do mundo da vida; às vezes em modificações contínuas imperceptíveis, às vezes de maneira abrupta e revolucionária. Elas são exigidas expressamente como objeto da pesquisa empírica. Elas não são nada derradeiras, mas, por sua parte, produto de processos sociais que precisamos conceber. Evidentemente, as condições empíricas sob as quais se formam regras transcendentais que fixam a ordem constitutiva de um mundo da vida são elas mesmas o resultado de processos de socialização. Por isso, não consigo ver como é que esses processos poderiam ser concebidos sem uma referência a normas sociais. Se as coisas se dão desse modo, então aquelas regras de interpretação não podem ser cindidas por princípio das regras do agir social. Sem recurso a normas sociais, não se poderia explicar nem o surgimento nem a mudança da "ordem constitutiva" de um mundo da vida, e, contudo, esse mundo da vida é por sua vez a base para a transformação individual de normas em ações nas quais podemos deduzir pela primeira vez o que é considerado como norma.

Com certeza, a cisão analítica entre regras de interpretação e normas sociais possui um bom sentido. Mas as duas categorias de regras não podem ser analisadas independentemente uma da outra; as duas são fatores do mesmo contexto social de vida. Naturalmente, se a prioridade da análise do mundo da vida, que só adviria a uma investigação lógico-transcendental em sentido rigoroso, caísse por terra, então aquelas regras de interpretação que ficam no pano de fundo não seriam outra coisa senão regras gramaticais de uma língua, em cujas categorias o agente define sua situação e sua autocompreensão. Na relação obscura entre *basic rules* e *rules of conduct*, podemos reconhecer a relação na qual uma linguagem ordinária internalizada e um sistema de papéis se acham um para o outro. No agir comunicativo, ambas, a linguagem e a práxis, estão ligadas. Wittgenstein denomina isso a conexão entre jogo de linguagem e forma de vida.

A abordagem fenomenológica permanece no interior dos limites da análise de consciência. Por isso, mesmo Cicourel e Garfinkel não podem dar o passo natural que sai da análise do mundo da vida, cujo valor conjuntural lógico permanece duvidoso no quadro de uma ciência empírica, para a análise da linguagem. Eles não conseguem reconhecer nas estruturas da consciência as regras palpáveis da gramática dos jogos de linguagem. O fundamento sistemático para esse impedimento é fácil de ser comprovado em Schütz; o rastro conduz diretamente até Husserl (1962, p. 287ss.). Em uma articulação estreita com as *Meditações cartesianas* e com os estudos sobre *Experiência e juízo*, Schütz descreve a estruturação simbólica como nexo referencial, no qual concebemos todo elemento percebido a partir de um halo de elementos concomitantemente dados, mas não imediatamente intuídos. O dado é apercebido a partir do horizonte daquilo que é meramente dado de maneira concomitante. *"Experience by presentation has its particular style of confirmation: each presentation carries along its particular presented horizons, which refer to further fulfilling and confirming experiences, to systems of well ordered indications, including new potentially confirmable synthese-sand new nonintuitive anticipations"* (Schütz, 1962, p. 296)[103].

Como a experiência primária é de tal modo marcada pelas relações da apresentação, pode haver sistemas de sinais que, no nível dos símbolos, se autonomizam e constituem uma língua. Assim como em Cassirer a língua, enquanto *um* sistema de sinais entre outros, está fundada na função representativa da consciência e a estruturação da consciência não pode ser derivada, por exemplo, da comunicação linguística, em Husserl e Schütz os símbolos linguísticos também se fundam na performance apresentadora abrangente do eu transcendental. As mônadas só produzem e tecem a intersubjetividade linguística a partir de si. A linguagem ainda não é descoberta como o tecido tramado em cujos fios se agarram os sujeitos e nos quais eles se constituem pela primeira vez como sujeitos.

---

103. Em inglês no original: "A experiência na apresentação tem o seu estilo particular de confirmação: cada apresentação porta consigo seus horizontes particularmente apresentados, que se referem a experiências que precisam ser preenchidas e confirmadas posteriormente, a sistemas de indicações bem ordenadas, incluindo novas sínteses potencialmente confirmáveis e novas antecipações não intuitivas" [N.T.].

7. A abordagem linguística

7.1 A problemática da linguagem entrou hoje no lugar da problemática tradicional da consciência: a crítica transcendental à linguagem substitui a crítica à consciência. As "formas de vida" de Wittgenstein, que correspondem aos "mundos da vida" de Husserl, não seguem mais as regras da síntese de uma consciência em geral, mas as regras da gramática de jogos de linguagem. Por isso, a filosofia da linguagem não concebe mais a conexão entre intenção e agir como a fenomenologia, a partir da constituição de conexões de sentido, ou seja, no quadro transcendental de um mundo que se constrói a partir de atos de consciência. A ligação entre intenções com as quais mesmo a investigação de um agir intencional se depara não é mais esclarecida por meio de uma gênese transcendental de "sentido", mas por meio de uma análise lógica de significações linguísticas. Tal como a abordagem fenomenológica, a abordagem linguística conduz à fundamentação de uma sociologia compreensiva que investiga o agir social no plano da intersubjetividade. A intersubjetividade não se produz mais, porém, por meio das perspectivas mutuamente entrecruzadas e virtualmente cambiáveis de um mundo da vida, mas é dada junto com as regras gramaticais de interações que são dirigidas simbolicamente. As regras transcendentais segundo as quais mundos da vida são estruturados são agora palpáveis por meio da análise da linguagem nas regras dos processos de comunicação.

O deslocamento da abordagem analítica traz seus frutos em uma transposição do plano de investigação: ações sociais podem ser analisadas agora da mesma maneira que as relações internas entre símbolos. A exigência paradoxal de uma investigação empírica empreendida a partir de um ponto de vista transcendental não precisa mais conduzir a incompreensões; ela pode ser satisfeita simplesmente por meio da análise da linguagem, pois as regras linguísticas segundo as quais símbolos são associados são por um lado acessíveis como estados de coisa que precisam ser apreendidos descritivamente, mas, por outro lado, são dados de uma ordem mais elevada que não se constituem no plano dos fatos, mas das proposições sobre fatos. Investigações linguísticas já sempre se mostraram como análises lógicas empiricamente orientadas. Ora, mas é a esse plano que é reenviada também a sociologia compreensiva. A vantagem que encontramos aí é a inequivocidade. Não se precisa mais da ligação com modos de procedimento lógico-transcendentais, que estavam reservados até aqui à filosofia e só eram ilustrados por certa tradição. Uma confusão desse plano da reflexão com o plano de proposições experimentalmente comprováveis está fora de questão. Como análise de conceitos, a análise da linguagem é inequivocamente distinta de uma colocação à prova de hipóteses legais.

A abordagem linguística deve essa inequivocidade à oposição extrema ao behaviorismo. Enquanto o behaviorismo identifica essa sociedade à natureza por meio de uma redução do agir ao comportamento e assume uma posição decididamente agonística ante diferenças estruturais dos campos de objetos, a linguística arranca a parte natural dos modos de comportamento simbolicamente mediados e sublima de maneira idealista a sociedade, transformando-a em uma conexão de símbolos. Ela impele os fatos sociais totalmente para o lado dos sistemas de sinais. Para uma sociologia como ciência experimental, as duas posições recorrem à mesma base: à cisão estrita entre proposições e fatos. As relações internas entre sinais são lógicas, as relações externas entre acontecimentos são empíricas. Assim como a abordagem behaviorista reivindica ações sociais para o primeiro aspecto da distinção, a abordagem linguística o faz para o outro – as duas comportam-se quanto a esse ponto de modo complementar. Com certeza, a identificação de relações sociais com relações internas ainda seria menos convincente do que a equiparação positivista com relações externas, se a filosofia linguística conceber a linguagem meramente como um sistema de sinais. O acesso propiciado pela análise da linguagem ao âmbito do agir social só é plausível quando as relações internas entre símbolos já sempre implicam relações entre ações. Segundo o seu sentido imanente, então a gramática das línguas seria um sistema de regras que fixa conexões entre comunicação e práxis possível: *"It will seem less strange that social relations should be like logical relations between propositions once it is seen that logical relations between propositions themselves depend on social relations between men"* (Winch, 1958, p. 126)[104].

A análise da linguagem só pôde se tornar relevante para a metodologia de uma sociologia compreensiva depois que o positivismo lógico atravessou *dois níveis de autocrítica:* esses dois níveis da reflexão são marcados por Wittgenstein. O *Tractatus* nos leva a ter consciência do valor conjuntural transcendental da linguagem universal científica visada. As *Investigações filosóficas* descortinam a "linguagem" transcendental "em geral" como ficção e descobrem nas gramáticas da comunicação exercitada de maneira corrente as regras segundo as quais se constituem formas de vida. Podemos cindir o nível transcendental da reflexão do nível sociolinguístico. A ruptura que aparece na biografia wittgensteiniana torna visível uma passagem sistemática que não vem à tona no desenvolvimento análogo da fenomenologia por meio de Schütz. Assim, a partir daí, ilumina-se o problema que teria sido formulado se uma fenomenologia apropriada de forma frutífera pela sociologia tivesse se conscientizado de maneira igualmente principial da quebra existente entre a análise transcendental do mundo da vida em geral e as análises de mundos da vida previamente encontrados.

O *transcendentalismo linguístico* do primeiro Wittgenstein é, como Stenius já havia visto claramente e Apel elaborou ainda mais (Stenkjs, 1960, p. 214ss.; Apel, 1965, p. 239ss.; 1966, p. 49ss.)[105], em alguns aspectos análogo à filosofia transcendental kantiana da consciência: a linguagem universal que reflete o mundo corresponde à consciência transcendental em geral. A forma lógica dessa linguagem fixa *a priori* as condições de enunciados possíveis sobre estados de coisa. Estados de coisa são, se é que eles existem, fatos; a suma conceitual de todos os fatos é o mundo, dito de maneira kantiana: o mundo dos fe-

---

104. Em inglês no original: "O fato de considerar que relações sociais deveriam ser como relações lógicas entre proposições parecerá menos estranho a partir do momento em que for visto que relações lógicas entre proposições são elas mesmas dependentes das relações sociais entre os homens" [N.T.].

105. A minha interpretação de Wittgenstein é em essência determinada pelas investigações de Apel.

nômenos. Às categorias da intuição e do entendimento como condições transcendentais da objetividade da experiência e do conhecimento possíveis corresponde a sintaxe da linguagem universal científica, que firma os padrões e circunscreve os limites no interior dos quais enunciados empiricamente dotados de sentido sobre aquilo que é o caso são *a priori* possíveis. Esse transcendentalismo linguístico retoma a *Crítica da razão pura* em termos de uma crítica à linguagem. Ele leva ao mesmo tempo ao fim a antiga crítica nominalista à linguagem, assumida uma vez mais pelo neopositivismo.

A crítica à linguagem sempre se preocupou em considerar de maneira mais precisa a linguagem ordinária que perturba o puro pensamento. Sua pressuposição é a diferença entre a forma do pensamento e a estrutura da expressão corrente. O segundo Wittgenstein conta precisamente com uma ilusão transcendental que resulta do fato de aplicarmos categorias linguísticas para além do contexto lógico, no qual apenas elas podem ter sentido. No plano da crítica à linguagem, a *Crítica da razão pura* assume a forma de uma "luta contra o enfeitiçamento de nosso entendimento por intermédio de nossa linguagem". Contra a sua concepção posterior, o Wittgenstein do *Tractatus*, porém, está convencido de que a forma lógica do entendimento, que fornece o critério para o trabalho correto da linguagem, não pode ser procurada nas gramáticas familiares da própria linguagem ordinária: "É humanamente impossível extrair imediatamente a lógica da linguagem dela (da linguagem ordinária). A linguagem traveste o pensamento. E, na verdade, de tal modo que não se pode deduzir a forma do pensamento revestido segundo a forma exterior da roupa; porque a forma exterior da roupa é formada segundo finalidades totalmente diversas da que se dá com a pretensão de reconhecer a forma do corpo" (*Tractatus*, 4.002).

Mas as formulações correntes podem ser medidas a partir do critério de uma linguagem ideal que reflete o mundo, uma linguagem cuja construção lógica fixa o universo de enunciados possíveis empiricamente dotados de sentido. Portanto, para toda proposição legada, há uma e somente uma análise completa; ela equivale à reconstrução da proposição na linguagem logicamente transparente da ciência. Todas as proposições naturais que não são capazes dessa transformação podem ser eliminadas como sem sentido.

No que concerne à linguagem científica una, os *Principia mathematica* fornecem o modelo. A linguagem universal é construída de maneira atomística: toda proposição complexa pode ser reconduzida a proposições elementares. Ela é função da verdade: os valores de verdade das proposições dependem dos valores de verdade de seus argumentos. Ela corresponde à realidade no sentido de uma função reflexiva: toda proposição elementar é subordinada a um fato. A radicalidade propriamente dita de Wittgenstein não se mostra naturalmente tanto no conselho para que assumamos tal linguagem universal, mas muito mais na reflexão acerca de seu valor conjuntural. Enquanto o positivismo empreende uma análise da linguagem com um intuito metodológico e transforma essa análise em ciência formal, Wittgenstein faz valer, contra o impulso do pensamento reducionista, a questão epistemológica de saber como a linguagem pode tornar possível o conhecimento da realidade. Sob esse ponto de vista, a sintaxe lógica da linguagem una desvela-se como uma lógica transcendental no sentido estrito. O ponto de partida é a concepção nominalista que exclui uma reflexividade da linguagem: "Nenhuma proposição pode dizer algo sobre si mesma, porque o sinal proposicional não pode conter a si mesmo" (3.332). Wittgenstein faz um uso epistemológico da teoria dos tipos de Russell, aplicando essa teoria na linguagem universal: "A proposição pode representar a realidade, mas ela não pode representar aquilo que ela precisa ter em comum com a realidade para poder representá-la – a forma lógica. Para podermos representar a forma lógica, precisaríamos poder nos situar com a proposição para além da lógica, isto é, para além do mundo. A proposição não pode representar a forma lógica, essa forma lógica se reflete nela [...]. Não podemos expressar por meio da linguagem aquilo que se expressa nela" (4.12, 4.121).

As proposições permitidas na linguagem universal correspondem exclusivamente a estados de coisa que, se existem, são fatos no mundo. Proposições que, como as proposições do *Tractatus*, devem expressar a forma lógica sob a qual podem representar de maneira significativa estados de coisa referem-se reflexivamente à linguagem universal enquanto tal e não podem, por isso, pertencer a ela. Elas não preenchem as condições lógicas de enunciados empiricamente dotados de sentido. Na medida em que formulam o inexprimível, elas chamam a atenção para o valor conjuntural transcendental da linguagem.

Como Husserl, Wittgenstein se apoia sobre a comparação com o horizonte: tudo aquilo que é oticamente perceptível é dado em um campo de visão, mas não vemos enquanto tal o fato de o olho que vê ser talhado tendo por centro o corpo, isto é, não vemos a perspectiva enquanto tal – ela se mostra no horizonte do percebido. O mesmo se dá com a lógica da linguagem; ela também constata as estruturas do próprio mundo com a forma lógica para todos os enunciados pensáveis sobre algo intramundano: "Os limites da linguagem significam o limite de meu mundo" (5.6). Mas a verdade dessas proposições metalinguísticas se mostra em sua impossibilidade lógica: como a lógica da linguagem fixa de maneira transcendentalmente necessária o quadro de nossa concepção de algo intramundano, ou seja, daquilo que o mundo é enquanto tal, esse quadro não pode ser expresso nessa linguagem mesma. "A lógica preenche o mundo; os limites do mundo são também os limites da linguagem. Portanto, não podemos dizer na lógica: há isto e isto no mundo, mas aquilo não. Aparentemente, isso pressuporia justamente o fato de excluirmos certas possibilidades, e esse não pode ser o caso, uma vez que de outro modo a lógica precisaria poder ir além dos limites do mundo: a saber, se ela pudesse considerar esses limites também pelo outro lado [...]; portanto, tampouco podemos dizer o que não podemos pensar" (5.61).

Wittgenstein subtrai-se à dialética hegeliana do limite porque só repete a restrição crítica kantiana ao uso racional do conhecimento pautado pelo entendimento em uma refração autocrítica: a linguagem de sua própria filosofia transcendental não é mais afirmativa.

O princípio de que a lógica seria transcendental é explicitado por Wittgenstein com a proposição: "A lógica não é nenhuma doutrina, mas um reflexo do mundo" (6.13). Isso não significa dizer que ela não pode ser formulada como um sistema de proposições que, então, reproduziria o mundo na totalidade tal como proposições elementares os fatos particulares – ela não é de modo algum uma doutrina. Ao contrário, no uso das proposições na forma lógica reflete-se muito mais ao mesmo tempo a estrutura do mundo como algo concomitantemente dado que pode se mostrar junto à fala, mas nunca expresso por meio de proposições. Nesse sentido de uma especulação desprovida de linguagem, ainda encontramos a seguinte formulação nas *Observações filosóficas* que preparam a passagem para a filosofia tardia: "O que pertence à essência do mundo não pode ser dito. E a filosofia, se é que ela pode dizer algo, precisaria descrever a essência do mundo. A essência da linguagem, porém, é uma imagem da essência do mundo; e a filosofia, como administradora da gramática, pode efetivamente apreender a essência do mundo; ela só não pode fazer isso em proposições da linguagem, mas em regras para essa linguagem, que excluem ligações sem sentido entre os sinais" (*Observações filosóficas* 54).

Na medida em que a crítica à linguagem comprova a ausência de sentido das proposições metafísicas, ela nos torna conscientes do fato de se mostrar claramente o que não se pode dizer: "Ela significará o indizível, na medida em que representa claramente o dizível" (4.115). Em concordância com tradições místicas, Wittgenstein aconselha a prática da crítica à linguagem como exercício que torna visível aos emudecidos a essência inexprimível do mundo. Ele é positivista o bastante para dar prosseguimento inexoravelmente à eliminação da reflexão em nome do entendimento e para não deixar nenhum ponto central entre a compulsão da representação dedutiva e o *páthos* de uma intuição imediata. O primeiro Wittgenstein também rompeu, contudo, com o encanto positivista, uma vez que se dá conta de que a lógica da linguagem é uma rede de fatos estendida em torno do bloco de fatos. Ele nota que os esforços purgativos da própria crítica à linguagem precisam se servir de uma linguagem que é tão metafísica quanto aquela contra a qual ela se dirige, e, no entanto, testemunha experiências que não são um nada. Sobre esse caminho autonegador da mística que fala indiretamente, Wittgenstein repete a compreensão filosófico-transcendental: "O sujeito não pertence ao mundo, mas é um limite do mundo" (5.632).

A unidade desse sujeito transcendente destrói a unidade da linguagem universal. O programa, que Wittgenstein tinha fundamentado epistemologicamente no *Tractatus* e que havia sido traduzido no plano metodológico em um programa da ciência una mostrou-se irrealizável. Não preciso recapitular aqui as dificuldades principiais que se opõem à análise redutiva de expressões linguísticas (Urmson, 1965, p. 130ss.). Não é possível encontrar uma base das *proposições elementares*; evidentemente, mesmo os componentes elementares de uma língua só são significativos como parte de um sistema de proposições. A exigência da *funcionalidade da verdade* só pode ser satisfeita ao preço do fisicalismo. Não é possível, porém, indicar regra alguma segundo a qual enunciados intencionais podem ser traduzidos em uma linguagem extensional. Por fim, mesmo a *função de reflexo* da linguagem una é vista como uma hipótese metafísica. A concepção nominalista da linguagem, que não faz valer senão uma coordenação descritiva de sinais e estados de coisa, não faz manifestamente jus à multiplicidade irredutível dos modos de linguagem. Não há um modo privilegiado de aplicação de proposições à realidade: "Há inúmeros tipos como esses de emprego daquilo que denominamos 'sinais', 'palavras', 'proposições'. E essa multiplicidade não é nada fixa, dada de uma vez por todas, mas novos tipos de linguagem, novos jogos de linguagem, como podemos dizer, surgem, enquanto outros envelhecem e são esquecidos [...]. É interessante comparar a multiplicidade dos instrumentos da linguagem e seus modos de emprego, a multiplicidade dos tipos de palavras e proposições, com aquilo que os lógicos disseram sobre a construção da linguagem. (E também com o que o autor do ensaio *Investigações filosóficas* disse)"[106].

A única denominação que o nominalismo quer deixar valer como forma da coordenação descritiva é, além disso, um modo derivado: "Podemos dizer: só pergunta de uma maneira dotada de sentido sobre a denominação aquele que já está em condições

---

106. *Investigações filosóficas* 23.

de fazer algo com ela" (ibid., 31). A função de reflexo já pressupõe modos elementares de emprego que variam com a própria linguagem: "Comandar, perguntar, narrar, conversar pertencem à história natural assim como andar, comer, beber e jogar" (ibid., 25).

A linguagem ideal à qual Wittgenstein tinha aspirado outrora não resulta necessariamente de maneira descritiva de uma "linguagem" transcendental "em geral". Podemos gerar em todos os casos linguagens precisas segundo regras convencionais. Carnap deu prosseguimento à análise da linguagem por essa via de uma construção de linguagens científicas. Tal análise se contenta, então, com o caráter de ciência auxiliar da metodologia. A partir do plano lógico-transcendental da reflexão, que o *Tractatus* tinha alcançado, nenhum caminho mais reconduz ao positivismo. Mesmo a hierarquia de linguagens formalizadas possíveis pressupõe a linguagem ordinária como uma metalinguagem inevitavelmente derradeira. A análise da linguagem reflexiva toma para si essa camada residual e tenta fazer aquilo que o *Tractatus* tinha declarado como humanamente impossível: conquistar a lógica da linguagem a partir da linguagem ordinária. "Que estranho seria", assim encontramos formulado nas *Observações filosóficas*, "se a lógica se ocupasse com uma linguagem ideal e não com a nossa. Pois o que é que essa linguagem ideal deveria expressar? Com certeza aquilo que expressamos agora em nossa linguagem habitual; então, a lógica precisa investigar essa linguagem. Ou algo diverso: mas como é que devo, afinal, saber o que é isto? – A análise lógica de algo que temos, não daquilo que não temos. Portanto, ela é a análise das proposições como elas são (seria estranho se a sociedade humana tivesse falado até agora sem compor uma proposição correta)" (ibid., 54).

É somente com essa virada que a análise da linguagem conquista um significado para a fundamentação de uma sociologia compreensiva.

7.2 A elaboração da linguagem universal só havia implicado metodologicamente a delimitação da "região discutível das ciências naturais" (4.113). O *Tractatus* tinha apresentado à filosofia apenas a tarefa purgativa no que concerne às ciências de cuidar para que "nada seja dito que não possa ser dito, ou seja, proposições das ciências naturais – isto é, algo que não tem nada em comum com a filosofia" (6.53). O sentido de enunciados admissíveis lógico-linguisticamente se determina segundo o modelo de proposições científico-naturais; por isso, a análise da linguagem, que tem de eliminar o absurdo, permanece ligada negativamente às ciências naturais. No final do *Tractatus* se encontra uma ponderação peculiar, que ainda não explicita essa ideia. Como proposições que transcendem fatos possíveis não são admitidas, não pode haver proposições da ética que se deem de um modo dotado de sentido: proposições não podem expressar nada mais elevado (6.42). Proposições éticas possuem um sentido normativo; tais normas não correspondem a nenhum fato no mundo; os fatos, porém, não possuem o caráter de algo intramundano. Assim, proposições éticas podem caracterizar em todo caso um mundo na totalidade. Se houvesse uma ética, ela seria transcendental: "Se a boa ou a má vontade transformam o mundo, então elas só podem transformar os limites do mundo, não os fatos; não aquilo que pode ser expresso pela linguagem. Em suma, o mundo precisa ser efetivamente outro mundo. Ele precisa por assim dizer decrescer ou crescer como um todo. – O mundo do feliz é um mundo diverso do infeliz" (6.43).

A ponderação hipotética tem o valor conjuntural de um experimento de pensamento que, a partir do exemplo das proposições éticas, deve esclarecer ainda uma vez os limites da linguagem universal e, com isso, do falar dotado de sentido. Proposições éticas fixam uma ordem normativa. Elas não podem ter um sentido em uma linguagem que só admite enunciados sobre fatos. No plano transcendental, um sentido só pode lhes advir se adviesse ao mesmo tempo à ordem projetada eticamente a obrigatoriedade de uma ordem gramaticalmente necessária. Essa ideia é absurda, uma vez que a relação de reflexo fixa de uma vez por todas de maneira ontológica a relação entre linguagem e realidade. E só quando esse pressuposto cai por terra é que se torna visível uma dimensão na qual, com a gramática da linguagem, pode se alterar concomitantemente a aplicação da linguagem à realidade. O transcendentalismo da linguagem torna-se, então, em certa medida ético; a gramática conquista o poder de fixar os limites por princípio alteráveis de meu próprio mundo.

Quando Wittgenstein precisou renunciar à ideia de uma linguagem una e de um mundo dos fatos que pode ser refletido positivisticamente nessa linguagem, ele levou a sério o experimento de pensamento. Se, contudo, as linguagens empíricas fixam de maneira transcendentalmente obrigatória concepções de mundo diversas e variáveis, então um mundo fixado linguisticamente perde o seu sentido exclusivamente teórico. A relação entre lógica linguística e realidade torna-se prática. O mundo determinado gramaticalmente é, então, o horizonte no qual a realidade é interpretada. Interpretar a realidade de modo diverso não significa fornecer interpretações seletivas diversas no interior do mesmo sistema referencial de fatos descritíveis; significa muito mais: projetar sistemas referenciais diversos. Esses sistemas não se determinam mais segundo um critério teórico da correspondência entre sinais e estados de coisa. Cada um dos sistemas referenciais fixa muito mais praticamente posturas do que estabelecem um precedente quanto a uma ligação determinada dos sinais com os estados de coisa: há tantos tipos de "estados de coisa" quanto gramáticas. Nesse plano linguístico-transcendental, interpretar de maneira diversa a realidade não significa precisamente interpretá-la "apenas" de um modo diferente, mas antes integrar a realidade a formas de vida diversas. Na filosofia tardia de Wittgenstein, a linguagem monopolista das ciências naturais abre o espaço para um pluralismo de linguagens naturais, que não captam mais teoricamente a realidade em um único quadro da concepção de mundo, mas praticamente em diversos mundos da vida. As regras desses jogos de linguagem são gramáticas tanto de linguagens quanto de formas de vida. A toda ética ou forma de vida corresponde uma lógica própria, a saber, a *gramática* de um *jogo de linguagem* determinado e não redutível. Mesmo agora não é possível exprimir proposições éticas; só que a gramática, capaz de ser por mim apresentada de modo transparente em termos de análise da linguagem, é ela mesma ética: ela não é mais a lógica da linguagem una e do universo de fatos, mas se mostra antes como uma ordem constitutiva de um mundo da vida social.

Com isso, a análise positivista da linguagem atinge o *segundo nível*: o nível da *autorreflexão sociolinguística*. A crítica à linguagem realiza a passagem da *Crítica da razão pura* para a *Crítica da razão prática*. Sim, com a identificação entre linguagem e forma de vida, a razão prática torna-se universal: também a linguagem das ciências naturais passa a constituir-se, então, no quadro prático e vital *de um* jogo de linguagem entre muitos outros. A análise da linguagem perde a significação lógico-científica, que ela ainda podia requisitar no *Tractatus:* ela não restringe mais o campo discutível das ciências naturais. Em vez disso, ela conquista uma significação especial para as ciências sociais: ela não restringe apenas o âmbito do agir social, mas também o descortina.

Para a pesquisa, a clarificação lógica da linguagem universal não podia desempenhar senão a tarefa propedêutica de demarcar com as regras de uma linguagem empírica o âmbito de enunciados possíveis empiricamente dotados de sentido. A análise lógica da linguagem ordinária, em contrapartida, encontra na gramática das formas de vida o campo de objetos das próprias ciências sociais. Como "gestora da gramática", a filosofia detém, ainda que apenas indiretamente, a essência do mundo. Esse mundo foi outrora o mundo da natureza; os fatos no mundo eram eventos naturais, ou seja, objeto das ciências naturais. Essas ciências relacionam-se com algo intramundano, não com a "essência do mundo". Depois do abandono do *Tractatus*, a análise da linguagem apreende muitas gramáticas; nelas reflete-se a essência de mundos. Mas, se a sociedade se constitui a partir de tais mundos, então esses mundos mesmos são os "fatos" com os quais a sociologia precisa se relacionar. Por isso, os fatos sociais possuem um *status* diverso dos eventos naturais, e as ciências sociais um *status* diverso das ciências naturais. Enquanto a análise da linguagem só podia e devia clarificar outrora as pressuposições lógico-transcendentais para as ciências naturais, ela coincide agora com uma sociologia compreensiva segundo a sua estrutura. As duas analisam regras de jogos de linguagem como formas sociais de mundos da vida.

Esse é o ponto de articulação para a fundamentação linguística de uma sociologia compreensiva, que é empreendida por Peter Winch em sintonia com Wittgenstein:

> It is true that the epistemologist's starting point is rather different from that of the sociologist but, if Wittgenstein's arguments are sound, that (i.e. the concept of a "form of life") is what he must sooner or later concern himself with. That means that the relations between sociology and epistemology must be different from, and very much closer than, what is usually imagined to be the case [...]. The central problem of sociology, that of giving an account of the nature of social phenomena in general, itself belongs to philosophy [...] this part of sociology is really misbegotten epistemology. I say "misbegotten" because its problems have been largely misconstrued, and therefore mishandled, as a species of scientific problem (Winch, 1958, p. 42s.)[107].

Podemos distinguir as regularidades objetivas sob as quais um comportamento, mesmo o comportamento estimulado por impulsos de um cachorro adestrado, por exemplo, é subsumido a leis naturais, de regras pelas quais os agentes se orientam; uma ação dirigida por regras deste tipo é sempre um agir comunicativo, porque regras não podem ser regras privadas para um singular, mas precisam valer intersubjetivamente para uma for-

---

107. Em inglês no original: "É verdade que o ponto de partida do epistemólogo é antes diferente do ponto de partida do sociólogo, mas, se os argumentos de Wittgenstein são pertinentes, isso (ou seja, o conceito de 'forma de vida') constituirá cedo ou tarde o objeto de sua pesquisa. Isso significa dizer que as relações entre sociologia e epistemologia precisam ser diferentes de, mas muito mais próximas uma da outra do que as pessoas normalmente imaginam que seja o caso [...]. O problema central da sociologia, o problema de fazer uma avaliação da natureza do fenômeno social em geral, pertence ele mesmo à filosofia [...]; esta parte da sociologia é realmente uma epistemologia mal concebida. Digo 'mal concebida' porque seus problemas foram amplamente mal construídos e, por conseguinte, maltratados, como uma espécie de problema científico".

ma de vida, que é compartilhada ao menos por dois sujeitos; um agir dirigido por normas não é o mesmo que um comportamento determinado por leis naturais e correspondentemente previsível; uma norma pode ser quebrada, uma lei natural por princípio não. No que diz respeito à norma diretriz, uma ação pode ser falha ou correta; uma lei natural é refutada por prognósticos falhos:

> I want to say that the test of whether a man's actions are the application of a rule is not whether he can formulate it but whether it makes sense to distinguish between a right and wrong way of doing things in connection with what he does. Where that makes sense, then it must also make sense to say that he is applying a criterion in what he does even though he does not, and perhaps cannot, formulate that criterion (Winch, 1958, p. 58)[108].

A aplicação de um critério não exige apenas a reprodução do mesmo comportamento (ou do mesmo sinal) em circunstâncias comparáveis, mas ela exige a produção de novos modos de comportamento *segundo uma regra:* procedemos sinteticamente e não de maneira meramente repetitiva:

> It is only when a past precedent has to be applied to a new kind of case that the importance and nature of the rule become apparent. The court has to ask what was involved in the precedent decision and that is a question which makes no sense except in a context where the decision could sensibly be regarded as the application, however unselfconscious, of a rule. The same is true of other forms of human activity besides law, though elsewhere the rules may perhaps never be made so explicit. It is only because human actions exemplify rules that we can speak of

---

108. Em inglês no original: "Gostaria de dizer que o teste para saber se as ações de um homem são a aplicação de uma regra não é saber se ele pode formulá-la, mas se faz sentido distinguir entre um modo certo e um modo errado de fazer as coisas em conexão com o que ele faz. Onde isso faz sentido, então também precisa fazer sentido dizer que ele está aplicando um critério no que ele faz, mesmo que ele não o formule e talvez nem possa formulá-lo" [N.T.].

past experience as relevant to our current behaviour. If it were merely a question of habits, then our current behaviour might certainly be influenced by the way in which we had acted in the past: but that would be just a casual influence. The dog responds to N's commands now in a certain way because of what has happened to him in the past; if I am told to continue the series of natural numbers beyond 100,1 continue in a certain way because of my past training. The phrase "because of", however, is used differently of these two situations: the dog has been conditioned to respond in a certain way, whereas I know the right way to go on on the basis of what I have been taught (Winch, 1958, p. 62)[109].

Sem dúvida alguma, não é suficiente imputar meramente uma regra a uma série de sequências de comportamentos. Só estamos certos de ter identificado um comportamento dirigido por regras se nós mesmos pudermos prosseguir a série de comportamentos *em lugar do agente*, sem nos depararmos com alguma contradição. Só podemos deduzir das reações dos participantes se tocamos realmente a regra regente. O conceito de "seguir uma regra" inclui a intersubjetividade da validade de regras.

---

109. Em inglês no original: "É apenas quando um precedente tem de ser aplicado a um novo tipo de caso que a importância e a natureza da regra se tornam claras. A corte tem de perguntar o que estava em jogo na decisão precedente, e essa é uma questão que não faz sentido algum em um contexto no qual a decisão poderia ser sensivelmente considerada como a aplicação, apesar de inconsciente, de uma regra. O mesmo é verdade para as outras formas de atividade humana além da lei, apesar de que em outras situações a lei talvez nunca venha a se tornar explícita. É somente porque as ações humanas exemplificam regras que podemos falar de uma experiência passada como relevante para o nosso comportamento corrente. Se se tratar de uma mera questão de hábitos, então nosso comportamento corrente pode ser com certeza influenciado pelo modo no qual agimos no passado, mas esta seria uma influência apenas casual. O cachorro responde a N comandos agora de certa maneira por causa daquilo que aconteceu com ele no passado; se me dizem para continuar a série de números naturais para além de 100, continuo de certo modo por causa de meu treinamento no passado. A expressão 'por causa de', porém, é usada diferentemente nessas duas situações: o cachorro foi condicionado a responder de certa maneira, enquanto eu sei o modo certo de prosseguir com base no que me foi ensinado" [N.T.].

Por isso, o controle do agir dirigido por regras só é possível no plano da intersubjetividade:

> It suggests that one has to take account not only of the actions of the person whose behaviour is in question as a candidate for the category of rule-following, but also the reactions of other people to what he does. More specifically, it is only in a situation in which it makes sense to suppose that somebody else could in principie discover the rule which I am following that I can intelligibly be said to follow a rule at all (Winch, 1958, p. 30)[110].

Winch retira consequências metodológicas da abordagem linguística que coincidem amplamente com as consequências retiradas pela fenomenologia. Ações constituem-se de tal modo em conexão com interações linguisticamente mediadas, que está "incorporado" nos modos de comportamento observáveis um sentido intersubjetivamente válido. Por isso, uma sociologia compreensiva procede essencialmente a partir de uma análise da linguagem: ela concebe as normas que dirigem a ação a partir de regras de uma comunicação corrente. Disso resulta uma vez mais a dependência entre a formação da teoria e a autocompreensão dos sujeitos da ação. Tal como Schütz, Winch acentua a diferença lógica entre ciências naturais e ciências sociais:

> Mill's view is that understanding a social institution consists in observing regularities in the behaviour of its participants and expressing these regularities in the form of generalizations. Now if the position of the sociological investigator (in a broad sense) can be regarded as comparable, in its main logical outlines, with that of the natural scientist, the following must

---

110. Em inglês no original: "Isso indica que é preciso levar em conta não apenas as ações da pessoa cujo comportamento está em questão como um candidato para a categoria relativa a seguir a regra, mas também as reações de outras pessoas ao que ela faz. Mais especificamente, é somente na situação em que faz sentido supor que alguém diverso poderia em princípio descobrir a regra que estou seguindo que pode ser dito inteligivelmente de mim que estou efetivamente seguindo a regra" [N.T.].

be the case. The concepts and criteria according to which the sociologist judges that, in two situations, the same thing has happened, or the same action performed, must be understood in relation to the rules governing sociological investigation. But here we run against a difficulty; for whereas in the case of the natural scientist we have to deal with only one set of rules, namely those governing the scientist's investigation itself; here what the sociologist is studying, as well as his study of it, is a human activity rather than those which govern the sociologist's investigation, which specify what is to count as "doing the same kind of thing" in relation to that kind of activity (Winch, 1958, p. 86ss.)[111].

Em Winch também retorna a referência ao fato de que, na sociologia, a relação do pesquisador com o campo de objetos precisa ser produzida no mesmo plano da intersubjetividade, que o cientista natural só requisita metodologicamente quando se comunica com outros participantes do processo de pesquisa[112]. Winch pensa de maneira silenciosamente radical: ele reduz a sociologia a uma análise especial da linguagem. E ele não dissimula

---

111. Em inglês no original: "A visão de Mill é a de que entender uma instituição social consiste em observar regularidades no comportamento de seus participantes e em expressar essas regularidades sob a forma de generalizações. Agora, se a posição do investigador sociológico (em sentido amplo) pode ser considerada como comparável, em suas características lógicas centrais, com aquelas do cientista natural, o que se segue deve ser o caso. Os conceitos e critérios de acordo com os quais o sociólogo julga que, em duas situações, a mesma coisa aconteceu ou que a mesma ação foi realizada precisam ser entendidos em relação com as regras que governam a investigação sociológica. Mas aqui nos deparamos com uma dificuldade, pois, se no caso do cientista natural, não temos de lidar senão com um conjunto de regras, a saber, aquele que governa a investigação do próprio cientista, aqui o que o sociólogo está estudando tanto quanto o estudo que ele faz desse objeto é uma atividade humana e, por conseguinte, é executada de acordo com regras. E são essas regras, em vez daquelas que governam a investigação do sociólogo, que especificam o que conta como 'fazer o mesmo tipo de coisa' em relação com que tipo de atividade" [N.T.].

112. *"It must rather be analogous to the participation of the natural scientist with his fellow workers in the activities of scientific investigation"* (Isso precisa ser antes análogo à participação do cientista natural com seus ajudantes nas atividades da investigação científica) (Winch, 1958, p. 87s.).

o idealismo que está contido aí. Os homens agem como eles falam; por isso, as relações sociais são do mesmo tipo das relações entre proposições: *"If social relations between men exist only in and through ideas, then, since the relations between ideas are internal relations, social relations must be internal relations"* (Winch, 1958, p. 123)[113]. Com certeza, essas relações internas não são apenas conexões simbólicas de sistemas de sinais. O que podemos reconstruir em linguagens formais já é uma abstração, que se afasta precisamente daquilo que linguagens representam como conjuntos simbólicos e ao mesmo tempo empíricos. As regras gramaticais são sempre também regras de comunicações exercitadas e essas comunicações, por sua vez, só se realizam no contexto social de formas de vida. Por isso, para a fundamentação analítico-linguística de uma sociologia compreensiva, a conexão entre jogo de linguagem e forma de vida é central.

Naturalmente, a afirmação de que as relações simbólicas no quadro dos jogos de linguagem usuais são ao mesmo tempo relações objetivas entre interações sociais carece de fundamentação. Winch precisa poder mostrar que a comunicação linguística remete por razões lógicas a um agir social. A conexão entre linguagem e práxis é a mesma que a análise pragmatista da linguagem apreende junto ao agir comunicativo em sistemas de papéis. Mas a filosofia linguística escolhe o caminho inverso. Ela não procede, geneticamente, a partir do comportamento orgânico adaptativo, mas procura deduzir logicamente a acomodação da linguagem em instituições sociais. A análise de Winch conduz para além da questão sobre como um significado pode ser identificado, em direção à problemática da aplicação de critérios, terminando com o conceito wittgensteiniano do comportamento dirigido por regras. Não obstante, ela não conduz para além da intersubjetividade da validade de regras linguísticas; tal como já acontecia antes, ela deixa no escuro a conexão entre gramática e forma de vida. Winch não teria podido encon-

---

113. Em inglês no original: "Se relações sociais entre os homens existem apenas em e através de ideias, então, uma vez que as relações entre ideias são relações internas, relações sociais precisam ser relações internas" [N.T.].

trar um fio condutor melhor, porém, a partir de Wittgenstein, que não tratou naturalmente desse complexo de modo explícito.

7.3 Wittgenstein concebe jogos de linguagem como um complexo formado a partir de linguagem e práxis juntas. Ele imagina um uso linguístico primitivo de tal modo que uma parte chama as palavras e a outra age de acordo com elas: "As crianças são educadas para realizar *essas* atividades, para dizer nesse contexto *essas* palavras, e, *assim*, para reagir à palavra dos outros" (*Investigações filosóficas* 6). O modelo do jogo de linguagem coloca a linguagem em uma relação com o agir comunicativo: diz respeito a isso o emprego de símbolos, a reação a expectativas de comportamento e um consenso subjacente sobre o preenchimento de expectativas que, quando é perturbado, exige uma correção do entendimento falho. De outro modo, a interação é interrompida e se decompõe. O jogo de linguagem não funciona mais então. Wittgenstein define: "Eu denominarei jogo de linguagem o todo da linguagem e das atividades com as quais a linguagem é tecida" (*Investigações filosóficas* 7). Se Wittgenstein fosse o pragmatista que ele por vezes parece ser para observadores superficiais ou unilaterais, ele precisaria deduzir o fio de tecelagem que liga linguagem e práxis não logicamente a partir das condições da compreensão linguística mesma, mas empiricamente a partir da conexão entre comportamento e emprego de sinais. Wittgenstein sempre exige uma vez mais, em uma aparente concordância com o pragmatismo, que se estude uma linguagem a partir dos tipos de seu emprego e que se deduzam as significações das palavras do funcionamento das proposições; mas o contexto funcional em que Wittgenstein pensa é um jogo de linguagem, no qual símbolos e atividades sempre já se encontram ligados sob o controle recíproco do êxito de um consenso subjacente entre todos os participantes.

A ligação interna entre linguagem e práxis pode ser mostrada logicamente em uma implicação peculiar da compreensão de sentido. Para "compreender" uma língua, precisamos dominá-la. Compreender significa, então, entender de alguma coisa, saber fazer ou dominar algo que exercitamos e aprendemos. "A gramática da palavra 'saber' possui evidentemente um parentesco estreito com a gramática da palavra 'poder', 'estar em condições de'. Mas também possui um parentesco estreito com a gramática da palavra 'compreender' (Dominar uma técnica)" (*Investigações filosóficas* 150). Compreensões linguísticas e saber falar apontam para o fato de se ter adquirido habilidades, de se ter aprendido o exercício de atividades. Naturalmente, a expressão repetida "dominar uma técnica" induz em erro, porque Wittgenstein não pensa nesse contexto em um agir instrumental, mas tem em vista por técnicas antes regras de jogo, ou seja, regras do agir comunicativo. Como quer que seja, porém, compreender uma língua implica um sentido inconfundivelmente prático. Wittgenstein nota bem cedo esse fato: "Estranhamente, o problema da compreensão da língua tem algo em comum com o problema da vontade. Compreender uma ordem, antes mesmo de a termos realizado, possui um parentesco com querer uma ação, antes mesmo de a termos executado" (*Observações filosóficas* 13).

Compreender tem algo em comum com a antecipação de ações que, por sua vez, pressupõem processos de aprendizado. Compreender uma língua aponta para um poder agir, por mais que, de qualquer modo, esse agir comunicativo mesmo esteja articulado com expectativas de comportamento simbolizadas: linguagem e ação são momentos do mesmo modelo de jogo de linguagem.

A conexão entre os dois momentos torna-se palpável no modo de ser dos processos de aprendizado com os quais a compreensão de sentido está ligada: compreender significa ter aprendido praticamente a entender de algo. No horizonte da compreensão linguística não há algo assim como uma concepção "pura" de símbolos. Só linguagens formalizadas, que são construídas monologicamente, a saber, sob a forma de cálculos, podem ser compreendidas abstratamente, a partir de uma desconsideração dos processos práticos de aprendizado. Pois a compreensão de linguagens de cálculo exige a reprodução de sequências de sinais segundo regras formais, um operar solitário com sinais, que se assemelha ao emprego monológico de instrumentos em certo aspecto. O específico na compreensão da linguagem ordinária é precisamente o acompanhamento da realização de uma comunicação. Nesse caso, não empregamos sinais *per se*, mas seguimos expectativas comportamentais recíprocas. Os processos nos quais aprendo a falar implicam, por isso, um aprender a agir. A eles se atém, como a todos os procedimentos que interiorizam normas, um pouco de repressão: "O ensino da língua não é nenhuma explicação, mas um adestramento" (*Investigações filosóficas* 6). O fato de a linguagem depender da práxis *segundo o seu sentido imanente* vem à tona nesse momento da violência nos processos do aprendizado da fala – pressupondo que uma conexão lógica entre compreender uma língua e aprender a falar, entre a apreensão do sentido simbolizador e o adestramento para o emprego correto dos símbolos exista efetivamente.

De acordo com o *Tractatus*, poderíamos conceber proposições tradicionais como expressões não analisadas. Tudo aquilo que pode ser dito de fato pode ser dito com clareza completa. A compreensão linguística reduz-se sob esse pressuposto a uma análise redutiva da linguagem, ou seja, à transformação em expressões linguísticas universais. A relação entre a própria linguagem ideal só dependeria da compreensão de sua gramática. Isso poderia ser dado em indicações metalinguísticas para operações permitidas com sinais. O próprio Wittgenstein certamente duvidava das condições de possibilidade de uma metalinguagem. Por isso, ele retomou a validade descritiva da linguagem que se servia da análise linguística; mas se abandonou à força evocadora dessa metalinguagem imprópria com a certeza de que ela tornaria as regras gramaticais evidentes. Não consideraremos agora esse problema. Decisivo é que as regras gramaticais da linguagem ideal deveriam ser efetivamente compreensíveis em um plano de conexões "puramente" simbólicas: seja porque essa sintaxe, tal como Wittgenstein supunha outrora, se "mostra" fenomenologicamente por si mesma; seja porque, como Carnap sugere em seguida, ela é gerada operativamente, e, por isso, também é do mesmo modo completamente transparente. Compreensão linguística sob a forma da análise reducionista da linguagem não implica, de maneira alguma, um sentido prático.

Justamente essa implicação, porém, torna-se logicamente inevitável, logo que o sistema referencial estabelecido em uma linguagem una precisa ser abandonado. Sem uma linguagem ideal obrigatória, a compreensão linguística não pode mais ser substituída por meio da redução. Não pode mais haver algo assim como uma análise derradeira de nossas formas linguísticas. A tentativa de formalizar expressões a qualquer preço é vista como uma incompreensão positivista: "Inexato é propriamente uma repreensão, 'exato' um elogio. E isso acaba por significar: o inexato não atinge a sua meta de maneira tão plena quanto o mais exato. O que está em questão aí, portanto, é aquilo que denominamos a 'meta'. É inexato quando não indico exatamente a distância do sol em relação a nós em 1m; e não indico para o carpinteiro a largura da mesa em 0,001mm? *Um* ideal de exatidão não está previsto; não sabemos o que devemos representar com isso – a não ser que você mesmo fixe o que deve ser chamado assim" (*Investigações filosóficas* 88).

O que está em questão não pode ser descobrir uma linguagem universal que garanta exatidão ou construir em seu lugar linguagens formais: "Por um lado, é claro [...] que não aspiramos a um ideal: como se nossas vagas proposições habituais ainda não tivessem nenhum sentido totalmente irrepreensível e como se uma linguagem perfeita precisasse ser primeiro construída por nós. – Por outro lado, parece claro que, onde há sentido, precisa haver uma ordem perfeita. – Ou seja, precisa haver a ordem perfeita mesmo na proposição mais vaga" (*Investigações filosóficas* 98). Compreensão linguística significa, portanto, a análise dessa ordem imanente à linguagem natural. Essa ordem é constituída evidentemente por regras gramaticais. Essa sintaxe, porém, não é mais acessível no mesmo plano, isto é, ela não é mais "compreensível" como a gramática da linguagem unitária: não podemos formalizar a linguagem ordinária e defini-la em seguida metalinguisticamente sem destruí-la *enquanto* linguagem ordinária. Nem podemos confiar em uma metalinguagem imprópria que nos conduz ao limiar da compreensão intuitiva, pois isso só é plausível com vistas a uma "linguagem" transcendental "em geral", que é um correlato do sujeito do gênero como um todo.

A análise da linguagem é agora arrancada a uma metalinguagem em suas duas formas; ela remonta ao uso linguístico reflexivo e só pode analisar uma linguagem tradicional com as próprias expressões dessa linguagem. A compreensão linguística, porém, está presa, então, a um círculo: ela já precisa ter sempre compreendido o *contexto*. O caminho da análise redutiva da linguagem está vedado para a análise reflexiva da linguagem. Analisar uma expressão obscura não pode significar mais transformá-la e reconstruí-la em uma linguagem precisa. A ligação logicamente confiável que parecia existir outrora entre formas linguísticas tradicionais e uma linguagem completamente transparente foi partida. Toda língua traz agora consigo em si a sua ordem, que precisa se tornar transparente como uma gramática natural. Essas gramáticas só podem ser esclarecidas "por dentro", isto é, sob o emprego dessas gramáticas mesmas. Justamente esse círculo remete de maneira logicamente obrigatória para a conexão entre linguagem e práxis. Pois como é que regras gramaticais e significações semânticas podem ser efetivamente explicitadas sob tais circunstâncias? Por meio do fato de nos representarmos situações possíveis de aplicação de símbolos: "Imagine que você estivesse chegando como pesquisador em um país estrangeiro com uma língua totalmente estranha da sua. Sob que circunstâncias você diria que as pessoas lá (por exemplo) dão ordens, compreendem ordens, seguem ordens, insurgem-se contraordens etc.? O modo de ação humano comum é o sistema referencial por meio do qual interpretamos nossa língua estrangeira" (*Investigações filosóficas* 206).

Naturalmente, não é suficiente observar os modos de comportamento. O antropólogo que chega a um país com uma língua desconhecida imputa a interações observadas uma regra com base em sua própria pré-compreensão linguística; ele só pode testar essa suposição à medida que, ao menos virtualmente, participa da comunicação observada, a fim de ver se ela funciona, quando ele age segundo essa regra. O critério para a pertinência da suposição é apenas a participação exitosa em uma comunicação provisoriamente posta em ação: quando posso me comportar de tal modo que as interações não são perturbadas, compreendi a regra. Só posso me assegurar disso na própria comunicação: "Correto e falso é aquilo que os homens *dizem*; e na língua os homens concordam. Essa não é nenhuma concordância de opiniões, mas da forma de vida" (*Investigações filosóficas* 241).

A correção que precisa se confirmar no consenso tácito dos que agem conjuntamente se liga ao "funcionamento" de uma conjunção de símbolos e atividades, sobretudo ao "domínio" daquelas regras que não apenas organizam opiniões, mas também organizam uma forma de vida. A tentativa de explicitar regras linguísticas me conduz de uma maneira imanentemente obrigatória à base de uma práxis de vida. Analisamos uma expressão obscura, na medida em que refletimos sobre possíveis situações de aplicação. Precisamos nos lembrar de situações possíveis de aplicação; não podemos simplesmente projetá-las. Em última instância, essa lembrança nos traz de volta para a situação na qual nós mesmos aprendemos a expressão questionável. A análise da linguagem repete em certa medida a situação de aprendizado. Para tornar compreensível uma expressão, a análise da linguagem nos conscientiza uma vez mais do tipo de aula, do procedimento característico do exercício: "Pergunta-te sempre em meio a essa dificuldade: como aprendemos o significado dessa palavra? Em que tipo de exemplos; em que jogos de linguagem?" (*Investigações filosóficas* 77).

A análise lógica da compreensão linguística mostra, portanto, que só podemos nos assegurar das regras gramaticais de uma linguagem ordinária no caminho da lembrança do treinamento por meio do qual nós mesmos aprendemos essas regras. A compreensão linguística é a repetição virtual de um processo de socialização. Por isso, Wittgenstein introduz o termo "jogo de linguagem" com referência aos processos característicos do aprendizado da fala: "Também podemos pensar que é por meio de todo o processo do uso das palavras de um daqueles jogos que as crianças aprendem sua língua materna. Gostaria de denominar esses jogos de jogos de linguagem" (*Investigações filosóficas* 7).

Em jogos de linguagem, a validade simbólica não pode ser cindida da gênese do sentido. As regras gramaticais segundo as quais a "ordem perfeita" de uma forma linguística tradicional se determina possuem mesmo um *status* peculiar: elas não são regras metalinguísticas para a ligação de símbolos, mas regras didáticas para a aula de línguas. Considerada exatamente, a gramática de jogos de linguagem possui as regras segundo as quais crianças são exercitadas em uma cultura existente. Como a linguagem ordinária é uma metalinguagem derradeira, ela mesma contém a dimensão na qual pode ser aprendida; por isso, contudo, ela não é apenas linguagem, mas também práxis. Essa conexão é logicamente necessária. Sem elas, linguagens correntes seriam hermeticamente fechadas; elas não poderiam ser legadas. Essa conexão é logicamente comprovável a partir de implicações da compreensão linguística. Mas, se as regras gramaticais não fixam apenas a conexão entre os símbolos, mas também as interações por meio das quais essa conexão pode ser aprendida, então tal sintaxe precisa se ligar ao "todo da linguagem e às atividades com as quais ela está entretecida" – representar uma linguagem significa representar uma forma de vida (*Investigações filosóficas* 19).

7.4 Winch evitou comprovar a conexão interna entre jogo de linguagem e forma de vida por essa via de uma análise lógica da compreensão linguística. Com isso, ele teria precisado refletir justamente sobre as condições de possibilidade de uma sociologia que procede a partir de uma análise da linguagem: a análise da linguagem é mesmo apenas uma forma explícita da compreensão linguística.

Se todo enunciado só é dotado de sentido no contexto de seu jogo de linguagem, mas se, por outro lado, a análise da linguagem torna transparente os jogos de linguagem monádicos por meio da consideração de suas semelhanças familiares, então é de se perguntar: de que jogo de linguagem essa análise mesma se serve. O próprio Wittgenstein não conseguiu responder de maneira consequente a essa questão acerca de um "meta jogo de linguagem". Mas Wittgenstein não precisa respondê-la, ele pode rejeitá-la. Só se pode apresentar tal pergunta se se atribuir à análise da linguagem um valor descritivo. De acordo com Wittgenstein, ela tem um valor simplesmente terapêutico: ela não é nenhuma doutrina, mas uma atividade. Se considerarmos exatamente seus "resultados", não podem ser expressos, mas apenas realizados, a saber, usados como auxílios para que possamos ver respectivamente o trabalho ou o transcurso vazio de um determinado jogo de linguagem. A revogação de suas próprias proposições, uma revogação com a qual Wittgenstein conclui o *Tractatus*, vale igualmente para as *Investigações filosóficas*. Essa saída está vedada a Winch. Ele precisa se apresentar o problema da tradução quando recomenda a análise da linguagem para uma etnografia dos jogos de linguagem em uma postura transcendental, para uma sociologia compreensiva tal como ele a concebe.

Winch apresenta uma pretensão teórica. Ou seja, ele considera possível uma metalinguagem na qual podemos descrever a gramática de um jogo de linguagem como estrutura de um mundo da vida. Mas como é que essa linguagem é possível, se a dogmática dos jogos de linguagem previamente dados exige uma interpretação rigorosamente imanente e exclui a recondução das gramáticas de jogos de linguagem diversos a um sistema universal de regras? Winch antepõe à sua investigação um lema que ele retira do *Anti-Goeze* de Lessing: "Pois, se é verdade que ações morais, por mais que ocorram em épocas muito diversas e em povos bastante diferentes, sempre permanecem as mesmas quando consideradas em si mesmas, então é preciso dizer que as mesmas ações não recebem por isso sempre as mesmas denominações e que é injusto dar a qualquer uma delas uma denominação diversa daquela que elas costumavam ter em suas épocas e em seu povo".

Essa frase já antecipa o historicismo do século seguinte. Winch parece ter diante de si uma versão linguística de Dilthey. Desprendido de todo e qualquer vínculo, o analítico da linguagem pode se imiscuir de maneira reconstrutiva na gramática dos mais variados jogos de linguagem, sem que ele mesmo esteja ligado à dogmática de um jogo de linguagem próprio, comprometido com a análise da linguagem enquanto tal. Winch se entrega de maneira tão ingênua quanto Schütz à possibilidade de uma teoria pura. Mesmo o fenomenólogo se articula com os esquemas de interpretação, a partir dos quais os mundos da vida dos sujeitos agentes se constroem de maneira egocêntrica; ele mesmo, porém, está livre de um meio ambiente social. A própria mudança de atitude da perspectiva de um coagente ligado ao meio ambiente para a do observador de um mundo social compartilhado é levada a termo de modo pré-científico; por isso, ela nunca se tornou problemática para Schütz. O linguista não poderia mais compartilhar naturalmente dessa ingenuidade, depois que Wittgenstein analisara de forma tão penetrante as condições da experiência comunicativa.

Se empreendermos uma análise da linguagem com um intuito descritivo e abandonarmos a autorrestrição terapêutica, a estrutura monádica dos jogos de linguagem precisará ser quebrada e o contexto no qual apenas o pluralismo de jogos de linguagem se constitui, refletido. Com isso, mesmo a linguagem do analítico não coincide mais simplesmente com a respectiva linguagem objetiva. Assim como no caso dos jogos de linguagem analisados entre si, também é necessário ocorrer uma tradução entre esses dois sistemas linguísticos. Wittgenstein determina a tarefa como uma análise de semelhanças ou de parentescos familiares. A análise da linguagem precisa ver algo comum e distinguir as diversidades. Mas, se não se trata mais de voltar essa tarefa para o interior do elemento terapêutico, ela necessita de um ponto de vista sistemático de comparação: o analítico da linguagem no papel do intérprete comparador já precisa sempre pressupor um conceito de "jogo de linguagem" em geral e uma pré-compreensão concreta para a qual diversas línguas convergem. O intérprete produz a mediação entre dois padrões diversos de socialização; em meio a essa tradução, ele se apoia ao mesmo tempo no padrão no qual ele mesmo foi socializado. A análise linguística reflexiva realiza na verdade uma comunicação entre diversos jogos de linguagem: o exemplo do antropólogo em um país de cultura e língua estrangeiras não é escolhido por acaso. Wittgenstein não o analisa suficientemente ao tornar visível nele apenas a recuperação virtual de uma socialização em outras formas de vida. O fato de poder se orientar em uma cultura estrangeira só é possível à medida que se dá uma tradução exitosa entre essa cultura estrangeira e sua própria cultura.

Com isso, abre-se o campo da hermenêutica no qual Wittgenstein não adentra. Winch só podia se subtrair à autorreflexão hermenêutica da análise da linguagem e à sociologia compreensiva que ele gostaria de fundamentar como uma análise especial da linguagem sob uma condição: se encontrasse para a teoria uma metalinguagem na qual se pudessem traduzir as gramáticas de linguagens correntes quaisquer. Nesse caso, a tradução da respectiva linguagem primária na linguagem do analítico e, com isso, a tradução das linguagens analisadas poderiam ser formalizadas uma na outra e empreendidas segundo regras gerais de transformação. O círculo no qual a reflexividade da linguagem ordinária nos enreda como uma metalinguagem derradeira seria quebrado. A análise da linguagem não estaria mais ligada à práxis de jogos de linguagem; ela poderia ser frutificada em uma atitude teórica para a sociologia, sem necessitar da hermenêutica.

Fodor e Katz desenvolveram um programa para uma metateoria da linguagem em articulação com os trabalhos de Chomsky[114]. Em primeiro lugar, o que está em questão ali é apenas o desenvolvimento de uma ideia que não é naturalmente menos ambiciosa do que o programa wittgensteiniano de uma linguagem una. Enquanto a linguagem universal do neopositivismo devia representar um sistema linguístico, que fixaria as condições formais de enunciados empiricamente significativos com a obrigatoriedade de uma gramática, Fodor e Katz têm em vista uma teoria científico-experimental que explica o comportamento linguístico fático com relação a regras linguísticas. A gramática transformacional precisa ser independente de toda gramática ligada à linguagem ordinária; ela é um sistema universal no sentido não de uma linguagem universal, mas sim de uma gramática universal. As descrições de todas as regras sintáticas e semânticas que dominamos quando nos entendemos em uma linguagem tradicional precisam ser derivadas da teoria. As regras linguísticas são regras da síntese: elas capacitam aquele que as internalizou a compreender e a produzir por si

---

114. Cf. a introdução filosófica a J. A. Fodor e J. J. Katz (1964, p. 1ss.). Os ensaios do editor que o volume contém são contribuições a uma metateoria da gramática (p. 400ss.) e à semântica (p. 479ss. e 519ss.).

mesmo uma quantidade indeterminada de proposições. Nós não apenas compreendemos e formamos proposições que ouvimos e aprendemos, mas compreendemos e formamos proposições que nunca ouvimos antes, contanto que elas sejam formadas em concordância com regras aprendidas. As descrições de tais regras genéticas formam o campo de objetos da teoria que, tendo em vista o fato de seus próprios objetos representarem gramáticas ou teorias, pode se chamar uma metateoria da linguagem: *"Linguistic theory is a metatheory dealing with the properties of linguistic descriptions of natural language. In particular, linguistic theory is concerned with whatever such descriptions have in common – with universals of linguistic description"* (Fodor; Katz, 1964, p. 19)[115].

Naturalmente, Fodor e Katz precisam supor a independência sistemática da linguagem teórica em relação ao particularismo dos jogos de linguagem, a cujo esclarecimento essa linguagem deve servir. Essa suposição não é discutida.

Fodor e Katz só mostram o seguinte: uma linguística geral que, independentemente de uma linguagem tradicional, isto é, em puras expressões teóricas, permite deduzir para toda linguagem ordinária possível uma gramática descritivamente apropriada poderia escapar das dificuldades complementares da análise construtiva e terapêutica da linguagem:

> The ordinary-language and positivists approaches present incompatible conceptions of the nature of study of language. Positivists contend that the structure of a natural language is illuminatingly like that of a logistic system and advocate that natural languages be studied through the construction of logistic systems. Ordinary-language philosophers deny that a logistic system can capture the richness and complexity of a natural language. Language, they contend, is

---

115. Em inglês no original: "Teoria linguística é uma metateoria lidando com as propriedades de descrições linguísticas de uma linguagem natural. Em particular, uma teoria linguística está preocupada com o que quer que tais descrições possam ter em comum – com os universais da descrição linguística" [N.T.].

an extremely through the detailed analysis of individual words and expressions. Thus, positivists tend to emphasize the need for rational reconstruction or reformulation at precisely those points where ordinary-language philosophers are most inclined to insist upon the facts of usage (Fodor; Katz, 1964, p. 1s.)[116].

E mais além:

Disagreements between positivists and ordinary-language philosophers shade into differences of emphasis of various points. Thus, ordinary-language philosophers have by and large tended to occupy themselves with the study of the use of words, while positivists have been primarily concerned with the analysis of sentences and their inference relations. This difference does not simply represent a disagreement about research priorities. Rather, it reflects the ordinary-language philosopher's concern with the function of language in concrete interpersonal situations, as opposed to the positivist interest in the structure of the logical syntax of the language of Science. The conflict behind this difference is between the belief that language is best viewed as an articulate system with statable rules and the belief that talking about language is, at bottom, talking about an indefinitely large and various set of speech episodes (Fodor; Katz, 1964, p. 3)[117].

---

116. Em inglês no original: "A abordagem da linguagem ordinária e a positivista apresentam concepções incompatíveis da natureza e do estudo da linguagem. Positivistas sustentam que a estrutura de uma linguagem natural se assemelha com toda a evidência àquela de um sistema lógico e defendem que linguagens naturais sejam estudadas através da construção de sistemas lógicos. Filósofos da linguagem ordinária negam que o sistema lógico possa capturar a riqueza e a complexidade da linguagem natural. A linguagem, eles sustentam, é uma forma extremamente complicada de comportamento social e deveria ser estudada por meio da análise detalhada de palavras e expressões individuais. Em seguida, os positivistas tendem a enfatizar a necessidade de uma reconstrução ou reformulação racional precisamente daqueles pontos nos quais os filósofos da linguagem ordinária estão mais inclinados a insistir nos fatos do uso" [N.T.].

117. Em inglês no original: "Desacordos entre positivistas e filósofos da linguagem ordinária se distinguem com relação aos diversos acentos em vários pontos. Assim, os filósofos da linguagem ordinária se esforçaram amplamen-

A teoria geral da linguagem ordinária unificaria os dois pontos de vista: as qualidades de uma linguagem formalizada no plano teórico e o respeito aos jogos de linguagem naturais no plano dos dados. O que está em questão não é uma formalização da linguagem ordinária; pois, em uma reconstrução, essa formalização desapareceria como linguagem ordinária. O intuito é muito mais uma apresentação formalizada da linguagem ordinária, isto é, uma dedução das regras que se encontram na base das comunicações possíveis em uma linguagem dada. A análise construtiva da linguagem manteve-se até aqui junto ao modelo dos *Principia mathematica* e gera exemplos de linguagens livres de contextos, que são por vezes apropriadas para a apresentação de teorias científico-experimentais, mas por princípio não para a apresentação de gramáticas ligadas à linguagem ordinária. A análise terapêutica da linguagem, por outro lado, abdica da teoria em geral. Ela restringe-se à diferenciação entre as intuições próprias à linguagem cotidiana. Ela mantém algo acidental, pois só pode clarificar de caso em caso se um uso linguístico se choca ou não, sob certas circunstâncias concretas, com regras institucionalizadas da comunicação. Fodor e Katz adotam, com isso, o argumento contrário aos dois lados:

> The ordinary-language philosopher correctly maintains against the positivist that a formalization is a revealing theory of a natural language only insofar as its structure reflects that of the language. What is needed is a theory based upon and representing the full structural complexity of a natural language, not one which reflects the relatively simple structure

---

te por estudar o uso das palavras, enquanto os positivistas estavam primariamente preocupados com a análise de sentenças e com suas relações de inferência. Essa diferença não implica representar um desacordo com relação a prioridades de pesquisa. Ao contrário, ela reflete antes a preocupação do filósofo da linguagem ordinária com a função da linguagem em situações interpessoais concretas como oposta ao interesse do positivista na estrutura da sintaxe lógica da linguagem da ciência. O conflito por detrás dessa diferença é entre a crença de que a linguagem é mais bem vista como um sistema articulado com regras estáveis e a crença de que falar sobre a linguagem é, no fundo, falar sobre um conjunto indefinidamente amplo e variado de episódios de fala" [N.T.].

of some arbitrarily chosen artificial language (Fodor; Katz, 1964, p. 4)[118].

E, por outro lado, eles também admitem a objeção complementar:

> One must agree with the positivist's charge against the ordinary-language philosopher that any account of a natural language which fails to provide a specification of its formal structure is ipso facto unsatisfactory. For it is upon this structure that the generative principles which determine the syntactic and semantic characteristics of a natural language depend. These principles determine how each and every sentence of the language is structured and how sentences and expressions are understood. It is his failure to appreciate the significance of the systematic character of the compositional features of languages which accounts for the ordinary-language philosopher's disregard of the study of sentences and sentential structure (Fodor; Katz, 1964, p. 11)[119].

Por mais plausível que seja a referência às fraquezas complementares das duas abordagens pautadas na análise da linguagem, ela pode de qualquer modo motivar a questão de saber por que

---

118. Em inglês no original: "O filósofo da linguagem ordinária corretamente sustenta contra o positivista que a formalização só é uma teoria reveladora de uma linguagem natural à medida que sua estrutura reflete a estrutura da linguagem. O que se precisa é de uma teoria baseada e representando toda a complexidade estrutural de uma linguagem natural, não uma teoria que reflita a estrutura relativamente simples de uma linguagem artificial arbitrariamente escolhida" [N.T.].

119. Em inglês no original: "Precisamos concordar com a censura positivista contra o filósofo da linguagem ordinária de que toda avaliação de uma linguagem natural que falha em fornecer uma especificação de sua estrutura formal é *ipso facto* insatisfatória. Pois é dessa estrutura que dependem os princípios generativos que determinam as características sintáticas e semânticas de uma linguagem natural. Esses princípios determinam como toda e qualquer sentença da linguagem é estruturada e como sentenças e expressões são compreendidas. É sua falha em se dar conta da significação do caráter sistemático dos traços composicionais de linguagens que faz com que o filósofo da linguagem ordinária desconsidere o estudo de sentenças e da estrutura sentencial" [N.T.].

uma teoria geral da linguagem ordinária é desejável; não há um argumento a favor da realizabilidade desse programa. Não posso discutir aqui as contribuições para uma gramática transformacional que existem até agora; parece que elas são de uma grande envergadura para a operacionalização de hipóteses no âmbito da ciência comparativa da linguagem e da sociolinguística. Não obstante, é questionável dizer se tal ideia não se deixa apenas esboçar e atestar de maneira exemplar ou se ela pode ser resgatada empiricamente. Essa tentativa toca o teorema da relatividade, que foi apresentado pela primeira vez no plano histórico-espiritual em meio ao historicismo e que foi renovado hoje, no plano da linguística, na esteira dos trabalhos de Sapir e Whorf (Hemle, 1958, p. 1-24; Brown, 1960, p. 339-363). A linguagem da metateoria também não permanece presa à gramática de determinadas linguagens ordinárias? Ou será possível encontrar um quadro categorial culturalmente independente, que não permita apenas descrições corretas de estruturas linguísticas, mas possibilite também a identificação daquela série de propriedades formais que distingue sistematicamente toda linguagem tradicional de uma sequência arbitrária e contingente de descrições estruturais?

Gostaria de designar uma dificuldade principial que é de grande interesse em nosso contexto metodológico: uma teoria geral de estruturas próprias a linguagens ordinárias não pode proceder behavioristicamente por razões que foram apresentadas de maneira convincente por Chomsky (cf. acima tópico 4.4). Ela depende justamente de dados que só são fornecidos na experiência comunicativa. A linguística precisa sustentar suas construções inicialmente nas experiências intuitivas dos membros medianamente socializados de uma comunidade linguística; o sentimento linguístico desses falantes "natos" fornece os critérios com base nos quais proposições formadas corretamente se distinguem de proposições gramaticalmente desviantes. As hipóteses teóricas precisam ser testadas a partir das mesmas intuições linguísticas: *"It is sometimes assumed that operational criteria have a special and privileged position, in this connection, but this is surely a mistake. For one thing, we can be fairly certain that there will be no operational cri-*

teria for any but the most elementary notions. Furthermore, operational tests, just as explanatory theories, must meet the condition of correspondence to introspective judgment, if they are to be at all to the point" (Chomsky, 1964, p. 80)[120].

Naturalmente, a base experimental não é suficientemente determinada pela "intuição linguística" e pelo "julgamento introspectivo". Na verdade, trata-se da experiência da validade intersubjetiva de regras de comunicação: o juízo sobre a "correção" de formas linguísticas no quadro de comunidades linguísticas tradicionais apoia-se na experiência de se elas são partes de jogos de linguagem que funcionam e se elas permitem um transcurso sem atritos de interações. As chamadas intuições linguísticas dos falantes "natos" não são de modo algum experiências privadas; nelas sedimenta-se a experiência coletiva do consenso, que acompanha tacitamente todo jogo de linguagem que funciona. A intersubjetividade da validade das regras de comunicação se comprova na reciprocidade de ações e expectativas. O fato de essa reciprocidade se estabelecer ou fracassar só pode ser experimentado pelos parceiros em questão; mas eles fazem essa experiência de maneira intersubjetiva: não pode haver um dissenso quanto a isso, porque essa experiência se forma pela primeira vez na concordância dos parceiros quanto ao sucesso ou o fracasso da interação. Com isso, designa-se exatamente a dimensão na qual se movimenta a análise reflexiva da linguagem. Se construção e comprovação dependem de uma linguística geral, porém, é difícil que elas consigam escapar do curso da reflexão previamente delineado por Wittgenstein. Fodor e Katz veem muito bem o perigo:

> One of the main dangers encountered in the construction of the rules of a linguistic theory is that they

---

120. Em inglês no original: "Por vezes se supõe que critérios operacionais possuem uma posição especial e privilegiada nesse contexto, mas isso é certamente um erro. Pois, por um lado, podemos estar quase certos de que não haverá nenhum critério operacional senão para as noções mais elementares. Além disso, testes operacionais, exatamente como teorias explicativas, devem corresponder a juízos introspectivos, se é que eles têm pretensão de justeza" [N.T.].

may be formulated so as to be workable only when an appeal to linguistic intuition is made. This means that in order for the rules to serve their intended purpose it is necessary that a fluent speaker exercises his linguistic abilities to guide their application. This, then, constitutes a vicious circularity: the rules are supposed to reconstruct the fluent speaker's abilities, yet they are unable to perform this function unless the speaker uses these abilities to apply them. As much of the abilities of the speaker as are required for the application of the rules, so much at least the rules themselves fail to reconstruct (Fodor; Katz, 1964, p. 17)[121].

Os dois autores não reconhecem apenas o perigo, mas também a fonte do perigo; só não é propriamente plausível a possibilidade de contornar o perigo:

The intuitions of fluent speakers determine the data for which a linguistic theory must account [...]. Such intuitions establish sets of clear cases: of grammatically well-formed strings of words on the one hand, and of ungrammatical strings in the other. Clear cases, intuitively determined, provide the empirical constraints on the construction of a linguistic theory. The appeal to linguistic intuition is question begging when intuitions replace well-defined theoretical constructs in a articulated system of description, or when intuitions are permitted to determine the application of rules. Intuition in its proper role is

---

121. Em inglês no original: "Um dos principais riscos encontrados na construção das regras de uma teoria linguística é o de elas poderem ser formuladas de tal modo a só serem operatórias quando se faz um apelo à intuição linguística. Isso significa o seguinte: para que as regras sirvam ao propósito por elas visado, é necessário que um falante fluente exercite suas habilidades linguísticas para guiar sua aplicação. Isso, então, constitui um círculo vicioso: as regras são supostas para reconstruir as habilidades do falante fluente, apesar de elas serem incapazes de realizar essa função a não ser que o falante use essas habilidades para aplicá-las. Tanto quanto as habilidades do falante são requeridas para a aplicação das regras, a reconstrução dessas regras mesmas não é suficiente" [N.T.].

indispensable to the study of language, but misused, it vitiates such a study (Fodor; Katz, 1964, p. 17)[122].

Como Fodor e Katz não têm clareza quanto ao que se esconde por debaixo do termo "intuição", do chamado sentimento linguístico, eles confiam de maneira ingênua no instrumento manual das ciências empíricas que de algum modo já lidaram com isso. Para o teste de teorias linguísticas, contudo, intuições linguísticas não apresentam apenas um problema geral que poderia ser resolvido em termos de uma técnica de pesquisa. Ao contrário, elas apresentam também um problema que se encontra em conexão com a construção da própria teoria. Como as expressões teóricas não são formuladas na linguagem primária, carece-se de regras gerais de aplicação. Essas regras possuem normalmente a forma de instruções de medição. Os dados junto aos quais uma linguística geral pode se confirmar, porém, só se constituem na experiência comunicativa dos parceiros que tomam parte em um jogo de linguagem. Quem procura testar as descrições estruturais da teoria precisa apelar para essa experiência. Os instrumentos de medida não podem, por isso, excluir a possibilidade de que a cada vez o falante "nato" inquirido empreenda ele mesmo a tradução da linguagem teórica em sua própria linguagem. Nesse caso, contudo, ele se mantém na gramática de sua própria linguagem. Não será possível evitar que "as intuições linguísticas também determinem as regras de aplicação".

8. A abordagem hermenêutica

---

122. Em inglês no original: "As intuições de um falante fluente determinam os dados sobre os quais uma teoria linguística deve se fundar [...]. Tais intuições estabelecem conjuntos de casos claros: encadeamentos de palavras gramaticalmente bem formados, por um lado, encadeamentos não gramaticais, por outro. Casos claros, intuitivamente determinados, estabelecem as barreiras empíricas para a construção de uma teoria linguística. O apelo à intuição linguística é uma petição de princípio, se intuições substituem construções teóricas bem definidas em um sistema articulado de descrições ou se intuições são permitidas para a determinação da aplicação de regras. A intuição em seu papel próprio é indispensável para o estudo de linguagem, mas, mal utilizada, ela vicia tal estudo" [N.T.].

8.1 A linguística geral não é certamente a única opção para uma análise da linguagem que procede historicamente e imerge no pluralismo de jogos de linguagem sem poder justificar a própria linguagem da análise. Para romper as barreiras gramaticais de totalidades linguísticas individuais, não precisamos, seguindo Chomsky, sair da dimensão da linguagem ordinária. Não é apenas o distanciamento em relação a uma linguagem teórica que assegura a unidade da razão analítica no pluralismo dos jogos de linguagem. Evidentemente, toda gramática de uma linguagem ordinária já inclui ela mesma a possibilidade de transcender também a linguagem por ela estabelecida, isto é, de traduzi-la em outras linguagens e a partir de outras linguagens. O suplício que é a tradução certamente nos conscientiza de maneira particularmente clara da conexão objetiva entre estrutura linguística e concepção de mundo, da unidade entre palavra e coisa. Compreender um texto em uma língua estrangeira exige com frequência mais um novo texto do que uma tradução em sentido corrente. Desde Humboldt, os cientistas da linguagem também se encontram sob o domínio da ideia de comprovar a correlação estreita entre forma linguística e visão de mundo. Mas nem essa comprovação da individualidade da construção linguística nem a resignação ante a "intraduzibilidade" das construções tradicionais apoia-se efetivamente na experiência cotidiana de que nunca estamos presos a uma única gramática. As coisas se dão muito mais de tal modo que nós, por meio da primeira gramática que aprendemos a dominar, já somos colocados em condições de sair dela e interpretar algo estranho, de tornar compreensível algo não compreendido, de assimilar aos nossos próprios termos aquilo que de início se lhes subtrai. O relativismo das visões de mundo linguísticas e a monadologia dos jogos de linguagem são igualmente uma aparência. Pois justamente os limites que são estabelecidos para nós pela gramática das linguagens ordinárias também chegam à nossa consciência com o auxílio dessa gramática: a dialética hegeliana dos limites dá formulação à experiência do tradutor. O conceito de "traduzir" é ele mesmo dialético: somente onde há regras de transformação que permitem produzir uma relação dedutiva entre línguas por meio de uma substituição carece-se do tipo de interpretação que denominamos em geral "tradução". Essa interpretação expressa em uma língua um estado de coisas que literalmente não pode ser nem expresso nela nem restituído "com outros termos". H.-Q. Gadamer fala sobre essa experiência que se encontra na base da hermenêutica:

> A experiência hermenêutica é o corretivo por meio do qual a razão pensante escapa do encanto do elemento linguístico, mas ela mesma é constituída linguisticamente [...]. Com certeza, a pluralidade de línguas por cuja multiplicidade o cientista da linguagem se interessa também levanta para nós uma pergunta. Mas essa pergunta é simplesmente a pergunta acerca de como cada língua, apesar de sua diversidade em relação a todas as outras línguas, pode estar em condições de dizer tudo aquilo que quer dizer. O fato de que cada língua faz isso à sua maneira nos é ensinado pela ciência da linguagem. Por nossa parte, nós nos colocamos a perguntar sobre como, apesar da pluralidade desses modos de dizer, se manifesta por toda parte a mesma unidade de pensar e falar, a saber, de tal modo que toda tradição escrita pode ser compreendida (Gadamer, 1965, p. 380).

A hermenêutica define suas tarefas em contraposição às descrições linguísticas das diversas gramáticas. Mas ela não preserva a unidade da razão no pluralismo das linguagens, como é exigido pelo programa de uma linguística geral, pela via de uma metateoria das gramáticas ligadas a linguagens ordinárias; ela não confia em uma mediatização das linguagens ordinárias e não sai da dimensão dessas linguagens; ao contrário, ela se serve da tendência estabelecida na práxis linguística para a autotranscendência. As línguas mesmas contêm o potencial de uma razão que, se expressando na particularidade de uma gramática determinada, reflete ao mesmo tempo sobre seus limites e os nega como particulares. A razão constantemente vinculada à linguagem já está sempre para além de sua linguagem: é somente quando a razão aniquila as particularizações das línguas, por meio das quais apenas ela se corporifica, que ela vive na linguagem. Naturalmente, ela só pode se purificar de uma particularidade na passagem para outra. O ato de traduzir nos atesta essa universalidade intermitente. Em termos formais, ela se reflete no traço que todas as linguagens tradicionais têm em comum e que confere a sua unidade transcendental: no fato, justamente, de elas poderem ser por princípio traduzidas umas nas outras.

Wittgenstein, o lógico, concebeu a "tradução" como uma transformação segundo regras gerais. Como as gramáticas inerentes a jogos de linguagem não podem ser reconstruídas segundo regras gerais, ele tomou a compreensão linguística sob o ponto de vista da socialização como a aquisição de uma prática em uma forma de vida cultural. Faz sentido que imaginemos o aprendizado de "linguagens em geral" segundo tal modelo. Mas podemos estudar inicialmente o problema da compreensão linguística a partir do processo menos fundamental do aprendizado de uma língua estrangeira. Aprender uma língua não é o mesmo que aprender a falar; aprender uma língua já pressupõe o aprendizado de ao menos uma língua anterior. Com essa língua primária, aprendemos regras que não possibilitam apenas o entendimento no quadro de uma gramática, mas também o tornar compreensíveis línguas estrangeiras: com uma determinada língua, aprendemos ao mesmo tempo como se aprendem línguas em geral. Nós nos apropriamos de línguas estrangeiras por meio de traduções. Certamente, logo que as sabemos, não precisamos mais da tradução. Traduções só são necessárias em situações em que o entendimento está perturbado. Por outro lado, há dificuldades de entendimento mesmo na própria língua. Uma comunicação realiza-se segundo regras que os parceiros de diálogo envolvidos dominam; essas regras não possibilitam, porém, apenas o consenso, elas também encerram a possibilidade de afastar situações de perturbação do entendimento. Falar um com o outro significa as duas coisas: efetivamente se entender e poder se fazer compreensível no caso dado. O papel do parceiro de diálogo também contém virtualmente o papel dos intérpretes, isto é, daqueles que não se movimentam apenas em uma língua, mas podem introduzir um entendimento entre diversas línguas. O papel do intérprete não é por princípio diverso do trabalho do tradutor simultâneo. A tradução é apenas a variante extrema de uma competência à qual todo diálogo normal precisa se entregar:

> O caso da tradução, portanto, torna consciente o elemento linguístico como o meio próprio ao entendimento por intermédio do fato de esse meio precisar ser gerado artificialmente por uma instituição expressa. Tradução também não é o caso normal de nosso comportamento em relação a uma língua estrangeira [...]. Quando alguém domina realmente uma língua estrangeira, não necessita mais de nenhuma tradução, inclusive qualquer tradução lhe parece impossível. Por isso, compreender uma língua ainda não é de maneira alguma um real compreender e não envolve nenhum processo de interpretação. Ao contrário, compreender uma língua é uma realização vital. Pois compreendemos uma língua à medida que vivemos nela – uma afirmação que não vale reconhecidamente apenas para línguas vivas, mas também para línguas mortas. O problema hermenêutico não é, portanto, nenhum problema relativo ao domínio linguístico correto, mas relativo ao entendimento correto sobre a coisa que acontece no meio que é a linguagem [...]. Somente quando é possível entender-se linguisticamente por intermédio do "falar um com os outros", a compreensão e o entendimento chegam efetivamente a se transformar em problema. A dependência do tradutor simultâneo é um caso extremo, que duplica o processo hermenêutico, o diálogo: há o diálogo do tradutor simultâneo com a parte contrária e o próprio diálogo com o tradutor simultâneo (Gadamer, 1965, p. 362s.).

O caso-limite hermenêutico da tradução, que fornece ao mesmo tempo o caso-modelo para a interpretação científica, desvela uma forma de reflexão que correalizamos inexpressamente em toda comunicação linguística. Essa forma permanece naturalmente encoberta no diálogo ingênuo, pois a compreensão em jogos de linguagem institucionalizados repousa sobre uma base não problemática do entendimento –

não se trata de "nenhum processo interpretativo, mas de uma realização vital".

Wittgenstein só analisou essa dimensão do jogo de linguagem como forma de vida; para ele, a compreensão se restringe à reconstrução virtual dos adestramentos, por meio dos quais os falantes "natos" foram socializados em sua forma de vida. Para Gadamer, essa compreensão linguística ainda não é nenhum "compreender real", porque a reflexão paralela sobre a aplicação de regras linguísticas só se torna temática no caso da problematização de um jogo de linguagem. É somente quando a intersubjetividade da validade das regras linguísticas é perturbada que entra em curso uma interpretação que reproduz um consenso. Wittgenstein confundiu essa compreensão hermenêutica com o processo primário do aprendizado de fala; é por isso que ele está convicto de que o aprendizado de uma língua estrangeira possui a mesma estrutura que o crescer no cerne de uma língua materna. Ele é impelido a essas identificações porque lhe falta um conceito dialético de tradução: pois o que está em questão aí não é uma transformação que permite reduzir enunciados de um sistema linguístico a enunciados de outro. O ato de traduzir não acentua muito mais senão uma realização produtiva, para a qual a língua sempre habilita aqueles que dominam suas regras gramaticais: a possibilidade de assimilar o alheio e de dar prosseguimento, com isso, à formação do próprio sistema linguístico. Isso acontece diariamente em situações nas quais os parceiros de diálogo precisam encontrar primeiramente uma "linguagem comum"; essa linguagem é o resultado de um entendimento que equivale, segundo sua estrutura, a uma tradução:

> O entendimento em um diálogo inclui o fato de os parceiros estarem prontos para ele e buscarem fazer valer em si mesmos o que é estranho e oposto. Quando isso acontece reciprocamente e cada parceiro, na medida em que pode fixar ao mesmo tempo suas próprias razões, está em condições de pesar as razões contrárias, pode-se alcançar finalmente, por uma transferência imperceptível e não arbitrária de pontos de vista (denominamos isto troca de opiniões), uma linguagem comum e um dito comum.

Exatamente assim, o tradutor precisa reter por si mesmo o direito de sua língua materna, da língua na qual ele traduz, e, contudo, fazer valer junto a si o alheio, sim, mesmo o elemento opositor do texto e de sua forma de expressão. Essa descrição da atividade do tradutor, porém, talvez já seja por demais restrita. Mesmo em tais situações extremas, nas quais se deve passar de uma língua para a outra, a coisa não se cinde senão muito dificilmente da linguagem. Somente um tradutor que dá voz à coisa mostrada para ele no texto, o que significa, porém, que encontra uma linguagem que não é apenas a sua, mas também a linguagem apropriada ao original, conseguirá verdadeiramente recriar (Gadamer, 1965, p. 364).

Gadamer vê nas regras gramaticais não apenas formas de vida institucionalizadas, mas delimitações de horizontes. Horizontes são abertos e se deslocam: caminhamos no interior deles e eles se movimentam uma vez mais conosco. Esse conceito husserliano é oferecido para, diante das realizações estruturadoras da linguagem, também fazer valer sua força assimiladora e generativa. Os mundos da vida que fixam a gramática dos jogos de linguagem não são formas de vida fechadas, tal como sugere a concepção monadológica de Wittgenstein.

Wittgenstein mostrou como as regras de uma comunicação linguística implicam as condições de possibilidade de sua própria aplicação. Elas são ao mesmo tempo regras para a práxis da aula por meio da qual elas podem ser internalizadas. Mas Wittgenstein desconhece que as mesmas regras também envolvem as condições de possibilidade de sua interpretação. À gramática de um jogo de linguagem não pertence apenas o fato de ela definir uma forma de vida, mas também o fato de ela definir uma forma de vida como a própria em relação a outras formas de vida como as alheias. Uma vez que cada mundo articulado em uma linguagem é uma totalidade, o horizonte de uma linguagem abrange também aquilo que ela não é: ela se reflete como algo particular entre particulares. Por isso, mesmo os limites do mundo que ela define não são irrevogáveis: a confrontação dialética do próprio com o alheio tem por consequência, e isso na maioria das vezes de maneira imperceptível, revisões. A tradução é o meio no qual essas revisões ocorrem e no qual a linguagem se desenvolve permanentemente. A reprodução rígida de linguagem e forma de vida no plano das crianças pequenas é apenas o caso-limite de uma renovação elástica à qual uma linguagem tradicional está constantemente exposta, na medida em que aqueles que já a dominam ultrapassam comunicações perturbadas, respondem a novas situações, assimilam o alheio – e encontram para línguas divergentes uma linguagem comum. A tradução não é necessária apenas no plano horizontal entre comunidades linguísticas concorrentes, mas também entre as gerações e as épocas. A tradição como o meio no qual as línguas se reproduzem realiza-se como tradução, a saber, como superação de distâncias entre as gerações. O processo de socialização por meio do qual o particular cresce em sua língua é a menor unidade do processo da tradição. Sobre esse pano de fundo, vemos o encurtamento perspectivo ao qual Wittgenstein está submetido: os jogos de linguagem dos jovens não reproduzem simplesmente as práticas dos velhos. Com as primeiras regras linguísticas fundamentais adquiridas, a criança não aprende apenas as condições de um consenso possível, mas ao mesmo tempo as condições de uma interpretação possível dessas regras que lhe permitem ultrapassar e *por meio daí também expressar* uma distância. A compreensão hermenêutica, que só se articula na situação do entendimento perturbado, encontra-se na base tanto da compreensão linguística quanto do entendimento primário.

A *autorreflexão hermenêutica* ultrapassa o nível sociolinguístico da análise da linguagem que foi designado por meio do segundo Wittgenstein. Como a construção transcendental de uma linguagem em geral tinha se rompido, a linguagem tinha de conquistar para si uma dimensão com o pluralismo dos jogos de linguagem. Uma gramática dos jogos de linguagem não regula mais apenas a ligação entre símbolos, mas também ao mesmo tempo o seu emprego institucionalizado em interações. Wittgenstein, contudo, ainda concebe de maneira estreita demais essa dimensão da aplicação. Ele só vê conexões invariantes entre símbolos e atividades e desconhece que a aplicação de regras envolve sua interpretação e desenvolvimento. Contra o preconceito positivista, Wittgenstein foi certamente o primeiro a nos conscientizar de que a aplicação de regras gramaticais não pode ser por seu lado definida no plano simbólico segundo regras gerais, mas apenas exercitada como uma conexão de linguagem e práxis e internalizada como componente de uma forma de vida. Ele permaneceu, contudo, suficientemente positivista para pensar esse processo de imiscuição como reprodução de padrões fixos: como se os particulares socializados fossem subsumidos ao todo a partir de linguagem e de atividades. O jogo de linguagem recaiu sob suas mãos em uma unidade opaca.

Na verdade, os círculos linguísticos não são fechados, mas porosos: tanto para fora quanto para dentro. A gramática de uma língua não pode conter nenhum modelo rígido de aplicação. Aquele que aprendeu a aplicar suas regras não aprendeu apenas a se expressar em uma língua, mas também a interpretar expressões dessa língua. É preciso por princípio que seja possível tradução para fora; no interior, é preciso que seja possível tradição. Com a sua aplicação possível, as regras gramaticais implicam ao mesmo tempo a necessidade de uma interpretação. Wittgenstein não viu tal implicação. Por isso, ele também concebeu a práxis dos jogos de linguagem de maneira a-histórica. Em Gadamer, a linguagem conquista uma terceira dimensão: a gramática regula uma aplicação de regras que, por seu lado, desenvolve o sistema de regras. A unidade da linguagem que desaparecia no pluralismo dos jogos de linguagem é reproduzida dialeticamente no contexto da tradição. A linguagem é apenas como linguagem legada. Pois a tradição reflete de maneira ampliada a socialização dos indivíduos no interior de sua língua, uma socialização que se estende por toda a sua vida.

Apesar da renúncia a uma linguagem ideal, o conceito de "jogo de linguagem" permanece preso ao modelo não assumido das linguagens formalizadas. A intersubjetividade da comunicação estabelecida na linguagem ordinária fixou Wittgenstein à validade intersubjetiva de regras gramaticais: seguir uma regra significa aplicá-la de uma maneira idêntica. A plurissignificância das linguagens ordinárias e a inexatidão de suas regras é uma aparência; todo jogo de linguagem obedece a uma ordem perfeita. O analítico da linguagem pode se entregar a essa ordem como o critério de sua crítica. Se a linguagem ordinária também não pode ser reconstruída em uma linguagem formal sem que ela seja destruída enquanto tal, então sua gramática não é de qualquer modo menos exata e inequívoca do que a gramática de um cálculo. Essa suposição só é plausível para aquele que, contra a própria intuição de Wittgenstein, está preocupado com o caráter normativo das linguagens formalizadas. Para aqueles que articulam a análise da linguagem com a autorreflexão da linguagem ordinária, o contrário é o mais natural. A inequivocidade das linguagens do cálculo é adquirida por meio de sua construção monológica, isto é, por meio de uma construção que exclui o diálogo. Contextos rigorosamente dedutivos permitem derivações, não comunicações. Diálogos são em todos os casos substituídos pela transmissão de informações. Somente as linguagens que não comportam diálogos possuem uma ordem perfeita. Linguagens ordinárias são imperfeitas e não admitem nenhuma inequivocidade. Por isso, a intersubjetividade da comunicação marcada pela linguagem ordinária é incessantemente rompida. Ela existe porque a concordância é por princípio possível; e ela não existe porque entendimento é por princípio necessário. A compreensão hermenêutica se inscreve nos pontos de ruptura; ela compensa a fragilidade da intersubjetividade.

Quem parte do caso normal da situação dialógica e não do modelo da linguagem da precisão compreende de imediato a estrutura aberta da linguagem ordinária. Só uma intersubjetividade intacta da gramática vigente possibilitaria certamente a identidade da significação e, com isso, relações constantes de compreensão, mas ela aniquilaria ao mesmo tempo a identidade do eu na comunicação com os outros. Klaus Heinrich investigou a comunicação estabelecida na linguagem ordinária sob esse ponto de vista dos perigos de uma integração completa dos indivíduos singulares (Heinrich, 1964). Linguagens, que não são mais porosas para dentro e que se solidificam em sistemas rígidos eliminam as quebras da intersubjetividade e ao mesmo tempo a distância hermenêutica dos indivíduos entre si. Elas não possibilitam mais o equilíbrio precário entre cisão e unificação, um equilíbrio no qual a unidade de cada eu precisa se estabelecer. O problema de uma identidade-eu que só pode ser produzida por identificações, ou seja, que precisa ser produzida por exteriorizações da identidade, é ao mesmo tempo o problema de uma comunicação linguística que viabiliza o equilíbrio salvador entre a unificação desprovida de linguagem e a alienação desprovida de linguagem, entre o sacrifício da individualidade e o isolamento do individualizado. Experiências nas quais se corre o risco de perder a identidade remetem para experiências de coisificação da comunicação linguística. Na não identidade retida de uma comunicação exitosa, o indivíduo pode formar uma identidade-eu precária e preservá-la contra os riscos da coisificação tanto quanto da ausência de configuração. Heinrich analisa sobretudo um dos lados: as condições para que se proteste contra a autodestruição de uma sociedade que imerge na indiferença e que aniquila as distâncias dos indivíduos entre si por meio de uma integração compulsiva. Esse é o estado da regulação ditada da linguagem e da intersubjetividade sem quebras, que suspende o campo de jogo subjetivo da aplicação. Assim, precisaria se realizar aquilo que Wittgenstein concebeu como jogo de linguagem. Pois a linguagem regulamentada, hermeticamente fechada em seu interior, precisa cortar os liames com a exterioridade de maneira monádica. Por isso, o discurso contestador é o reverso da compreensão hermenêutica que ultrapassa a distância mantida e impede a ruptura da comunicação. É intrínseca à tradução a força da reconciliação. Nela, conserva-se o poder unificador da linguagem contra a decadência em uma pluralidade de linguagens sem ligação que, isoladas, acabariam por condenar os indivíduos a um imediato"[123].

---

123. No que diz respeito a Heinrich, cf. minha recensão em: Habermas (1981, p. 445ss.). Nessa investigação mostra-se o fato de a autorreflexão hermenêutica da linguagem se transformar voluntariamente em uma teoria dialética da linguagem. Tal teoria é prometida pela obra, planejada em 6 volumes, de Bruno Liebrucks: *Sprache und Bewusstsein* (*Linguagem e consciência*). Foram lançados: Vol. I: *Introdução e extensão do problema* (1964) e Vol. II: *Linguagem* (1965). Para uma metodologia das ciências praxiológicas, é importante a confrontação de Liebrucks com a antropologia de Gehien (v. I, p. 79ss.). Apesar de Liebrucks partir de um conceito restrito de práxis, que ele reduz ao agir

8.2 Gadamer se vale da imagem do horizonte para caracterizar o traço fundamental hermenêutico de toda linguagem concreta: por menor que seja o limite fechado que possua, a linguagem pode por princípio incorporar tudo aquilo que é linguisticamente estranho e de início incompreensível. Ora, mas cada um dos parceiros entre os quais precisa ser produzida pela primeira vez uma comunicação vive em um horizonte. Por isso, o entendimento hermenêutico apresenta-se para Gadamer sob a imagem de uma fusão de horizontes. Isso é válido para o plano vertical, no qual superamos compreensivamente uma distância histórica, assim como para o entendimento no plano horizontal, que propicia a intermediação de uma distância geolinguística ou linguístico-cultural. A apropriação compreensiva de uma tradição segue o modelo da tradução: o horizonte do presente não é, por exemplo, extinto, mas fundido com o horizonte do qual provém a tradição:

> Compreender uma tradição exige [...] certamente um horizonte histórico. O que está em questão, porém, não pode ser a conquista desse horizonte, na medida em que nos transpomos para o interior de uma situação histórica. Já sempre precisamos ter muito mais um horizonte para que possamos nos transpor de tal modo para o interior de uma situação. Pois o que significa se transpor? Com certeza não simplesmente: abstrair-se de si. Naturalmente, também se necessita de algo deste gênero, uma vez que se precisa ter realmente diante dos olhos a outra situação. Todavia, precisamos trazer precisamente a nós mesmos para o interior dessa outra situação. É isso que preenche pela primeira vez o sentido do transpor-se. Se nos transpusermos, por exemplo, para a situação de outro homem, então o compreenderemos, isto é, nos conscientizaremos da alteridade, sim, da individualidade indissolúvel

---

instrumental, ele chega a uma contraposição abstrata entre linguagem e agir. Nos volumes até aqui publicados, não se faz jus em momento algum à conexão peculiar entre linguagem e práxis que Wittgenstein e Mead elaboraram a partir da interação simbolicamente mediada dos jogos de linguagem e do agir comunicativo.

do outro, justamente por meio do fato de nos transpormos para a sua situação. – Tal se transpor não é nem empatia de uma individualidade pela outra, nem mesmo submissão do outro aos critérios próprios. Ao contrário, significa sempre o alçar-se a uma universalidade mais elevada que não supera apenas a própria particularidade, mas também a particularidade do outro. O conceito de "horizonte" é oferecido aqui porque dá expressão à amplitude superior que aquele que compreende precisa ter. Conquistar um horizonte sempre equivale aqui a aprender a ir além daquilo que está próximo e próximo demais; não para afastar os olhos dele, mas para vê-lo melhor em um todo maior e em proporções mais corretas. Não se trata de nenhuma descrição correta da consciência histórica, quando se fala juntamente com Nietzsche dos muitos horizontes alternantes, para o interior dos quais ele nos ensina a nos transpormos. Quem afasta de tal modo os olhos de si não possui precisamente nenhum horizonte histórico [...]. Carece-se certamente de um empenho próprio para adquirir um horizonte histórico. Cheios de esperanças ou de temores, somos sempre absorvidos pelo horizonte que nos é mais imediato e, em tal absorção prévia, vamos ao encontro do testemunho do passado. Por isso, é uma tarefa constante impedir a equiparação apressada entre o passado e as expectativas próprias de sentido. Só então se consegue ouvir de tal modo a tradição que ela se faz audível em seu próprio sentido diverso [...]. Na verdade, o horizonte do presente é concebido em uma formação constante, na medida em que precisamos colocar incessantemente à prova todos os nossos preconceitos. A tal prova pertence em última instância o encontro com o passado e a compreensão da tradição da qual viemos. O horizonte do presente não se forma, portanto, de maneira alguma sem o passado. Não há nem um horizonte do presente por si, nem um horizonte histórico que se tivesse de conquistar. Ao contrário, compreender é sempre o processo da fusão de tais horizontes que são supostamente por si.

O fato de essa interseção de horizontes não poder ser afastada metodologicamente, mas pertencer às condições do próprio trabalho hermenêutico, se mostra na relação circular entre pré-compreensão e explicação do compreendido: só podemos decifrar as partes de um texto se anteciparmos sempre uma compreensão do todo, por mais difusa que seja essa compreensão; e, ao contrário, só podemos corrigir essa tomada prévia à medida que explicitamos as partes singulares. "Portanto, o círculo não é de natureza formal, ele não é nem subjetivo nem objetivo, mas descreve a compreensão como a interação do movimento da tradição e do movimento do intérprete. A antecipação de sentido que dirige nossa compreensão de um texto não é uma ação da subjetividade, mas se determina a partir da comunhão que nos liga à tradição. A comunhão, contudo, está constantemente em formação em nossa relação com a tradição" (Gadamer, 1965, p. 277).

Como um elemento, o intérprete pertence ao mesmo contexto de tradição que seu objeto. Ele realiza a apropriação de uma tradição a partir de um horizonte de expectativas já previamente formado por essa tradição. Por isso, já sempre compreendemos de algum modo o legado com o qual estamos confrontados. E é somente por isso que o horizonte dado com a linguagem do intérprete não é apenas algo subjetivo que desfigura nossa interpretação. Em contraposição à análise da linguagem realizada teoricamente, a hermenêutica insiste no fato de que aprendemos a compreender um jogo de linguagem a partir do horizonte da linguagem que nos é familiar. De certa maneira, repetimos virtualmente aqueles processos de aprendizado por meio dos quais o nativo foi socializado em sua língua; todavia, não somos introduzidos imediatamente nesses processos de aprendizado, mas por meio da mediação das regras que interiorizamos em nosso próprio processo de socialização. A hermenêutica concebe a mediação daquilo que o intérprete traz consigo com aquilo de que ele se apropria como um desenvolvimento contínuo daquela tradição cuja apropriação está em questão para o intérprete. A hermenêutica não cai no impasse da análise da linguagem, que não está em condições de justificar o seu próprio jogo de linguagem; ela parte justamente do fato de a prática de jogos de linguagem nunca poder acontecer abstratamente, mas sempre apenas sobre a base dos jogos de linguagem que o intérprete já domina. – Compreensão hermenêutica é a interpretação de textos a partir do conhecimento de textos já compreendidos; ela conduz a novos processos de formação a partir do horizonte de processos de formação já realizados; trata-se de um novo processo de socialização que se articula com uma socialização já percorrida – à medida que ela se apropria da tradição, ela dá prosseguimento à tradição. Como a própria compreensão hermenêutica pertence ao contexto objetivo, que está refletido nela, a superação da distância temporal não pode ser concebida como uma construção do sujeito cognoscente: a continuidade da tradição já sempre ultrapassou faticamente a distância do intérprete em relação ao seu objeto.

Sob o ponto de vista da autorreflexão hermenêutica, a fundamentação fenomenológica e a linguística de uma sociologia compreensiva se voltam para o lado do historicismo. Como o historicismo, elas se tornam vítimas do objetivismo, pois elas postulam uma posição puramente teórica para o observador fenomenológico e para o analítico da linguagem, que só estão ligados de qualquer modo com o seu campo de objetos por meio da experiência comunicativa e que não podem reivindicar mais o papel de observadores imparciais: só uma participação refletida confere objetividade, ou seja, só o controle da situação inicial da qual, como seu solo de ressonância, a compreensão hermenêutica não pode se libertar. No plano da comunicação, a objetividade possível da experiência é colocada em risco justamente à medida que o intérprete é seduzido pela aparência de objetivismo a encobrir a vinculação metodologicamente indissolúvel com a conjuntura inicial hermenêutica. A crítica primorosa de Gadamer à autocompreensão objetivista das ciências humanas também encontra no historicismo a consciência falsa de seus legatários fenomenológicos e linguistas. No pluralismo dos mundos da vida e dos jogos de linguagem, as visões de mundo e as culturas diltheyanas que são projetadas em um plano ficcional de coetaneidade não encontram senão seu eco distante.

Gadamer discute na segunda parte de sua obra a teoria hermenêutica romântica da empatia e a sua aplicação na história: Schleiermacher e Droysen. Em Dilthey, ele demonstra as aporias nas quais se enreda uma consciência histórica que, na verdade, supera a psicologia da compreensão expressiva em favor de uma análise dos contextos significativos, mas permanece presa à genialidade ilusória de uma reprodução onicompreensiva dos conteúdos de sentido de algum modo objetivados. Contra a esteticização da história empreendida por Schleiermacher e Dilthey, assim como contra a sua anesteticização da reflexão história, Gadamer faz valer a intelecção tão sutil quanto inflexível de Hegel de que a restituição da vida passada só é possível na medida de uma reconstrução do presente a partir de seu passado. No lugar de uma reprodução aparente do passado, entra em cena a sua mediação, assumida na reflexão, com a vida presente:

> O fato de a compreensão ulterior possuir uma superioridade principal em relação à produção originária e de, por isso, poder ser formulada como uma melhor compreensão não se baseia tanto na conscientização ulterior que conduz à equiparação com o autor (como Schleiermacher pensava), mas descreve, ao contrário, uma diferença impassível de ser suspensa entre o intérprete e o autor, uma diferença que é dada por meio da distância histórica. Cada época precisará compreender um texto legado pela tradição dessa maneira, pois esse texto pertence ao todo da tradição, pela qual ela possui um interesse objetivo e na qual ela busca compreender a si mesma. O sentido real de um texto tal como ele interpela o intérprete não depende do elemento ocasional que o autor e o seu público originário representam. Ele não se confunde ao menos com esse elemento. Pois ele é sempre codeterminado também pela situação histórica do intérprete e, com isso, pelo todo do curso histórico objetivo, um autor como Chladenius, que ainda não impele a compreensão para o interior do elemento histórico, faz jus de maneira totalmente despojada e ingênua a isso, quando pensa que um autor não

> precisa conhecer ele mesmo o verdadeiro sentido de seu texto e que, por isso, o intérprete pode e precisa mesmo com frequência compreender mais do que o autor. Mas isso tem uma significação fundamental. Não é apenas ocasionalmente, mas sempre que o sentido de um texto ultrapassa seu autor. Por isso, o compreender não é nenhum comportamento meramente reprodutivo, mas também um comportamento produtivo (Gadamer, 1965, p. 280).

O objetivismo encobre a conexão histórico-efetiva na qual a consciência histórica mesma se encontra. Por isso, o princípio da história dos efeitos de um texto conquista para Gadamer o *status* de um princípio metodológico para a interpretação do texto mesmo. Ela não é uma disciplina auxiliar, que fornece informações adicionais, mas uma pesquisa de base da interpretação enquanto tal. Pois a história dos efeitos é apenas a cadeia das interpretações passadas, por meio das quais a pré-compreensão do intérprete é mediada com o seu objeto, mesmo que isso aconteça por detrás de suas costas. Documentos tradicionais e acontecimentos históricos não conquistam o seu "sentido", um sentido em cuja apreensão descritiva se empenha a compreensão hermenêutica, independentemente dos acontecimentos e interpretações que se seguiram a eles: o sentido é um agregado de significações sedimentadas que se dão ininterruptamente a partir de novas retrospectivas. Por isso, um sentido legado pela tradição é em princípio incompleto, a saber, aberto para sedimentos oriundos das retrospectivas futuras. Historiadores e filólogos, que refletem em termos da história dos efeitos, contam com a impossibilidade de fechamento do horizonte de sentido. Eles antecipam o fato de que o progresso dos acontecimentos junto a seu objeto trará à tona novos aspectos da significação; esse é o cerne racional da experiência filosófica de que o conteúdo de textos tradicionais é "inesgotável" (Gadamer, 1965, p. 355). Corresponde a essa experiência a experiência do historiador de que ele não pode fornecer por princípio nenhuma descrição suficiente de um evento: *"Completely to describe an event is to locate it in all the right stories, and this we cannot do. We cannot because we are temporally provincial with regard to the future"* (Danto, 1965, p. 142)[124].

A. C. Danto ratifica o princípio gadameriano da história dos efeitos por meio de uma análise da forma dos enunciados históricos. A representação histórica serve-se de enunciados narrativos. Eles são denominados narrativos porque representam acontecimentos como elementos de histórias. Histórias possuem um início e um fim e são mantidas coesas por uma ação. Acontecimentos históricos são reconstruídos em sistemas referenciais de uma história; eles não podem ser representados sem relação com outros acontecimentos que lhes sucedem temporalmente. Enunciados narrativos são caracterizados em geral por meio do fato de se relacionarem com pelo menos dois acontecimentos dotados de índices temporais diversos, sendo que o mais antigo desses acontecimentos é tema da descrição. Enunciados narrativos descrevem um acontecimento com o auxílio de categorias sob as quais esse acontecimento não poderia ter sido observado. A frase "A Guerra dos Trinta Anos começou em 1618" pressupõe no mínimo o desenrolar dos acontecimentos relevantes para a história da guerra até o Tratado de Westfália, acontecimentos que não poderiam ter sido representados por nenhum observador no momento da irrupção da guerra. De acordo com o contexto, porém, a expressão "Guerra dos Trinta Anos" não significa apenas um acontecimento de guerra que se estendeu por três décadas, mas sim o colapso do Império Alemão, o atraso do desenvolvimento capitalista, o fim da Contrarreforma, a censura por um drama de Wallenstein etc. etc. Os predicados com os quais um acontecimento pode ser representado narrativamente exigem a aparição de acontecimentos ulteriores, em cuja luz o acontecimento se mostra como um acontecimento histórico. Por isso, com o passar do tempo, a descrição histórica de acontecimentos vai se tornando mais rica do que a observação empírica o admitia no momento de sua entrada em cena.

---

124. Em inglês no original: "Descrever completamente um evento é localizá-lo em todas as histórias corretas, e não estamos em condições de fazer isso. Não estamos em condições de fazer isso porque somos temporalmente provincianas em relação ao futuro" [N.T.].

No sistema referencial de teorias científico-experimentais, acontecimentos só são descritos a partir de categorias nas quais uma observação desse acontecimento pode ser protocolada. Um acontecimento cientificamente prognosticado só pode ser identificado em uma linguagem observacional que é neutra em relação ao momento da entrada em cena do acontecimento. Uma representação histórica do mesmo acontecimento, digamos de um eclipse solar, precisa se relacionar com as linguagens de interpretação de todos aqueles para os quais esse acontecimento conquistou um significado histórico, ou seja, relevância no quadro de uma história. Se na observação de acontecimentos o historiador quisesse proceder assim como o astrônomo ou o físico e escolher uma linguagem observacional temporalmente neutra, então ele precisaria assumir o papel do cronista ideal. Esse cronista colocaria à disposição do historiador uma máquina que protocola a cada momento todos os acontecimentos e os grava de maneira irrevogável. Essa testemunha ocular ideal anota em uma linguagem observacional tudo aquilo que acontece historicamente e como acontece. Não obstante, para o nosso historiador, essa máquina seria praticamente inútil, pois os perfeitos relatórios dessa testemunha ocular seriam sem sentido se eles não fossem ao menos construções de uma única testemunha ocular viva, que poderia se servir de enunciados narrativos. O cronista ideal não está em condições de descrever ações intencionais, pois isso pressuporia a antecipação de acontecimentos para além do momento da observação. Ele é incapaz de produzir relações causais, pois de outro modo acontecimentos precisariam ser descritos retrospectivamente: a observação de um acontecimento posterior no tempo é a condição necessária para que um acontecimento precedente possa ser identificado como a sua causa. O cronista não pode contar nenhuma história única, porque relações entre acontecimentos com índices temporais diversos se subtraem à sua observação: ele não pode ver início, crise e fim de um contexto de ação, porque lhe falta um ponto de vista de uma interpretação possível.

Naturalmente, mesmo as descrições da testemunha ocular ideal precisam ser interpretações. Mas uma linguagem observacional temporalmente neutra exclui interpretações a partir das quais apenas um acontecimento observado pode ser concebido como um acontecimento histórico. É somente no quadro de referência retroativo de sujeitos de ação que avaliam os estados presentes com vistas a estados antecipados do futuro que dois acontecimentos históricos sucessivos podem ser compreendidos a partir da relação de um presente previamente passado com um futuro pretérito. Quando falamos da irrupção da Guerra dos Trinta Anos, concebemos os acontecimentos do ano de 1618 a partir da retrospectiva da guerra que terminou trinta anos depois: para os contemporâneos de 1618, essa expressão só poderia ter um significado prospectivo. Portanto, descrevemos o acontecimento em categorias que teriam sido relevantes para o contemporâneo não como observador, mas como agente que pode antecipar o futuro. Representar acontecimentos historicamente, ou seja, sob a forma de enunciados narrativos, significa, portanto, concebê-los a partir do esquema de um agir possível.

Naturalmente, o historiador se restringe aí às intenções fáticas do agente. Como nascido em uma época posterior, ele já sempre transcendeu justamente o horizonte da história, tal como esse horizonte se apresentava para o agente. Mesmo os componentes não visados e os efeitos colaterais de contextos intencionais, porém, são concebidos no momento em que adentram o horizonte da história de alguém que vem depois a partir do ponto de vista de uma intencionalidade possível. Gadamer demonstrou a passagem da fundamentação psicológica para a hermenêutica das ciências humanas: "O problema da história não é como um contexto se torna em geral efetivamente vivenciável e cognoscível, mas como devem ser cognoscíveis mesmo aqueles contextos que ninguém vivenciou enquanto tais" (Gadamer, 1965, p. 211). Danto discute essa relação entre um sentido subjetivamente visado e um sentido objetivo a partir do exemplo dos traços românticos descobertos posteriormente em obras do Classicismo:

> It is a discovery for which we require the concept of romanticism, and criteria for identifying the romantic. But a concept of romanticism would naturally not have been available in the heyday of classicism

[...]. Whatever in classical writings turns out to fall under the concept of romanticism was doubtless put in those works intentionally. But they were not intentional under the description "putting in romantic elements", for the authors lacked that concept. This is an important limitation on the use of *Verstehen*. It was not an intention of Aristarchus to anticipate Copernicus, not of Petrarch to open the Renaissance. To give such descriptions requires concepts which were only available at a later time. From this it follows that even having access to the minds of the men whose actions he describes will not enable the Ideal Chronicler to appreciate the significance of those actions (Danto, 1965, p. 169)[125].

A interpretação de observadores contemporâneos é o derradeiro degrau de uma escada de interpretações. Seu primeiro degrau é o sistema referencial do historiador que não pode ser independentemente de seu horizonte de expectativas, na medida em que ele mesmo é um sujeito agente. A própria escada é o contexto tradicional que liga o historiador ao seu objeto. Ele se constrói a partir das projeções retroativas daqueles que vêm depois e que, como pessoas que conhecem melhor as coisas, reconstruíram o que veio a ser sob o esquema de um agir possível. O historiador não é nenhum cronista reduzido à observação. Ele faz experiências comunicativas. No lugar de um protocolar isento, entra em cena o negócio da compreensão hermenêutica. Revela-se como desprovido de sentido querer cindir da interpretação no plano

---

125. Em inglês no original: "Há uma descoberta para a qual necessitamos do conceito de 'Romantismo' e de critérios para a identificação do romântico. Mas um conceito de 'Romantismo' não teria naturalmente estado acessível no apogeu no Classicismo [...]. O que quer que haja nos escritos clássicos que possa cair sob o conceito de 'Romantismo' foi sem dúvida alguma colocado naquelas obras intencionalmente. Todavia, essa intenção não pode ser descrita como a de 'inserir elementos românticos', uma vez que os artistas não dispunham desse conceito. Essa é uma importante limitação no uso de *Verstehen*. Mão foi uma intenção de Aristarco antecipar Copérnico, nem de Petrarca inaugurar o Renascimento. Para que possamos dar tais descrições, são necessários conceitos que só se tornaram acessíveis em uma época posterior. Disso se segue que, mesmo tendo acesso às mentes dos homens cuja ação ele descreve, isso não permitirá que o Cronista Ideal avalie a significação dessas ações" [N.T.].

da apresentação histórica algo assim como uma descrição cronística. Danto critica tal concepção,

> which, in a way, accepts the ideal of imitation of the past, but wants to insist that there is something beyond giving accounts, even perfect accounts, of the past, or parts, which it is also the aim of history to do. For in addition to making true statements about the past, it is held, historians are interested in giving interpretations of the past. And even if we had a perfect account, the task of interpretation would remain to be done. The problem of just giving descriptions belongs to a humbler level of historical work: it is, indeed, the work of chroniclers. This is a distinction I am unable to accept. For I wish to maintain that history is all of a piece. It is all of a piece in the sense that there is nothing one might call a pure description in contrast with something else to be called an interpretation. Just to do history at all is to employ some overarching conception which goes beyond what is given. And to see that this is so is to see that history as an imitation or duplication of the past is an impossible ideal (Danto, 1965, p. 291)[126].

Uma série de eventos só conquista a unidade de uma história sob um ponto de vista que não pode ser deduzido daqueles eventos mesmos. Os agentes estão enredados em suas histórias;

---

126. Em inglês no original: "Que, de certa forma, aceita o ideal da imitação do passado, mas quer insistir que há algo para além de avaliações dadas do passado ou de partes do passado, por mais perfeitas que elas sejam, algo cuja história tem por meta alcançar. Pois, além de fazer juízos verdadeiros sobre o passado, sustenta-se que os historiadores estão interessados em fornecer interpretações do passado. E, mesmo se tivéssemos uma avaliação perfeita, a tarefa da interpretação ainda precisaria ser realizada. O problema de fornecer apenas descrições pertence a um nível mais modesto do trabalho histórico: esse é, de fato, o trabalho do cronista. Essa é uma distinção que não estou em condições de aceitar, pois quero manter o fato de a história ser feita de uma peça só. Ela é de uma peça só no sentido de que não há nada que possamos chamar uma descrição pura em contraste com outra coisa a ser chamada de interpretação. Fazer história é empregar alguma concepção geral que ultrapassa os dados. E ver que as coisas são assim é ver que a história como uma imitação ou duplicação do passado é um ideal impossível" [N.T.].

para eles também, quando narram as suas próprias histórias, é só ulteriormente que vem à tona o ponto de vista sob o qual os eventos podem assumir a conexão de uma história. Eles só possuem naturalmente um sentido para alguém que pode em geral agir.

Enquanto vêm à tona novos eventos, os mesmos eventos podem entrar em outras histórias e conquistar novas significações. Só podemos dar uma descrição definitiva e completa de um evento histórico se pudermos nos assegurar de que novos pontos não mais surgirão, de que, portanto, podemos antecipar todos os pontos de vista que serão obtidos no futuro. Nesse sentido, a filosofia da história antecipa o ponto de vista que poderia orientar o último historiador depois da conclusão da história como um todo. Uma vez que não podemos antecipar o curso futuro das coisas, também não podemos saber de antemão fundamentadamente o ponto de vista do último historiador. Sem filosofia da história, porém, não se pode representar, por outro lado, nenhum evento histórico de maneira completa:

> Any account of the past is essentially incomplete. It is essentially incomplete, that is, if its completion would require the fulfillment of a condition which simply cannot be fulfilled. And my thesis will be that a complete account of the past would presuppose a complete account of the future, so that one could not achieve a complete historical account without also achieving a philosophy of history. So that if there cannot be a legitimate and complete historical account. Paraphrasing a famous result in logic, we cannot, in brief, consistently have a complete historical account. Our knowledge of the past, in other words, is limited by our knowledge (or ignorance) of the future. And this is the deeper connection between substantive philosophy of history and ordinary history (Danto, 1965, p. 17s.)[127].

---

127. Em inglês no original: "Toda avaliação do passado é essencialmente incompleta. Ela é essencialmente incompleta, ou seja, para que ela chegasse a ser completa, ela precisaria preencher uma condição que não pode ser preenchida. E minha tese será a de que uma avaliação completa do passado

Enquanto a escolha das expressões descritivas é feita por meio de um sistema referencial teórico, a incompletude da descrição ainda não se mostra como um defeito. Não obstante, na medida em que o historiador não dispõe de tais teorias como as ciências experimentais, suas descrições incompletas também são em princípio arbitrárias:

> Completely to describe an event is to locate it in all the right stories, and this we cannot do. We cannot because we are temporally provincial with regard to the future. We cannot for the same reasons that we cannot achieve a speculative philosophy of history. The complete description then presupposes a narrative organization, and narrative organization is something that we do. Not merely that, but the imposition of a narrative organization logically involves us with an inexpugnable subjective factor. There is an element of sheer arbitrariness in it. We organize events relative to some events which we find significant in a sense not touched upon here. It is a sense of significance common, however, to all narratives and is determined by the topical interests of this human being or that (Danto, 1965, p. 142)[128].

---

pressuporia uma avaliação completa do futuro, de modo que não se poderia conquistar uma avaliação histórica completa sem alcançar ao mesmo tempo uma filosofia da história. De modo que, se não puder haver uma filosofia da história legítima, não pode haver uma avaliação histórica legítima e completa. Nosso conhecimento do passado, em outras palavras, é limitado por nosso conhecimento (ou ignorância) do futuro. E essa é a conexão mais profunda entre filosofia substantiva da história e história ordinária" [N.T.].

128. Em inglês no original: "Descrever completamente um evento é localizá-lo em todas as histórias corretas, e não temos como fazer isso. Não podemos porque somos temporalmente provincianos no que diz respeito ao futuro. Não podemos pelas mesmas razões pelas quais não podemos alcançar uma filosofia especulativa da história. A descrição completa, então, pressupõe uma organização narrativa e organização narrativa é algo que podemos fazer. Não apenas isso, mas a imposição de uma organização narrativa nos envolve em um fator subjetivo inexpugnável. Há um elemento de pura arbitrariedade nela. Organizamos eventos com relação a alguns eventos que achamos significantes em um sentido que não tinha sido tocado até então. Há, de qualquer modo, um sentido de significância comum a todas as narrativas e determinado pelos interesses tópicos deste ou daquele ser humano" [N.T.].

Com certeza, essas conclusões só são plausíveis se supusermos como plenamente significativo o ideal da descrição completa para a história. Danto desenvolve essa *Ideia de todas as histórias possíveis* com base no papel hipotético de um último historiador. Todavia, tal como todo historiador antes dele, o último historiador também só consegue formar uma história a partir da série dos acontecimentos passados sob o ponto de vista que ele deduz desses eventos mesmos. É só quando ele mesmo age em um horizonte de expectativa que ele pode projetar o último de todos os sistemas referenciais para a apresentação de eventos históricos. No entanto, logo que o historiador age, ele produz novas conexões que se reúnem sob uma nova retrospectiva em outra história. Por meio daí, a descrição completa e definitiva seria submetida uma vez mais a uma revisão. Para a apresentação historiográfica da história como um todo, porém, seria necessária uma qualificação que é incompatível com o fim da história *per se*. O ideal da descrição completa não pode ser representado de maneira consequente. Ele atribui à história uma pretensão de contemplação que não apenas não pode ser resgatada, mas que também é ilegítima enquanto pretensão.

Todo historiador desempenha o papel do último historiador. Ponderações hermenêuticas sobre a inesgotabilidade do horizonte de sentido e sobre as novas interpretações de gerações futuras permanecem vazias: elas não possuem consequências para aquilo que o historiador precisa fazer. Tudo aquilo que ele pode saber historicamente, ele não pode apreender independentemente do quadro da própria práxis de vida. Para essa práxis, só existe algo futuro no horizonte de expectativas. E essas expectativas completam hipoteticamente os fragmentos da tradição até aqui e o transformam na totalidade da história universal pré-compreendida, em cuja luz todo evento relevante pode ser por princípio tão completamente descrito quanto é possível para a autocompreensão praticamente efetiva de um mundo da vida social. De maneira implícita, todo historiador procede do modo como Danto gostaria de proibir que o filósofo da história o fizesse. Sob pontos de vista da prática, ele antecipa estados finais a partir dos quais a multiplicidade de eventos se estrutura naturalmente em histórias que orientam a ação. Precisamente o caráter inconcluso da história, ou seja, a situação do agente, permite a antecipação hipotética da história como um todo, sem a qual a significação retrospectiva das partes não se produziria. Dilthey já havia visto isso:

> Apreendemos a significação de um momento do passado. Ele é significativo, na medida em que, nele, se realizou uma vinculação para o futuro por meio de um ato ou de um acontecimento exterior [...]. O momento singular [tem] significação por meio de sua conexão com o todo, por meio da relação entre passado e futuro, existência singular e humanidade. Mas em que consiste, então, o próprio modo dessa relação entre parte e todo no interior da vida? – Trata-se de uma relação que nunca é totalmente concretizada. Precisar-se-ia esperar pelo fim do transcurso e só se poderia vislumbrar na hora da morte o todo a partir do qual esse modo seria constatável. Precisar-se-ia esperar pelo fim da história, a fim de possuir o material completo para a definição de sua significação. Por outro lado, porém, o todo só está presente para nós à medida que se torna compreensível a partir das partes. A compreensão sempre oscila entre as duas formas de consideração. Constantemente se altera a nossa concepção da significação da vida. Todo plano vital é a expressão de uma apreensão da significação da vida. O que estabelecemos para o nosso futuro como meta condiciona a determinação da significação do que passou (Dilthey, 1992, p. 233).

8.3 Representações históricas que possuem a forma de enunciados narrativos só podem se mostrar como incompletas e arbitrárias por princípio se forem avaliadas a partir de um ideal equivocado de descrição. Os enunciados das ciências empíricas tampouco satisfazem a esse critério de uma apreensão contemplativa e de uma apresentação correspondente. Sua pertinência é comprovada com base em critérios fixados pela validade de um saber tecnicamente aproveitável. Se checarmos de maneira correspondente a validade de enunciados hermenêuticos no quadro pertinente de um saber consequente em termos práticos, então aquilo que Danto precisa apreender como falha se evidencia como condição transcendental de um conhecimento possível: é somente porque *projetamos* a conclusão *provisória* de um sistema referencial a partir do horizonte da práxis da vida que as interpretações dos eventos que podem ser decifrados como fragmentos a partir de uma totalidade antecipada podem ter efetivamente um conteúdo informativo para essa práxis de vida. Vejo a contribuição propriamente dita de Gadamer na comprovação de que uma compreensão hermenêutica está ligada de maneira transcendentalmente necessária à articulação de uma autocompreensão orientadora da ação.

Junto ao exemplo da teologia e da jurisprudência mostra-se a conexão imanente entre compreensão e aplicação: a interpretação da Bíblia serve ao culto do mesmo modo que a interpretação do direito positivo serve à justiça como interpretação ao mesmo tempo da aplicação dos fatos em uma situação dada. A referência vital prática à autocompreensão do destinatário, da comunidade eclesiástica tanto quanto da comunidade jurídica, não se anexa só ulteriormente à interpretação. Ao contrário, a interpretação se realiza na própria aplicação. Gadamer não quer deixar que essa conexão constitutiva entre compreensão e conversão prático-vital valha apenas para determinadas tradições que, tal como os textos sagrados de uma tradição canônica ou as normas vigentes do direito positivo, já possuem uma obrigatoriedade institucional. Ele não gostaria de estendê-la apenas à interpretação de obras de arte ou à interpretação de textos filosóficos. Ele nos convence de que a compreensão aplicativa de tradições insignes dotadas de uma pretensão autoritativa fornece o modelo para uma compreensão hermenêutica em geral:

> A copertinência estreita, que ligou originariamente a hermenêutica filosófica com a jurídica e a teológica, tinha por base, contudo, o reconhecimento da aplicação como um momento integrante de todo com-

preender. Tanto para a hermenêutica jurídica quanto para a hermenêutica teológica, é sim constitutiva a tensão que existe entre o texto estabelecido – da lei ou da anunciação – por um lado, e, por outro, o sentido que sua aplicação alcança no instante da interpretação, seja no julgamento seja na oração; uma lei não quer ser entendida historicamente, mas deve se concretizar em sua validade jurídica por meio da interpretação. Do mesmo modo, um texto de anunciação não busca ser apreendido como um documento meramente histórico, mas deve ser compreendido de tal modo que exerça seu poder salvador. Isso implica nos dois casos que o texto, quer se trate da lei quer da mensagem da salvação, se é que ele deve ser compreendido de maneira apropriada, precisa ser compreendido correspondentemente a cada instante, isto é, em cada situação concreta, de forma nova e diversa. Compreender já sempre significa aqui aplicar. – Pois bem, partimos do conhecimento de que mesmo a compreensão exercitada nas ciências humanas é uma compreensão essencialmente histórica, isto é, que mesmo ali um texto só é compreendido se ele é compreendido a cada vez de maneira diversa. Isso caracterizou precisamente a tarefa de uma hermenêutica histórica: o fato de ela precisar refletir sobre a relação de tensão que existe entre a mesmidade da coisa comum e a situação alternante na qual essa mesmidade deve ser compreendida.

Gadamer explicita o saber aplicativo, ao qual uma compreensão hermenêutica conduz com base nas determinações aristotélicas de um saber prático (Aristóteles, VI, 3-10). O saber hermenêutico tem três momentos em comum com aquele saber ético-político que Aristóteles distingue na mesma medida da ciência e da técnica[129]. De *início, o* saber prático possui uma forma reflexiva: trata-se ao mesmo tempo de um "saber-se". Por isso, experimentamos em nós mesmos os erros nos campos do

---

129. A comparação entre *phronesis* e *techne* conquistou uma atualidade própria, desde que a ciência, que estava reservada outrora à contemplação, comprometeu-se metodologicamente com a atitude do técnico.

saber prático. Opiniões falsas têm a figura habitual de uma consciência falsa. Uma compreensão lacunar possui a força objetiva de uma cegueira. O *segundo* momento também está em relação com isso: o saber prático é internalizado. Ele possui a força de fixar impulsos e formar paixões. Em contrapartida, um saber técnico permanece extrínseco. Desaprendemos regras técnicas logo que deixamos o campo de exercício. Regras práticas, uma vez dominadas, tornam-se parte da estrutura da personalidade. Desse modo, também não se pode adquirir um saber prático como um saber teórico sem pressupostos; ele precisa se ligar a uma estrutura de preconceitos. Somente o ouvinte que já adquiriu um saber prévio com base em uma tradição apropriada e situações experimentadas poderá aprender por meio de preleções de filosofia prática. O saber prático se liga a um processo de socialização e o desenvolve continuamente. A partir daí se torna compreensível também o *terceiro* momento: o saber prático é global. Ele não se relaciona com finalidades particulares, que podem ser determinadas independentemente dos meios de realização. Assim como os caminhos nos quais podem ser realizadas, as metas orientadoras da ação se mostram como momentos da mesma forma de vida (*bios*). Essa forma de vida é sempre uma forma de vida social, que se constitui por meio do agir comunicativo. O saber prático orienta quanto às regras da interação. Essas regras legadas são usuais, mas as condições de aplicação historicamente alternantes exigem uma aplicação que continua desenvolvendo, por sua vez, as regras por meio de interpretação.

Se as ciências hermenêuticas assumem a mesma posição em relação à tradição que uma filosofia prática que, instruída pela consciência histórica, renunciou ao direito natural ontologicamente fundado, então as determinações aristotélicas também podem ser reivindicadas para a hermenêutica:

> O intérprete, que tem de lidar com uma tradição, procura aplicá-la. Aqui também, contudo, essa aplicação não significa que o texto tradicional seria dado para ele e compreendido como algo universal e, em seguida, utilizado para empregos particulares. O intérprete não quer inversamente outra coisa senão

compreender esse universal – o texto –, ou seja, compreender aquilo que a tradição diz, o que constitui o sentido e a significação do texto. Para compreender isso, porém, ele não pode pretender se abstrair de si mesmo e da situação hermenêutica concreta na qual se encontra. Ele precisa articular o texto com essa situação, se é que ele quer efetivamente compreender (Gadamer, 1965, p. 307).

Segundo a sua estrutura, a compreensão hermenêutica é feita para clarificar uma possível autocompreensão orientadora da ação de grupos sociais a partir de tradições. Ela possibilita uma forma de consenso, da qual depende o agir comunicativo. Ela conjura os perigos da ruptura da comunicação nas duas direções: na direção vertical da própria tradição e na horizontal da mediação entre tradições de culturas e grupos diversos. Se esses fluxos comunicativos se interrompem e a intersubjetividade do entendimento ou bem se paralisa ou se decompõe, uma condição elementar da sobrevivência é destruída: a possibilidade de uma unificação desprovida de coações e de um reconhecimento não violento.

A dialética do universal e do particular, que se impõe mesmo na apropriação de tradições e no emprego correspondente de regras práticas, mostra, por sua vez, a fragilidade da intersubjetividade. O fato de efetivamente existir algo assim como a tradição envolve um momento de ausência de obrigatoriedade: o que é legado pela tradição também precisa poder ser revidado, senão o não idêntico na identidade retida dos grupos se aniquilaria. Identidades egoicas só podem se formar e se manter em uma comunicação linguística junto a uma identidade grupal se essa identidade puder se constituir, por sua vez, ante o outro coletivo do próprio passado como algo idêntico a ele e dele ao mesmo tempo diverso. Por isso, a universalidade global de regras práticas exige uma aplicação concretizante, por meio da qual apenas ela é determinada na situação dada e se transforma em um universal concreto, que vale intersubjetivamente.

Uma regra técnica é abstratamente universal. Ela pode ser comparada com uma proposição teórica cujas condições de aplicação são universalmente formuladas. A intersubjetividade é produzida no plano teórico por meio de uma definição prévia dos predicados fundamentais e, no plano operacional, por meio de regras invariantes de aplicação. A identificação de estados de coisa nos quais a proposição pode ser empregue não toca o seu conteúdo semântico. Assim, podemos subsumir casos a algo abstratamente universal. As coisas se comportam de maneira diversa no que diz respeito às regras práticas. Nós as comparamos com conteúdos de sentido tradicionais, que só são compreendidos quando produzimos um consenso sobre a sua significação. É somente então que eles possuem validade intersubjetiva em um grupo social. A compreensão transforma-se nesse caso em um problema, porque faltam as duas coisas: a definição obrigatória dos predicados fundamentais e as regras de aplicação invariantes. Uma pré-compreensão nos dirige junto à busca por estados de coisa, com base nos quais o sentido pode ser precisado; mas essa identificação do âmbito de aplicação qualifica, por sua vez, o conteúdo semântico. O universal global, que já precisamos ter compreendido difusamente, só determina o particular subsumido à medida que ele mesmo é concretizado por meio desse particular. Somente por meio disso ele conquista reconhecimento intersubjetivo em uma situação dada. Esse reconhecimento está vinculado a essa situação. Uma nova situação exige uma renovação da intersubjetividade por meio de uma compreensão repetida; ela não vem a termo arbitrariamente, mas é resultado da mediação pensante do passado com a vida presente.

Nesse contexto, Hegel podia falar naturalmente com mais direito de pensamento do que Gadamer. Independentemente do movimento absoluto da reflexão, é difícil fixar o momento do conhecimento na compreensão hermenêutica. Se o contexto tradicional como um todo não é mais reconhecido como produção da razão que apreende a si mesma, o desenvolvimento da tradição representado pela compreensão hermenêutica também não pode mais ser considerado *eo ipso*.

Uma crítica que já tomasse a dependência lógica da interpretação em relação à aplicação e ao entrelaçamento de antecipações normativas com experiências cognitivas como pretexto para banir a compreensão hermenêutica do âmbito da pesquisa sólida seria certamente precipitada. No plano de uma compreensão hermenêutica, a relação móvel que possibilita processos de conhecimento em geral ainda não se apaziguou: temos constantemente a formação de padrões e a descrição segundo padrões. É somente a metodologia das ciências empíricas que as cinde: as construções teóricas e as observações junto às quais elas podem fracassar. Os dois momentos, porém, estão coordenados previamente em um quadro transcendental. A protofísica torna uma interpretação da realidade obrigatória. Essa interpretação constitui-se previamente sob o domínio do conceito de "objetos possíveis da disponibilização técnica". Com isso, já se decidiram antecipadamente as regras, segundo as quais proposições teóricas podem ser aplicadas a fatos; no interior das ciências, por isso, elas são desprovidas de problematicidade. Problemática é a aplicação, e, enquanto tal, onde quer que um quadro transcendental que coordene proposições e fatos ainda não tenha se dado previamente, mas esteja engajado em transformações, precisando ser constatado *ad hoc*, ela não pode ser cindida da interpretação.

A apropriação de conteúdos de sentido legados realiza-se em um plano no qual são decididos os esquemas de uma concepção possível do mundo. Essa decisão não é tomada independentemente de se tal esquema se confirma ou não em uma situação dada e previamente interpretada. Por isso, não faz sentido coordenar a compreensão hermenêutica ou bem à teoria ou bem à experiência; ela é as duas coisas e nenhuma das duas totalmente. Aquilo que denominamos experiência comunicativa transcorrerá normalmente no interior de uma língua, em cuja gramática está fixada uma associação de tais esquemas. Mas a intersubjetividade rompida transforma em tarefa duradoura o ajuste contínuo de um esquema comum. Somente em casos extremos essa transformação permanente no subsolo e esse desenvolvimento incessante dos esquemas transcendentais de concepção do mundo se tornam uma tarefa que precisa ser explicitamente realizada por meio da compreensão hermenêutica. Tais casos vêm à tona quando tradições se interrompem ou encontram culturas estrangeiras – ou, quando analisamos tradições familiares como estranhas, um estranhamento controlado pode alçar a compreensão de um exercício pré-científico para o nível de um procedimento refletido. Dessa maneira, modos hermenêuticos de procedimento também se inserem nas ciências sociais. Eles tornam-se incontornáveis logo que dados são reunidos no plano de uma experiência comunicativa. Eles são igualmente importantes na escolha do quadro categorial, quando não queremos nos comportar ingenuamente ante o próprio conteúdo inevitavelmente histórico das categorias mais universais.

De modo involuntário, Gadamer acaba naturalmente favorecendo a depreciação positivista da hermenêutica. Ele se encontra com seus adversários na concepção de que a experiência hermenêutica "ultrapassa o âmbito de controle de uma metodologia científica" (Gadamer, 1965, introdução). No prefácio à segunda edição de sua obra, Gadamer resume sua pesquisa na tese "de que o momento histórico-efetivo em toda compreensão da tradição é eficaz e permanece eficaz mesmo onde a metodologia das ciências históricas modernas assumiu o lugar e transformou aquilo que veio a ser historicamente, o que foi historicamente legado, em 'objeto' que precisa ser 'constatado' como um resultado experimental – como se a tradição fosse no mesmo sentido tão estranha e, vista em termos humanos, incompreensível quanto o objeto da física" (Gadamer, 1965, p. XIX).

Essa crítica correta a uma autocompreensão falsa não pode, contudo, levar à suspensão do distanciamento metodológico do objeto, um distanciamento que distingue uma compreensão reflexiva da experiência comunicativa do cotidiano. A confrontação entre "verdade" e "método" não poderia ter induzido Gadamer a contrapor abstratamente a experiência hermenêutica ao conhecimento humano como um todo. Essa experiência é justamente o solo das ciências hermenêuticas; e, mesmo se o que estivesse em questão fosse distanciar totalmente as *humanities* da esfera da *Science*, as ciências praxeológicas não passariam ao largo da necessidade de ligar modos de procedimento empírico-analíticos com modos hermenêuticos. A pretensão de fazer valer de maneira legítima a hermenêutica contra o absolutismo, que também é consequente em termos práticos de uma metodologia universal das ciências experimentais, não dispensa da questão acerca da metodologia em geral – é de recear que essa exigência se torne efetiva *nas* ciências ou não se torna efetiva de maneira alguma. A autocompreensão ontológica da hermenêutica no sentido de Heidegger, uma autocompreensão à qual Gadamer dá voz no prefácio supracitado, não me parece apropriada à intenção da coisa:

> Não queria desenvolver um sistema de regras técnicas que conseguiriam descrever ou mesmo dirigir o procedimento metodológico das ciências humanas. Meu intuito também não era sondar as bases teóricas do trabalho das ciências humanas, a fim de aplicar na prática os conhecimentos conquistados. Se há uma consequência prática oriunda das investigações aqui expostas, então essa consequência não aponta para um "engajamento" não científico, mas antes para a probidade "científica" de reconhecer um engajamento efetivo em toda compreensão. Não o que fazemos, não o que devemos fazer. O que está em questão é muito mais o que acontece conosco para além de nosso querer e de nosso fazer (Gadamer, 1965, p. XIV).

Essa tese encontra a sua fundamentação na sentença: "A própria compreensão não pode ser pensada tanto como uma ação da subjetividade, mas precisa ser considerada como uma inserção no acontecimento da tradição, no qual passado e presente se intermedeiam constantemente. É isso que precisa ganhar validade no interior da teoria hermenêutica, que é por demais dominada pela ideia de um procedimento, de uma metodologia" (Gadamer, 1965, p. 274s.).

Gadamer vê as tradições ainda viventes e a pesquisa hermenêutica fundidas em um único ponto. A esse ponto se contrapõe a intelecção de que a apropriação refletida da tradição rompe a substância natural da tradição e transforma a posição dos sujeitos no interior dela. Gadamer sabe que as ciências hermenêuticas só se desenvolveram em reação à decadência da pretensão de validade das tradições. Se ele acentua, contudo, que as tradições não seriam despotencializadas por meio da consciência histórica (p. XV), ele confunde a crítica justificada à autocompreensão falsa do historicismo com a expectativa injustificada de que o historicismo não teria consequências. Com certeza, a tese de Max Scheler (assumida por Ritter e Schelsky, cf. acima 2.1) de que as tradições históricas perdem a sua eficácia natural por meio da objetivação científica é fundamentada de maneira metodologicamente falsa; e, em contrapartida, a intelecção hermenêutica de que uma compreensão, por mais controlada que seja, não pode simplesmente saltar por sobre os contextos tradicionais do intérprete tem com certeza razão; da pertinência estrutural da compreensão em relação a tradições não se segue, porém, que o meio da tradição seria transformado por intermédio da reflexão científica. Mesmo na tradição irrefletidamente efetiva não há em obra apenas uma autoridade desprovida de intelecção que poderia se impor de modo cego; toda tradição precisa ser suficientemente tecida em grandes malhas, para permitir aplicação, isto é, uma transposição inteligente com vistas a situações alteradas. A única questão é que a formação metodológica da inteligência nas ciências hermenêuticas muda o equilíbrio entre autoridade e razão. Gadamer desconhece a força da reflexão que se desdobra na compreensão. Ela não é mais obscurecida aqui pela aparência de uma absolutidade, que precisaria ser resgatada por meio de uma autofundamentação, e não se liberta do solo do contingente sobre o qual ela previamente se encontra. No entanto, à medida que vislumbra a gênese da tradição a partir da qual provém a reflexão e sobre a qual ela se curva, a dogmática da práxis da vida é abalada.

Gadamer transforma a intelecção da estrutura de preconceitos própria à compreensão em uma reabilitação do preconceito enquanto tal. Ora, mas será que da incontornabilidade da conceptualidade hermenêutica prévia se segue *eo ipso* o fato de haver preconceitos legítimos? Gadamer ainda segue o impulso de um Burke, um impulso que ainda não tinha se voltado contra o racionalismo do século XVIII; ele é animado pelo conservadorismo daquela primeira geração, uma geração convencida de que uma verdadeira autoridade não precisa se mostrar como autoritária. Segundo essa geração, a verdadeira autoridade se distinguiria da autoridade falsa por meio do reconhecimento; "sim, autoridade não possui nada em comum com obediência, mas com conhecimento" (Gadamer, 1965, p. 264). Essa sentença maximamente dura enuncia uma convicção fundamental que não convém à hermenêutica, mas, em todo caso, à sua absolutização.

Gadamer tem em vista o tipo do processo de formação por meio do qual a transmissão é convertida em processos individuais de aprendizado e apropriada como tradição. A pessoa do educador legitima aqui preconceitos que são inculcados naquele que aprende com autoridade, e isso significa, como quer que procuremos formulá-lo, apresentando uma ameaça potencial de sanções e com a perspectiva de gratificações. A identificação com o modelo cria a autoridade por meio da qual apenas é possível uma interiorização das normas, ou seja, a sedimentação de preconceitos. Os preconceitos são, por seu lado, as condições de um conhecimento possível. Esse conhecimento eleva-se ao nível da reflexão quando torna por si mesmo transparente o quadro normativo se movimentando nele. Dessa maneira, a hermenêutica também traz à consciência aquilo que sempre já se acha historicamente pré-estruturado nos atos da compreensão por meio de tradições inculcadas. Gadamer caracterizou certa vez a tarefa da hermenêutica da seguinte forma: ela precisa percorrer retrospectivamente o caminho da *Fenomenologia do espírito* hegeliana de modo a comprovar em toda subjetividade a substancialidade que a determina (Gadamer, 1965, p. 286). Não obstante, o elemento substancial daquilo que se encontra previamente dado historicamente não permanece intocado pelo fato de ser acolhido na reflexão. A estrutura de preconceitos que se tornou transparente não pode mais atuar sob o modo do preconceito. Exatamente isso, porém, é o que Gadamer parece supor. O fato de a autoridade convergir com o conhecimento significaria que a tradição, efetiva pelas costas do educador, legitima os preconceitos inculcados naqueles que crescem junto a ela; esses preconceitos, portanto, não poderiam ser senão ratificados na reflexão de tais indivíduos. Na medida em que aquele que alcançou a maioridade se assegura da estrutura dos preconceitos, ele transferiria agora refletidamente o reconhecimento outrora desprovido de liberdade da autoridade pessoal do tutor para a autoridade objetiva de um contexto tradicional. O único problema é que, nesse caso, ela permaneceria autoridade, pois a reflexão só poderia ter se movimentado no interior dos limites da facticidade do transmitido. O ato do reconhecimento, que é mediado pela reflexão, não teria alterado nada no fato de a tradição enquanto tal ter permanecido a única razão da validade de preconceitos.

O preconceito gadameriano em favor do direito dos preconceitos legitimados pela tradição contesta a força da reflexão, que se confirma no fato de também poder recusar a pretensão das tradições. A substancialidade desaparece na reflexão, porque essa reflexão não apenas confirma, mas também quebra forças dogmáticas. Autoridade e conhecimento não convergem. Com certeza, o conhecimento está enraizado em uma tradição fática; ele permanece ligado a condições contingentes. Todavia, não é sem deixar rastros que a reflexão trabalha a facticidade das normas transmitidas. Ela está condenada à ulterioridade. No entanto, retrospectivamente, ela desenvolve uma força retroativa. Só podemos nos curvar sobre as normas interiorizadas depois de termos aprendido a segui-las de início de maneira cega sob a força exteriormente imposta, uma vez que a reflexão se lembra do caminho da autoridade, no qual as gramáticas dos jogos de linguagem foram dogmaticamente postas em funcionamento como regras da concepção de mundo e do agir, pode ser eliminado da autoridade aquilo que nela era mero domínio e dissolvido na compulsão desprovida de violência da intelecção e da decisão racional.

Essa experiência da reflexão é a herança inalienável que nos foi legada pelo Idealismo Alemão a partir do espírito do século XVIII. Sentimo-nos tentados a colocar Gadamer em campo contra Gadamer e comprovar-lhe hermeneuticamente: que ele ignora essa herança porque assume um conceito não dialético de esclarecimento a partir da perspectiva restrita do século XIX alemão – e, com ele, um afeto que reivindica para nós uma perigosa petição de superioridade e que nos cinde das tradições ocidentais. Todavia, as coisas não são tão fáceis assim; Gadamer tem em mãos um argumento sistemático. O direito à reflexão exige o autocerceamento do ponto de partida hermenêutico. Ele exige um sistema referencial que ultrapassa o contexto da tradição enquanto tal; somente nesse caso a transmissão pode ser também criticada. Como é, porém, que tal sistema pode ser por sua vez legitimado senão a partir da apropriação da tradição?

IV

SOCIOLOGIA COMO TEORIA DO PRESENTE

Wittgenstein submeteu a análise linguística a uma autorreflexão transcendental e, em seguida, a uma sociolinguística. A hermenêutica gadameriana designa um terceiro nível de reflexão: o nível histórico, que concebe o intérprete e seu objeto como fatores do mesmo contexto. Esse contexto apresenta-se como tradição ou como história dos efeitos. Por meio desse contexto como um meio de símbolos linguísticos propagam-se historicamente comunicações. Denominamos histórico esse movimento constante, porque a continuidade só é preservada por meio de uma tradução, por meio de uma filologia em grande espectro que se realiza naturalmente. A intersubjetividade da comunicação ordinária é quebrada e precisa ser sempre reconquistada uma vez mais de maneira intermitente. Essa realização positiva da compreensão hermenêutica, quer levada a termo inexpressa quer explicitamente, é motivada, por sua vez, desde o princípio pela tradição que dessa forma se perpetua. A tradição não é um processo que aprendemos a dominar, mas uma linguagem legada na qual vivemos:

> O modo de ser da tradição não é naturalmente nenhum modo imediato. Ela é linguagem e a escuta que a compreende integra sua verdade em um comportamento mundano e linguístico próprio, na medida em que interpreta textos. A comunicação linguística entre presente e tradição é, como mostramos, o acontecimento que atravessa toda compreensão. A experiência hermenêutica precisa atribuir a si como experiência autêntica tudo aquilo que lhe é presente. Ela não tem a liberdade de escolher e rejeitar previamente. Mas ela tampouco pode afirmar uma liberdade pura e simples na incerteza que parece específica a

toda compreensão de algo que é compreendido. Ela não pode fazer com que não tenha acontecido o acontecimento que ela é (Gadamer, 1960, p. 439).

A autorreflexão hermenêutica da análise linguística supera a concepção transcendental que Wittgenstein tinha mantido mesmo em face da multiplicidade de gramáticas de jogos de linguagem. Como tradição, a linguagem abarca todas as gramáticas determinadas e funda unidade na pluralidade empírica de regras transcendentais. No plano do espírito objetivo, a linguagem se torna um absoluto contingente. Como espírito absoluto, ela não pode mais se conceber; ela só se torna agora apreensível para a consciência subjetiva como poder absoluto. Na transformação histórica dos horizontes da experiência possível, esse poder se torna objetivo. A experiência hegeliana da reflexão reduz-se à consciência de que estamos entregues a um acontecimento no qual, mesmo irracionalmente, as condições da racionalidade se alteram segundo tempo e lugar, época e cultura.

A autorreflexão hermenêutica, porém, só se encaminha para tal irracionalismo se ela posiciona absolutamente a experiência hermenêutica e não reconhece a força transcendente da reflexão que também trabalha nela. Com certeza, a reflexão não pode mais ultrapassar a si mesma em direção a uma consciência absoluta, que ela mesma pretenderia ser. Para uma consciência transcendental hermeneuticamente refletida e revertida no contexto contingente de tradições, o caminho de um idealismo relativista encontra-se vedado. Mas será que ela precisa permanecer atolada com isso no caminho de um idealismo relativista?

A objetividade de um acontecimento tradicional constituído por um sentido simbólico não é suficientemente objetiva. A hermenêutica depara-se por assim dizer desde dentro com as paredes do contexto tradicional; logo que esses limites são experimentados e reconhecidos, ela não pode mais posicionar absolutamente tradições culturais. Faz bastante sentido conceber a linguagem como uma espécie de metainstituição, da qual dependem todas as instituições sociais, pois o agir social só se constitui em uma comunicação ordinária[130]. Mas essa metainstituição da linguagem como tradição é evidentemente dependente, por sua parte, de processos sociais que não se inscrevem em contextos normativos. A linguagem *também* é um meio de domínio e de poder social. Ela serve à legitimação de ligações próprias a uma violência organizadas. Até o ponto em que as legitimações não exprimem a relação de forças, cuja institucionalização elas possibilitam, até o ponto em que elas se contentam em expressar essa relação nas legitimações, a linguagem *também* se mostra como ideológica. Nesse caso, não se trata de ilusões em uma língua, mas de uma ilusão com a linguagem enquanto tal. A experiência hermenêutica, que se depara com tal dependência do contexto simbólico ante as relações fáticas, transforma-se em crítica à ideologia.

As potências não normativas que se imiscuem na linguagem não provêm apenas de sistemas de dominação, mas também do trabalho social. Nesse campo instrumental do agir controlado pelo êxito são organizadas experiências, que motivam evidentemente as interpretações linguísticas e podem alterar padrões de interpretação legados pela tradição sob uma coerção operacional. Uma transformação dos modos de produção atrai para si uma reestruturação da imagem linguística de mundo. Esse fato pode ser estudado, por exemplo, junto à expansão do âmbito profano nas sociedades primitivas. Com certeza, revoluções nas condições de produção da vida material são por sua vez mediadas linguisticamente; uma nova práxis não é posta em curso, porém, por meio de uma nova interpretação, mas antigos parâmetros de interpretação também são atacados e revolucionados "desde baixo" por uma nova práxis (Hertzler, 1965, em particular o capítulo VII: Sociocultural change and changing language).

Por meio da práxis de pesquisa institucionalizada está hoje assegurado um afluxo de informações que foram acumuladas outrora de maneira pré-científica nos sistemas do trabalho social. Essas informações processam experiências naturais ou provocadas, que se constituem no círculo funcional do agir

---

130. Esse ponto de vista orienta a crítica de K. O. Apel ao institucionalismo de Gehlen (Apel, 1962, p. 1ss.).

instrumental. Suponho que as alterações institucionais impostas pelo progresso técnico-científico exercem indiretamente uma influência sobre os esquemas linguísticos da concepção de mundo, uma influência do mesmo tipo da que era outrora exercida pelas transformações dos modos de produção, pois a ciência transformou-se numa das primeiras dentre as forças produtivas. De qualquer modo, porém, as ciências experimentais não representam um jogo de linguagem qualquer. Sua linguagem interpreta a realidade sob o ponto de vista profundamente ancorado em termos antropológicos de um possível domínio técnico. Por meio da ciência, a compulsão fática das circunstâncias naturais da vida entra na sociedade. Com certeza, os sistemas de enunciados de teorias científico-experimentais também apontam, por sua vez, para a linguagem ordinária como uma derradeira metalinguagem; mas o sistema das atividades, que é por elas possibilitado, as técnicas de domínio da natureza, também agem em conjunto retroativamente sobre o contexto institucional da sociedade e transformam a linguagem.

Uma sociologia compreensiva, que hipostasia a linguagem como o sujeito da forma de vida e da tradição, liga-se à pressuposição idealista de que a consciência linguisticamente articulada determina o ser material da práxis da vida. Mas o contexto objetivo de um agir social não se confunde com a dimensão de um sentido intersubjetivamente visado e simbolicamente legado. A infraestrutura linguística da sociedade é um momento de um contexto que, como quer que venha a ser mediado simbolicamente, também se constitui por meio de coerções da realidade: por meio da coerção da natureza exterior, que se inscreve nos procedimentos de um domínio técnico, e por meio da coerção da natureza interna, que se reflete nas repressões das relações sociais de força. As duas categorias de coerção não são apenas objeto de interpretações; pelas costas da linguagem, elas também atuam sobre as próprias regras gramaticais, segundo as quais interpretamos o mundo. *O contexto objetivo, a partir do qual apenas ações sociais podem ser concebidas, constitui-se ao mesmo tempo a partir de linguagem, trabalho e domínio.* Em sistemas de trabalho tanto quanto de domínio relativiza-se o acontecimento da tradição, que não se contrapõe como poder absoluto senão a uma hermenêutica autonomizada. Por isso, a sociologia também não pode se deixar reduzir a uma sociologia compreensiva. Ela exige um sistema referencial que, por um lado, não oculta naturalisticamente a mediação simbólica do agir social em favor de um comportamento meramente controlado por sinais e suscitado por estímulos; por outro lado, porém, isso tampouco recai em um idealismo do caráter linguístico, nem sublima processos sociais, transformando-os totalmente em uma tradição cultural. Tal sistema referencial não poderia mais deixar indeterminada a tradição como o elemento abrangente. Ao contrário, ele precisaria tornar a tradição enquanto tal compreensível em sua relação com outros momentos do contexto de vida social, para que pudéssemos indicar condições fora da tradição, sob as quais regras transcendentais da concepção de mundo e do agir se alteram empiricamente. Gadamer, que provém do neokantismo de Marburgo, é impedido pelos resíduos do kantismo, que são mantidos na ontologia existencial heideggeriana, de tirar a consequência que suas análises efetivamente sugerem. Ele evita a passagem das condições transcendentais da historicidade para a história universal, na qual essas condições se constituem. Ele não vê que desde sempre precisa pensar como mediado na dimensão do acontecimento da tradição aquilo que, de acordo com a diferença ontológica, não é capaz de mediação: as estruturas linguísticas e as condições empíricas, sob as quais essas estruturas se alteram historicamente. É a esse preço somente que Gadamer pode dissimular o fato de a vinculação prático-vital da compreensão em relação à situação inicial hermenêutica daquele que compreende impelir necessariamente a uma antecipação hipotética de uma filosofia da história com um intuito prático[131].

---

131. W. Pannenberg viu isso: "É um espetáculo ímpar vivenciar como um autor perspicaz e profundo se preocupou incessantemente em manter seus pensamentos afastados da direção que lhe é própria. Esse espetáculo é oferecido pelo livro de Gadamer em seu esforço por evitar a mediação total hegeliana da verdade presente por meio da história. Esse esforço é muito bem fundamentado pela referência à finitude da experiência humana, que nunca pode ser suspensa em um saber absoluto. Estranhamente, porém, os fenômenos descritos

9. Os limites de uma sociologia linguístico-compreensiva

9.1 Até onde posso ver, não há investigações sociológicas que se reportem expressamente a uma fundamentação analítico-linguística ou hermenêutico-linguística. Mas a partir da escola do *symbolic interacionism*, que remonta a C. H. Cooley, W. I. Thomas e sobretudo G. H. Mead (Martindale, 1961, p. 285ss.), e que assumiu mais tarde impulsos oriundos do Cassirer emigrado, foram produzidos nas últimas décadas trabalhos interessantes, que pertencem ao quadro de uma sociologia linguístico-compreensiva. Foi antes de tudo L. Strauss (1959) que purificou tão rigorosamente o pragmatismo de suas origens behavioristas que ele poderia ser requisitado hoje para o programa científico que foi exposto por Winch e que, em articulação com Gadamer, soube se diferenciar[132].

Strauss concebe o agir social a partir do contexto de uma consequência de interpretações. Toda nova interpretação fornece uma imagem revisada do passado sob a luz de um futuro antecipado. A história de vida individual aparece sob o ponto de vista de um empenho hermenêutico constantemente repetido. Novas situações e acontecimentos exigem uma aplicação transformada ou ampliada da linguagem legada pela tradição. Nesse caso, o novo vocabulário precisa se ratificar em conexão com pessoas referenciais. Em contrapartida, uma mudança de pessoas referenciais e do pertencimento a grupos também exige uma adaptação a novas terminologias. No quadro de terminologias mais recentes, as situações do agente e sua própria ideologia é interpretada de maneira nova. Os cortes do processo de socialização são caracterizados por uma mu-

---

por Gadamer sempre impelem uma vez mais em direção a uma concepção universal da história, que ele – tendo em vista o sistema hegeliano – gostaria justamente de evitar" (Pannenberg, 1963, p. 90ss.). Na teologia evangélica mais recente, até onde vejo, a recepção da obra de Bloch deu o impulso para que se possa superar a ontologia da historicidade (Bultmann, Heidegger) por meio de uma reflexão sobre a dependência das condições transcendentais da compreensão em relação ao contexto objetivo da história universal. Além dos trabalhos de Pannenberg, cf. também Moltmann (1964).

132. Essa tendência também se mostra na escolha que Strauss fez dos escritos de Meads (1956).

dança das terminologias e por meio do empenho por substituir as interpretações que perderam o seu crédito por outras mais apropriadas. A perda de uma língua significa a perda de um mundo. Esse é o conceito linguístico de alienação, ao qual corresponde em termos social-psicológicos uma perturbação da identidade egoica:

> Under certain social conditions a man may undergo so many or such critical experiences for which conventional explanations seem inadequate, that he begins to question large segments of the explanatory terminology that has been taught him. In the internal rhetorical battle that ensues, his opponents may be conceived as lying or manipulating events to their own advantage, as wrong, or as duped. But a man cannot question his own basic terminology without questioning his own purposes. If in large measure he rejects the explanations he once believed, then he has been alienated and has lost a world. He has been "spiritually dispossessed". If he embraces a set of counter-explanations or invents a set of his own, then he has regained the world, for the world is not merely "out there" but it is also what he makes of it[133] (Strauss, 1959, p. 38).

O mesmo vale também para grupos sociais, cuja identidade está ameaçada:

---

133. Em inglês no original: "Sob certas condições sociais, um homem pode fazer experiências tão numerosas e tão críticas para as quais explicações convencionais parecem inadequadas, que ele começa a questionar vastos segmentos da terminologia explicativa que lhe foi ensinada. Na batalha retórica interna que se segue, seus oponentes podem ser concebidos como mendazes ou como manipuladores de eventos para a sua própria vantagem, como errados ou como enganados. Mas um homem não pode questionar sua própria terminologia básica sem questionar seus próprios propósitos. Se em larga medida ele rejeita as explicações nas quais ele antes acreditava, então ele foi alienado e perdeu o mundo. Ele foi 'espiritualmente despojado'. Se ele abraça um conjunto de contraexplicações ou inventa um conjunto por si mesmo, então ele reconquista o mundo, pois o mundo não é meramente 'o que se encontra lá fora', mas é também o que ele faz com ele" [N.T.].

> Alienation and repossession generally are not occurrences that happen merely to isolated sufferers, but simultaneously to particular sectors of the population. Certain alienated persons eventually discover that others are facing similar problems and experiences, and the new terminologies arising out of these discoveries are shared products. These take the form of new philosophies, new interpretations of the world, of situations, persons, and acts. Such radical transvaluation is equivalent to new vision, a re-seeing of the meanings and ends of human life[134] (Strauss, 1959, p. 38s.).

Processos sociais devem poder ser analisados como mudanças de linguagem. Essa mudança mesma seria naturalmente insondável. Strauss parece contar com uma espontaneidade criadora de linguagem própria ao eu, que responde a situações imprevistas com o projeto de novas terminologias. Nesse caso, ele pode se articular à pesquisa de Mead entre as duas instâncias "eu" e "mim" (Mead, 1934, p. 197s.):

> Such a novel reply to the social situation involved in the organized set of attitudes constitutes the "I" as over against the "me". The "me" is a conventional, habitual individual. It is always there. It has to have those habits, those responses which everybody has: otherwise the individual could not be a member of the community. But an individual is constantly reacting to such an organized community in the way of expressing himself, not necessarily asserting himself in the offensive sense but expressing himself, being himself in such a co-operative process as

---

134. Em inglês no original: "Alienação e reconquista não são geralmente ocorrências que se dão meramente para vítimas isoladas, mas simultaneamente para setores particulares da população. Certas pessoas alienadas eventualmente descobrem que outros estão enfrentando problemas e experiências similares e que as novas terminologias que emergem dessas descobertas são produtos compartilhados. Esses produtos tomam a forma de novas filosofias, novas interpretações do mundo, de situações, pessoas e atos. Tal transvaloração radical é equivalente a uma nova visão, a um novo modo de ver os significados e as finalidades da vida humana" [N.T.].

belongs to any community. The attitudes involved are gathered from the group, but the individual in whom they are organized has the opportunity of giving them an expression which perhaps has never taken place before[135].

Com certeza, a sociedade parece se mostrar a tal ponto como um meio desprovido de resistências para novos projetos linguísticos e revisões lúdicas das imagens de mundo, que o idealismo dessa sociologia compreensiva lembra um pupilo da filosofia da existência sartriana. Mas, quer o contexto tradicional seja concebido como um agregado de realizações criadoras de linguagem por parte dos indivíduos socializados, quer os produtos dessas realizações sejam por sua vez desdobramentos de tradições mediatizadas consigo mesmas por meio da hermenêutica vivida, a absolutização da linguagem é a mesma; e o irracionalismo também permanece o mesmo. Uma sociologia linguística compreensiva imerge na análise da linguagem; na medida em que veda a si mesma *ultrapassar* a dimensão de símbolos legados, porém, ela precisa abdicar ao mesmo tempo de explicações da mudança da linguagem. O movimento do poder que de qualquer modo a tudo movimenta se subtrai à pesquisa natural.

Os limites da sociologia linguístico-compreensiva são os limites de seu conceito de "motivação": ela explica o agir social a partir de motivos, que coincidem com as interpretações de situações por parte do próprio agente, ou seja, com o sentido articulado linguisticamente pelo qual ele se orienta. O ponto de partida subjetivo, quer ele seja fundamentado fenomenológica, linguística ou hermeneuticamente, exclui, por isso, uma cisão

---

135. Em inglês no original: "Tal resposta nova a uma situação social envolvida no conjunto organizado de atitudes constitui o 'eu' em face do 'mim'. O 'mim' é um indivíduo convencional, habitual. Ele está sempre lá. Ele tem de ter aqueles hábitos, aquelas respostas que todos têm; de outro modo, o indivíduo não poderia ser um membro da comunidade. Mas um indivíduo está constantemente reagindo a tal comunidade organizada no modo como ele expressa a si mesmo, não necessariamente afirmando a si mesmo no sentido ofensivo, mas expressando a si mesmo, sendo si mesmo em tal processo cooperativo como pertencendo a alguma comunidade. As atitudes envolvidas são acolhidas no grupo, mas o indivíduo no qual elas estão organizadas tem a oportunidade de dar a elas uma expressão que talvez nunca tenha existido antes" [N.T.].

dos segmentos comportamentais observáveis das interpretações dos agentes: *"What is the distinction then, if any, between a motivational statement and the overt action which follows? It is clear that they are not separate units, like a hand which throws a ball. The verbal (spoken oneself, or more usually, merely thought) statements is an integral part of the entire activity. The act does not begin whit its overt expression, the motivational statement merely preceding or accompanying the visible motions. Assessments of situation, persons, and self enter into the organization of an act, and are part of its structure"*[136] (Strauss, 1959, p. 51).

Por isso, novas terminologias criam novas motivações:

> Motive avowal and motive imputation are not radically different acts; they differ only insofar as motives are assigned to myself or to others. But the only motives that can be imputed are those which myself can understand. I cannot attribute to others, any more than to myself, motives not dreamed of; neither can I attribute motives that I place no credence in, as for instance compacts with the devil or secret possession by spirits. We use the vocabularies of motives which we have learned to use, whether on ourselves or on others. When a man comes into contact with groups new to him and thus learns new terminologies, his assignments of motives become affected. He learns that new kind of motivation exist, if not for himself then for others. Having admitted that such grounds for action do exist, it is often but a step to ascribe them to himself[137] (Strauss, 1959, p. 52).

---

136. Em inglês no original: "Qual é a diferença afinal, se há uma diferença, entre um enunciado motivacional e a ação aberta que se segue? Está claro que elas não são unidades separadas, tal como uma mão que joga uma bola. O enunciado verbal (falado para alguém ou, mais usualmente, meramente pensado) é uma parte integral da atividade inteira. O ato não começa com sua expressão aberta, o enunciado motivacional meramente apenas precedendo ou acompanhando os movimentos visíveis. Avaliações da situação, da pessoa e de si mesmo entram na organização de um ato e são parte de sua estrutura" [N.T.].

137. Em inglês no original: "A confissão de um motivo e a imputação de um motivo não são atos radicalmente diferentes; eles diferem apenas à medida que motivos são atribuídos a mim ou a outros. Mas os únicos motivos que podem ser atribuídos são aqueles que eu mesmo posso entender. Não posso atribuir a outros,

Uma sociologia, que concebe motivações para ações dessa maneira, precisa se restringir a uma explicação compreensiva. As explicações que ela pode dar equivalem a uma descrição linguística e a uma interpretação hermenêutica; ela precisa abdicar de explicações causais. Apresentar motivos ainda não significa identificar causas. A sociologia linguístico-compreensiva não é nenhuma ciência nomológica.

Entrementes, A. J. Ayer criticou a cisão inspirada sobretudo por Wittgenstein entre motivos e causas (Ayer, 1964). Ele repete inicialmente os argumentos mais importantes para essa distinção:

> The most simple of them is that motives operate a fronte whereas causes operate a tergo; to put it crudely, that cause and effect are distinct events: so, if the motive for an action caused it, it would have to be a separate occurrence which preceded the action or at any rate accompanied it; but in many, perhaps in most, cases of motivated actions, such separate occurrences are simply not discoverable; the specification of the motive is part of the description of the action, not a reference to anything outside it, and certainly not a reference to any distinct event[138]. – Finally, a point is made of the fact that motivated

---

assim como também não o posso fazer em relação a mim mesmo, motivos que não posso imaginar; nem posso atribuir motivos nos quais não ponho nenhum crédito, tal como fazer um pacto com o diabo ou ser possuído por espíritos. Usamos os vocabulários dos motivos que aprendemos a usar, seja em nós mesmos, seja nos outros. Quando um homem entra em contato com grupos novos para ele e, então, aprende novas terminologias, suas atribuições motivacionais são afetadas. Ele aprende que existe um novo modo de motivação, se não para ele mesmo, então para os outros. Tendo admitido que existem tais bases para ação, não é com frequência senão um passo além atribuí-los a si mesmo" [N.T.].

138. Em inglês no original: "O mais simples dentre eles é o fato de que motivos operam *a fronte* enquanto causas operam *a tergo*; para colocar as coisas de maneira rudimentar, a causa impele enquanto o motivo atrai. Um argumento mais sofisticado é o de que causa e efeito são eventos distintos: assim, se o motivo de uma ação a causa, ele teria de ser uma ocorrência separada que precederia a ação ou, de qualquer modo, a acompanharia; em muitos casos de ações motivadas, porém, talvez na maioria deles, tais ocorrências separadas não são simplesmente passíveis de serem descobertas; a especificação do motivo é parte da descrição da ação, não uma referência a alguma coisa fora dela, e, certamente, não uma referência a algum evento distinto" [N.T.].

action often consists in following or attempting to
follow a rule; that is to say, the action may be one to
which normative criteria are applicable; the question
arises whether it has been performed correctly; but
this means, so it is argued, that we somehow impov-
erish the motive if we regard it merely as a cause[139].

Os contra-argumentos de Ayer procuram contornar a intencionalidade do comportamento por meio de um recurso a disposições que podem ser definidas como estados nominais por sistemas autorregulados. Trata-se de uma versão modernizada da
antiga sugestão fisicalista de não caracterizar motivos por meio
de um sentido visado, mas por meio de necessidades que medimos a partir de estados orgânicos. Sob o domínio dessa pressuposição, podemos descrever inicialmente o comportamento que
deve ser analisado sem referência ao motivo; o motivo, que é do
mesmo modo representado por um comportamento observável,
pode ser concebido como condição de partida para uma hipótese
legal e identificado como causa do comportamento motivado.
Não obstante, não vejo como os estados orgânicos, as necessidades ou os estados sistêmicos, que representam valores nominais,
assim como os motivos, no plano do agir social, poderiam ser em
geral descritos sem referência a um sentido legado pela tradição.
No entanto, como a descrição do comportamento motivado mesma implica esse sentido, ela não pode mais ser dada independentemente do motivo. A cisão exigida entre motivo comportamental
e comportamento motivado mesmo permanece problemática.

Ayer não conta naturalmente de maneira séria com o plano do agir social. Para ele, fatos sociais possuem o mesmo
status que eventos no campo de objetos das ciências naturais:
em última instância, eles também são movimentos de corpos.
Uma teoria que permite explicar de forma causal os contextos
de ação procede, por isso, de maneira reducionista. Ela descreve

---

139. Em inglês no original: "Finalmente, precisamos notar que uma ação
motivada normalmente consiste em seguir ou tentar seguir uma regra; isso
significa dizer que a ação pode ser uma ação para a qual são aplicáveis critérios
normativos; levanta-se a questão sobre se ela foi realizada corretamente; mas
isso significa, assim se argumenta, que de algum modo empobrecemos o motivo se o considerarmos meramente como uma causa" [N.T.].

ações em um quadro analítico, que não prevê ações enquanto tais: por exemplo, em expressões da fisiologia. O conceito de um "agir dirigido por regras" é inútil para a análise científico-social das causas. Se descrevermos modos de comportamento em relação a normas, então escolheremos uma forma de apresentação que não satisfaz critérios científicos. Podemos compreender fatos sociais em seu conteúdo normativo; mas também podemos transformá-los em objeto de uma explicação causal – uma coisa tem tão pouco em comum com a outra quanto um juízo estético sobre um arco-íris com a análise ótica do comprimento de suas ondas. O movimento de uma ação pode *possuir* uma significação diversa em sistemas referenciais sociais distintos (como sinais de trânsito, cumprimento, despedida, recusa etc.). Por isso, porém, ele ainda não precisa ser *explicado* com relação a normas. Se, e até o ponto em que o contexto dessas regras determina o comportamento, o contexto se transforma em uma motivação do agente, que pode ser analisada independentemente de conteúdos normativos:

> If the motives which impel man to act are, let us say, projections of the state of their brains, there is no reason why this should not apply to their social responses as much as anything else. But surely no purely physiological account could be an adequate description of an action. Obviously it could not; even if the study of the agent's brain could give us all the information that we needed beyond the observation of his physical movements, we should still have to decode it. But this is not an objection to holding that actions can be explained in these terms, any more than the fact that to talk about wavelengths is not to describe colours is an objection to the science of optics[140] (Ayer, 1964, p. 24).

---

140. Em inglês no original: "Se os motivos que impelem homens a agir são, digamos, projeções do estado de seus cérebros, não há razão alguma para que não devêssemos aplicar esse fato sobre as suas respostas sociais tanto quanto sobre qualquer outra coisa. Seguramente, porém, nenhuma avaliação puramente fisiológica poderia funcionar como uma descrição adequada de uma ação. Obviamente ela não poderia; mesmo se o estudo do cérebro do agente pudesse nos fornecer todas as informações de que precisamos para além da ob-

O problema do qual a teoria pode ser desonerada por meio da escolha de um quadro referencial físico retorna no plano dos dados: Ayer vê que continuamos precisando decifrar como ações sociais as consequências de movimentos físicos sobre os quais tal teoria é aplicada. A má analogia entre a observação de qualidades das cores e a compreensão de conteúdos simbólicos encobre a dificuldade propriamente dita, que a apresentação de Ayer involuntariamente revela. A recondução de uma observação qualitativa a uma observação controlada não pode ser simplesmente equiparada à tradução de uma experiência comunicativa na observação de dados medidos. A necessidade de um curso adicional de decifração mostra que o âmbito de objetos foi anteriormente cifrado nas hipóteses teóricas fundamentais. Se analisarmos as cores de um arco-íris segundo expressões físicas, dificilmente poderemos falar de uma cifragem do comportamento material propriamente dito; analisamos justamente um evento de início qualitativamente experimentado no posicionamento de um domínio técnico possível. Se interpretamos com o mesmo intuito um estado de coisas social em um quadro físico, aquele modo de falar mantém, em contrapartida, um bom sentido: a aplicação de uma teoria que procede de maneira reducionista sobre o âmbito do agir social exige tradução e retradução: e exatamente nesse ponto tinha se incendiado a problemática da compreensão de sentido. Ayer conclui a discussão no ponto em que Cicourel a acolheu (cf. acima seção 6.2).

O procedimento positivista de substituir motivos por causas não se oferece como a única opção para a sociologia linguístico-compreensiva. *O conceito freudiano de motivação inconsciente* permite uma ampliação do ponto de partida que compreende subjetivamente o sentido, sem que a intencionalidade do comportamento precise ser ignorada e sem que se precise saltar por sobre a camada dos conteúdos simbólicos enquanto tais. Os motivos inconscientes tanto quanto os conscientes possuem a forma de

---

servação de seus movimentos físicos, ainda precisaríamos decodificá-las. Mas não é uma objeção sustentar que ações podem ser explicadas nesses termos, assim como dizer que falar sobre comprimento de ondas não é descrever cores não é uma objeção à ciência da ótica" [N.T.].

necessidades interpretadas; por isso, eles são dados em contextos simbólicos e podem ser compreendidos hermeneuticamente. A análise dos sonhos ou a interpretação dos sintomas histéricos e das ações compulsivas procedem, sim, hermeneuticamente. Por outro lado, tais motivos não são precisamente dados para o sujeito agente; eles são excluídos pela consciência por meio de repressão. Por isso, o paciente precisa do médico, que lhe traz à consciência motivos inconscientes. Ações motivadas inconscientemente são, por um lado, objetivamente dotadas de sentido: elas podem ser interpretadas. Por outro lado, como os motivos se impõem pelas costas dos sujeitos, eles possuem o valor conjuntural de causas. Eles são disposições que são adquiridas em situações de falha e de conflito na primeira infância. Dessa forma, o comportamento que é analisado pode ser descrito sem referência ao motivo que se encontra na base. Só o analista produz essa relação. Logo que a interpretação, que só existe de início para o médico, é reconhecida também pelo próprio paciente como a correta, o motivo inconsciente pode se dissolver. Motivos inconscientes são por assim dizer travestidos como causas; mas é só com esse disfarce que eles possuem uma força motivadora.

9.2 A. C. MacIntyre investigou a ligação entre a pesquisa motivacional e a explicação causal em um estudo sobre a teoria freudiana do inconsciente (MacIntyre, 1958). Ele empreende a tentativa de purificar o conceito freudiano do motivo inconsciente de conotações que induzem em erro, reconduzindo-o à significação usual de "motivo". Assim como motivos em geral, um motivo inconsciente é constituído por um sentido orientador da ação. Ele é objeto de uma análise linguística, não objeto da análise causal. Mesmo junto aos modos de comportamento normais, o agente pode recusar inicialmente imputações motivacionais. Se ele confessa o motivo, nos sentimos ratificados; se ele o nega, ainda não o consideramos como uma falsificação suficiente. Quando o destinatário pode ser em geral e em princípio levado a isso, é suficiente reconhecer o imputado. As coisas não parecem se comportar diferentemente no que diz respeito às motivações inconscientes que Freud investigou:

Unless the patient will in the end avow his intention the analyst's interpretation of his behaviour is held to be mistaken. "In the end" is a phrase that covers the multitude of almost interminable turnings and twistings of which an analysis may consist. Of course, it is a feature of psychoneuroses that the patient will in the short run deny, and often deny vehemently, the analyst's interpretation of his conduct. Sometimes this denial may go on for a very long time. And there are unsuccessful analyses. So that it will not do for the psychoanalyst to make it a necessary criterion of a correct interpretation of the motivation of an action that the patient should in fact avow the correctness of the interpretation within any particular period of time. But the psychoanalyst means by a correct interpretation of an action an interpretation that the patient would avow if only certain conditions were to be fulfilled. What these conditions are depends on the character of the patient's disorder and its aetiology. Thus a patient's intention or purpose in his neurotic behaviour is something which both is betrayed in his behaviour and is what he would, if he were not prevented by his disorder, avow. Thus the meaning of "intention" is elucidated by a categorical reference to behaviour supplemented by a hypothetical reference to avowals. This surely is how the concept of intention and kindred concepts ought to be understood in ordinary pre-freudian usage[141] (MacIntyre, 1958, p. 56s.).

---

141. Em inglês no original: "A menos que o paciente queira 'no fim' revelar sua intenção, a interpretação de seu comportamento feita pelo analista é considerada como equivocada. 'No fim' é a expressão que cobre a multiplicidade de viradas e giros praticamente intermináveis nos quais a análise pode consistir. Com certeza, é uma característica das psiconeuroses que o paciente negue de maneira direta – e negue com frequência de forma veemente – as interpretações que o analista dá de sua conduta. Às vezes, essa negação pode prosseguir por um longo tempo. E há análises que não têm sucesso. De modo que não é suficiente para o psicanalista considerar como um critério necessário de uma interpretação correta da motivação de uma ação o fato de o paciente dever efetivamente confirmar a correção da interpretação no interior de qualquer período particular de tempo. Mas o psicanalista entende como uma interpretação correta de uma

MacIntyre considera a identificação freudiana dos motivos inconscientes com causas como uma mera confusão. Na verdade, a psicanálise propicia uma reinterpretação da história de vida: o médico oferece ao paciente uma nova terminologia. No quadro dessa terminologia surgem novas interpretações da situação histórica da vida e novas motivações podem se formar: *"So that what the analyst provides is a way of arranging the past that is acceptable to the present. He offers not so much an explanation as an identification and then a classification. And the 'unconscious' functions here as a classificatory label, as a category into which many of those aspects of life which are now brought to the patient's attention can be fitted"*[142] (MacIntyre, 1958, p. 87).

MacIntyre concorda com Ayer que um agir intencional só pode ser explicado em termos causais pela via da redução no quadro de teorias gerais: *"The neurophysiologists will one day give us their full account, which will itself be reductible to a set of chemical and finally of physical explanations"*[143] (MacIntyre, 1958, p. 97s.). Diferentemente de Ayer, porém, ele vê que mesmo explicações abrangentes deste tipo, como quer que elas venham a ampliar a força de nosso domínio técnico sobre processos incompreendidos do comportamento humano, não possuem um lampejo do sentido com o qual podemos iniciar

---

ação uma interpretação com a qual o paciente concordaria, contanto que certas condições fossem preenchidas. O que essas condições são depende do caráter da desordem do paciente e de sua etiologia. Assim, a intenção ou o propósito do paciente em seu comportamento neurótico é algo que é tanto revelado em seu comportamento quanto aquilo com o que ele concordaria se ele não estivesse impedido por sua desordem. Com isso, o significado de 'intenção' é elucidado por uma referência categorial ao comportamento com o suplemento de uma referência hipotética a confirmações. Essa é certamente a maneira como o conceito de 'intenção' e outros conceitos desse tipo podem ser compreendidos em um uso ordinário pré-freudiano" [N.T.].

142. Em inglês no original: "De modo que aquilo que o analista promove é um modo de organizar o passado que é aceitável para o presente. Ele não oferece tanto uma explicação e mais uma identificação e, então, uma classificação. E o 'inconsciente' funciona aqui como um padrão classificatório, como uma categoria na qual muitos desses aspectos da vida que são agora trazidos para a atenção do paciente podem ser ajustados" [N.T.].

143. Em inglês no original: "Os neurofisiologistas nos darão um dia a sua avaliação plena, que será ela mesma redutível a um conjunto de explicações químicas e, finalmente, físicas" [N.T.].

algo na práxis de vida. Para essa finalidade, não precisamos de informações tecnicamente aproveitáveis sobre leis naturais, mas de *"a different kind of account, the kind of portrayal that the novelist rather the scientist gives us"*[144] (MacIntyre, 1958, p. 98). De acordo com o ponto de vista da análise da linguagem, a psicanálise aparece como uma pesquisa hermenêutica de um comportamento inconscientemente motivado. Ela tem mais em comum com a interpretação crítica de textos do que com a ciência experimental. De maneira mais consequente do que Winch, MacIntyre insiste no sentido meramente terapêutico da análise da linguagem; por isso, contudo, ele também acaba por privar a psicanálise, reduzida à análise da linguagem, de sua pretensão teórica.

Naturalmente, é difícil compatibilizar isso com o quadro categorial que Freud desenvolveu. Esse quadro serve de fato para a reconstrução de histórias de vida. Todavia, essa reconstrução aponta para a reconstrução de histórias de vida determinadas segundo um padrão genericamente obrigatório. É graças a esse padrão que a psicanálise possui a aparência de uma teoria geral. Na verdade, ela é uma história sistematicamente generalizada. A teoria freudiana fornece o aparato para uma descrição que apresenta narrativamente o desenvolvimento psicodinâmico da criança desde o nascimento até a maturidade como o transcurso de ações: com uma distribuição típica de papéis, com conflitos fundamentais que sucessivamente entram em cena, com padrões de interação que retornam, com perigos, crises e soluções. Importante é sobretudo o fato de o jogo poder transcorrer de maneira normal e divergente. A definição do conflito traça as soluções apropriadas. MacIntyre desconhece o quadro referencial sistemático da hermenêutica freudiana que, por isso, também se mostra como algo diverso de uma mera hermenêutica.

Enquanto o intérprete coloca à prova a sua pré-compreensão hermenêutica junto ao texto e a corrige até que os dois "horizontes se fundem", ou seja, até que a interpretação aconteça em uma linguagem comum ao que é legado pela tradição e a ele mesmo,

---

144. Em inglês no original: "Um tipo diferente de avaliação, o tipo de descrição que o romancista, em vez de o cientista, nos dá" [N.T.].

Freud fixou de uma vez por todas em sua metapsicologia tal quadro de interpretação. Talvez se possa considerar esse quadro como o resultado de experiências clínicas frequentemente repetidas, que foram elas mesmas acumuladas segundo o procedimento mais elástico das antecipações hermenêuticas que se confirmam de maneira circular. O quadro interpretativo uma vez fixado não permite mais tais correções. Em contrapartida, ele oferece a vantagem de um quadro funcionalista. A metapsicologia concebe a história do desenvolvimento como uma consequência legal de estados sistemáticos, de modo que todas as variáveis ligadas à história de vida podem ser analisadas em dependência com sistemas como um todo. O contexto objetivo-intencional da história de vida não é certamente funcionalista no sentido usual. Os processos elementares não aparecem sob o ponto de vista instrumentalista da organização dos meios segundo uma razão regida por fins ou do comportamento adaptativo de organismos. O contexto funcional é interpretado agora muito mais segundo o modelo do palco: os processos elementares mostram-se como partes de um contexto de interações, por meio das quais um "sentido" é realizado.

Não podemos equiparar esse tipo de sentido com finalidades que são realizadas com certos meios. Não se trata de uma categoria de sentido que pertence à esfera de funções de um agir instrumental, tal como, por exemplo, a manutenção de um estado sistêmico sob condições externas alternantes. Trata-se de um sentido, de como esse sentido se forma por meio do agir comunicativo e de como se articula enquanto uma experiência histórico-vital: ele se constitui no quadro dos processos de formação. Assim, também falamos do "sentido" que se desvela em um drama. O único ponto é que, no processo de formação, somos atores e críticos ao mesmo tempo. Por fim, nós, que estamos enredados no drama da história da vida, precisamos nos conscientizar do sentido do processo mesmo de maneira crítica. Por fim, o sujeito também precisa poder contar a sua própria história, pois o estado final de um processo de formação não é alcançado antes que o sujeito se lembre dos caminhos de identificações e alienações, nos quais ele se constituiu. Em um processo de formação, só aprendemos sobre o mundo aquilo que experimentamos ao mesmo tempo em nós mesmos como sujeitos que aprendem. Essa dialética entre conhecimento do mundo e autoconhecimento é a *experiência da reflexão*, cujo caminho Hegel delineou na *Fenomenologia do espírito*. Na mesma medida, Freud apresentou a história de vida individual como um caminho da experiência da reflexão.

Podemos conceber o quadro de interpretação freudiano como um esquema narrativo no qual processos de formação ininterruptos podem ser consumados e transformados em uma história completa. O padrão de desenvolvimento metapsicológico coloca o médico em condições de, a partir do diálogo analítico, compor informações conquistadas de tal modo, que ele pode antecipar virtualmente a experiência de reflexão da qual o paciente é incapaz. Ele dá sugestões de interpretação para uma história que o paciente de início não pode contar, mas que pode ser verificada se o paciente vier a contá-la como a sua própria história. Toda interpretação de caso confirma-se junto ao prosseguimento exitoso de um processo de formação ininterrupto; por meio do fracasso, porém, ele não pode ser definitivamente refutado.

O quadro genérico de interpretação confirma-se naturalmente em função da proporção dos sucessos e insucessos clínicos. Os critérios do sucesso não podem ser, contudo, operacionalizados; sucessos e insucessos não são constatáveis intersubjetivamente como, por exemplo, o alijamento de sintomas. A experiência da reflexão só se confirma por meio da realização da própria reflexão: por meio de tal realização é quebrada a força objetiva de um motivo inconsciente. A experiência da reflexão é uma instância na qual falsas hipóteses podem fracassar. No entanto, ela não coincide nem com uma observação controlada nem com uma experiência comunicativa. Suposições psicanalíticas estão submetidas, portanto, a outras condições lógicas de falsificação. As suposições estão inevitavelmente ligadas a condições de suspensão justamente da experiência na qual elas precisam de qualquer modo se confirmar; se essa experiência não se dá, ou a interpretação é falsa ou a terapia é ineficaz: talvez essa terapia não consiga se impor contra as resistências corretamente diagnosticadas. As condições do insucesso terapêutico precisam poder ser explicadas teoricamente; nesse caso, porém, já se pressupõe a confirmação empírica da teoria.

Hipóteses particulares podem ser destacadas do quadro metapsicológico e testadas independentemente. Para tanto, precisamos de uma tradução no quadro teórico de ciências experimentais rigorosas. Essa tradução elimina certamente aquele contexto específico no qual covariâncias entre eventos não significam um nexo de *leis naturais*, mas uma ligação dissolvível por meio da reflexão, ou seja, um nexo *puramente natural*. De qualquer modo, contudo, a teoria freudiana contém hipóteses que podem ser interpretadas como hipóteses legais em sentido rigoroso; disso se segue que ela também abarca relações causais. Ela não se confunde com uma hermenêutica de motivações da ação, tal como MacIntyre afirma. É antes, certamente, como teoria geral que a psicanálise se mostra como um padrão genérico de interpretação. A conexão funcionalista das partes com o todo não é, como no modelo do sistema autorregulado, determinada por causalidade e ação recíproca, mas, como no modelo do palco, por meio da relação reflexiva entre motivação consciente e inconsciente. A motivação inconsciente, porém, produz correlações entre eventos e modos de comportamento que podem ser *concebidas* sem problema como causais. O inconsciente não é apenas uma etiqueta sob a qual podem ser subsumidos os componentes de uma história de vida que só vêm à tona à luz de uma nova terminologia. "O inconsciente" designa muito mais a classe de todas as compulsões motivadoras que partem das interpretações das necessidades não autorizadas socialmente e que são comprováveis nas conexões causais entre situações de fracasso e modos de comportamento anormal. A quantidade e o peso das motivações causais das ações que se mostram no comportamento do paciente sob o ponto de vista da psicanálise são uma medida para a perturbação e a divergência do processo de formação analisado.

Freud só poderia aplicar o modelo da ação característico da sociologia linguístico-compreensiva sobre a descrição do estado no qual o processo de formação se consuma, não sobre esse processo mesmo. Só no estado final de um processo de formação refletido, todos os motivos da ação coincidem com o sentido, pelo qual o próprio agente se orienta, isto é, com as normas de ação intersubjetivamente vigentes. Nelas são interpretadas as necessidades, cuja satisfação é socialmente permitida. Ao lado dessas necessidades, porém, há necessidades interpretadas, cuja satisfação não é socialmente assegurada: as interpretações dessas necessidades são reprimidas. A imagem que Freud propõe para descrever esse processo de repressão é o "recalcamento" das interpretações proibidas no inconsciente. Por meio disso, então, as necessidades não são privadas de sua força motivadora: elas motivam ações, só que essas ações não podem se mostrar sob as interpretações pertinentes. Elas são mascaradas. As interpretações reprimidas e as necessidades paralisadas não aparecem mais no plano da tradição cultural reconhecida e das normas vigentes, mas se fixam por assim dizer pelas costas dos sujeitos das ações – como motivos inconscientes. Elas continuam sendo motivos, e isso significa um sentido orientador da ação, mas agora só são efetivas *sob o modo* de causas externas.

A compulsão social da repressão, de uma frustração pulsional sob o domínio da autoridade, transforma-se na compulsão psicológica de ações inconscientemente motivadas: em ações virtuais de sonho, em atos falhos racionalizados, em ações substitutivas neurótico-compulsivas, em ações somatizadas, isto é, em perturbações psicossomáticas ou na repetição regressiva de padrões de comportamento fixados na primeira infância. Todas essas ações são compreendidas subjetivamente a partir de um contexto diverso daquele por meio do qual elas são de fato motivadas. A análise da linguagem, que as interpretações reprimidas decifram como motivos inconscientes[145], ultrapassa a dimensão do sentido subjetivamente visado e da tradição cultural. Ela sai da

---

145. Quando motivos inconscientes são fixados junto a símbolos privatizados, ou seja, dissociados da comunicação pública da linguagem ordinária, então a análise psicoterapêutica da linguagem tem a tarefa de, aproveitando a situação de transposição, inserir uma vez mais os símbolos reprimidos em seu contexto público e, assim, equiparar a linguagem privada do paciente à linguagem ordinária. Dr. A. Lorenzer (Sigmund Freud Institut, Frankfurt) elucidou essa concepção analítica da linguagem própria ao processo terapêutico em uma

linguagem, na medida em que serve à comunicação, e se junta à conexão causal entre experiências traumáticas e modos de comportamento anormais. Como análise causal, ela penetra na dimensão de uma linguagem que, subtraída à comunicação pública, reage com uma compulsão complementar e curva o agir intencional à força de uma segunda natureza. As intenções reprimidas se invertem e se transformam em causas, que submetem o agir comunicativo à causalidade de relações naturais. Essa causalidade domina através dos meios simbólicos do espírito; por isso, ela também pode ser subjugada pela força da reflexão. MacIntyre vê que as relações causais, das quais a psicanálise segue o rastro, surgem com o recalque de interpretações de necessidades: *"The purpose is unconscious if it is not only unacknowledged (that alone would merely make it preconscious) but if the patient is unable by ordinary means to acknowledge it. It is this inability of the patient which introduces a genuine causal element into the explanation of the behavior in question"*[146] (MacIntyre, 1958, p. 61).

Mas ele não está em condições de identificar em tais atos de repressão o domínio que não apenas se faz entender pela linguagem, mas que também reprime a própria linguagem com a proibição de uma discussão não coercitiva. É ela que dissocia o sentido tradicional de uma comunicação livre e lhe degrada ao nível de uma força natural demoníaca.

10. Questões abertas

Os limites da sociologia linguístico-compreensiva remetem-nos uma vez mais para o funcionalismo. Uma abordagem funcionalista tem a vantagem de apreender de maneira siste-

---

conferência na qual tratou do exemplo de uma fobia relativa a cavalos de um menino, uma fobia que é relatada por Freud.

146. Em inglês no original: "O propósito é inconsciente se ele não apenas não é reconhecido (isso apenas o tornaria pré-consciente), mas se o paciente é incapaz também de reconhecê-lo por meios ordinários. É essa incapacidade do paciente que introduz um elemento genuinamente causal na explicação do comportamento em questão" [N.T.].

mática contextos objetivos e intencionais. O contexto objetivo a partir do qual um agir social pode ser concebido sem o abandono da intencionalidade não é tecido apenas a partir de fios do sentido tradicional e da tradição linguisticamente articulada. Nesse contexto, as dimensões do trabalho e do domínio não podem ser abafadas em favor dos conteúdos simbólicos subjetivamente visados. Um quadro funcionalista também é capaz de fazer justiça às condições não normativas. A tradição cultural perde aqui a aparência absolutista que uma hermenêutica autonomizada reivindica de maneira falsa. Pode-se atribuir à tradição o seu valor conjuntural *na totalidade*, ela pode ser concebida em sua relação com o sistema do trabalho social e do domínio político. Assim, torna-se possível apreender funções que são assumidas pela tradição cultural no sistema conjunto, sem que essas funções sejam expressas *nela* e *enquanto tais* – isto é, é possível concebê-las como contextos ideológicos. O funcionalismo permite, em uma palavra, a análise de contextos de ação sob o ponto de vista duplo do sentido subjetivamente determinado e do sentido objetivo.

Parsons elaborou um quadro diferenciado para a teoria funcionalista da ação. Preocupado com os postulados de uma metodologia geral das ciências experimentais, ele deixa de lado, porém, a problemática de um acesso aos fatos sociais que compreenda o sentido. Ele não vê a implicação que a experiência comunicativa possui para a formação teórica. Ele quer aplicar o funcionalismo nas ciências sociais de maneira análoga ao modo como os biólogos o aplicam. Por meio daí, ele é obrigado contra a sua vontade a um ponto de partida meramente analítico-normativo: os estados nominais de um sistema social não podem ser apreendidos descritivamente, eles precisam ser fixados por definição. Se insistimos, no entanto, em uma apreensão empírico-analítica do sistema, então precisamos nos imiscuir em uma experiência comunicativa e aceitar um quadro categorial, que se articule por princípio com a autocompreensão dos sujeitos agentes e que também possa ser uma vez mais assumido por essa autocompreensão. Sob esse pressuposto, contudo, contextos funcionais não podem mais ser concebidos de forma instrumental. Em lugar do estado nominal de um sistema autorregulado entra em cena o estado final antecipado de um processo de formação. Um funcionalismo hermeneuticamente esclarecido e historicamente dirigido não tem por meta teorias gerais no sentido de ciências experimentais rigorosas, mas uma interpretação geral do tipo que investigamos a partir do exemplo da psicologia.

As teorias sociais clássicas desde Marx e Comte até Franz Oppenheimer e Max Weber seguiram essa intenção de maneira mais ou menos inconfessa. Essas teorias sociais mais antigas, que reconstroem um processo de formação social conjunto e uma respectiva situação atual do agir coletivo a partir de contextos de interação passados, foram identificadas de maneira leviana, mesmo e precisamente por seus autores, com uma ciência experimental. Segundo esse critério, a crítica feita por Popper a elas é pertinente (Popper, 1957). Mas é injustamente que essas teorias se submetem a esse critério. Elas não precisam se comparar com ciências experimentais rigorosas. Elas também não têm nenhum defeito a esconder, pois o *funcionalismo historicamente dirigido* não visa de maneira alguma a informações tecnicamente utilizáveis; ele é guiado por um interesse cognitivo emancipatório, que só tem por meta a reflexão e que exige o esclarecimento quanto ao próprio processo de formação. Quer ela confesse esse interesse quer não, a sociologia o segue, na medida em que não se confunde com uma ciência comportamental psicológico-social, com uma pesquisa sistêmica ou com uma hermenêutica histórico-espiritual,mesmo hoje ainda: é isso que provam os trabalhos substanciais de Riesman, Mills, Lipset, Perroux, Friedmann, Dahrendorf, Marcuse entre outros.

Censurou-se Parson pelo fato de seus trabalhos se esgotarem em um fetichismo conceitual. E, se levarmos a sério a sua intenção, existe de fato uma desproporção ridícula entre a massa acumulada de cápsulas categoriais vazias e o conteúdo empírico magro que elas abrigam. No entanto, outra luz cai sobre essas categorias se não as concebermos como trabalhos prévios para o esboço de teorias rigorosas. O fato de até hoje não se ter conseguido desenvolver nenhuma teoria única no interior desse quadro analítico talvez não possua apenas uma relação com dificuldades pragmáticas. Tal desenvolvimento é tanto mais impossível quando se trata na verdade do quadro de uma interpretação geral. Nesse caso, o aparato categorial da chamada teoria da ação não teria de ser de maneira alguma considerado como uma sugestão de um plano analítico. Nele estaria retido muito mais o resultado de longas experiências hermenêuticas e uma pré-compreensão já colocada à prova de processos de socialização. Sob tal ponto de vista, aquilo que aparece como uma clarificação preparatória de categorias já seria ele mesmo uma teoria, naturalmente uma que não assume o seu caráter verdadeiro e, por isso, mesmo segundo os critérios de uma história teoricamente generalizada, é insuficiente. Considero que faz sentido investigar o sistema de Parsons com vistas a saber se elementos úteis não são úteis precisamente até o ponto em que são apropriados para uma reconstrução da história de sistemas sociais. Mesmo o gênero enquanto tal constitui-se a partir de processos de formação que se sedimentam na mudança estrutural dos sistemas sociais, uma mudança que pode ser refletida sob um ponto de vista antecipado, isto é, que pode ser narrada sistematicamente.

Uma história tem um início e um fim. O início só pode ser reconstruído antropologicamente a partir de condições constantes da existência de indivíduos socializados como um início do gênero humano[147]. O fim só pode ser antecipado em função

---

147. Uma sugestão notável de um quadro categorial que inclui a perspectiva histórico-evolutiva, assim como um ponto de vista próprio à antropologia filosófica, e que leva em consideração a antropologia cultural é dada por K. W. Kapp (1961). O funcionalismo de Kapp não compartilha de uma programática voltada para uma ciência una e de uma metodologia geral: *In the first place the use of man and culture as integrating frameworks calls from the very outset for an explicit recognition of the distinguishing differences between physical and biological processes on the one hand and social processes on the other hand. Instead of a latent or implicit anthropology social analysis will be forced to bring its assumptions concerning man and society into the open, and no longer operate with tacit presuppositions concerning the alleged similarities between the structure of inanimate matter, living organisms, and human societies. The social, as a category, will thus find its final recognition and establish the social disciplines as distinct and yet related fields of inquire alongside those of the physical and biological sciences. As long as the social disciplines fail or refuse to acknowledge the unique character of social processes, they jeopardize not only the validity of their generalizations, but also their status as a distinct field of scientific inquiry* ("Em primeiro lugar,

da situação e a partir da experiência da reflexão. Por isso, o quadro interpretativo genérico, como quer que ele venha a ser saturado por experiências hermenêuticas prévias e por mais que ele se confirme em interpretações particulares, é um momento hipotético: a verdade do funcionalismo historicamente orientado não se confirma tecnicamente, mas apenas praticamente no prosseguimento e consumação exitosos de um processo de formação.

Com isso, renova-se o problema daquela relação propriamente dita da teoria com a prática, que veio se colocando desde o século XVIII, sempre que a lógica da pesquisa implicava a intenção de difundir o Esclarecimento.

(O manuscrito foi concluído em 1966.)

---

a utilização do homem e da cultura como quadro integrador incita desde o início a um reconhecimento explícito das diferenças entre processos físicos e biológicos por um lado e, por outro lado, processos sociais. Ao contrário de uma antropologia latente ou implícita, a análise social será forçada a expor suas suposições concernentes ao homem e à sociedade e a não operar mais com pressuposições tácitas sobre as similaridades alegadas entre a estrutura da matéria inanimada, organismos vivos e sociedades humanas. O social, enquanto uma categoria, encontrará, então, o seu derradeiro reconhecimento e estabelecerá as disciplinas sociais como campos distintos, ainda que correlatos, das ciências físicas e biológicas. Enquanto as disciplinas sociais falharem em ou se recusarem a reconhecer o caráter único dos processos sociais, eles não comprometerão apenas a validade de suas generalizações, mas também o seu *status* como um campo distinto da pesquisa científica") (p. 179s.).

PARTE II

A PRETENSÃO DE UNIVERSALIDADE DA HERMENÊUTICA (1970)[148]*

---

148. Retirado de Habermas (1970, p. 73-104).

I

A hermenêutica relaciona-se com uma "capacidade" que adquirimos à medida que aprendemos a "dominar" uma língua natural: ela se relaciona com a arte de compreender e, no caso de comunicações perturbadas, de tornar compreensível um sentido linguisticamente comunicável. A compreensão de sentido dirige-se para os conteúdos semânticos dos discursos, mas também para os significados fixados por escrito ou contidos em sistemas de símbolos não linguísticos, até o ponto em que esses símbolos podem ser por princípio "retraduzidos" no discurso. Como a capacidade da interpretação, da qual todo falante dispõe, pode ser estilizada, ou seja, transformada em uma habilidade, não é por acaso que falamos da arte do compreender ou do tornar compreensível. Essa arte relaciona-se simetricamente com a arte do convencimento e da persuasão, nas quais questões práticas podem ser decididas. O mesmo vale para a retórica: ela também se apoia na capacidade que pertence à competência comunicativa de todo falante, mas que pode ser desenvolvida artificialmente e transformada em uma habilidade particular. Retórica e hermenêutica são artes que cuidam e cultivam metodologicamente uma capacidade natural[149].

As coisas são diversas no que diz respeito à hermenêutica filosófica (Gadamer, 1967, p. 113-130): ela não é uma doutrina ligada a uma arte, mas antes uma crítica. A saber, ela traz à consciência em uma postura reflexiva experiências que, no exercício de nossa competência comunicativa, ou seja, à medida que nos movemos na linguagem, fazemos com a linguagem. Como a retórica e a hermenêutica servem à instrução e à formação disciplinada da competência comunicativa, a reflexão hermenêutica pôde se articular com o campo experimental de tal competência.

---

149. Empregamos o termo "natural" no sentido de linguagem "natural" *versus* linguagem "artificial".

Todavia, a reflexão da compreensão e do tornar compreensível que fazem jus à arte (1), por um lado, e, por outro lado, do convencimento e da persuasão (2) encontra-se a serviço não de uma doutrina ligada à arte, mas da meditação filosófica sobre estruturas da comunicação ordinária.

(1) A hermenêutica filosófica deve à arte do compreender e do tornar compreensível a experiência peculiar de que os meios de uma língua natural são por princípio suficientes para esclarecer o sentido de quaisquer contextos simbólicos, por mais estranhos e inacessíveis que eles possam ser inicialmente. A partir de qualquer língua, podemos traduzir para qualquer língua. Podemos colocar em uma ligação inteligível as objetivações das épocas mais distantes e das culturas mais afastadas com o contexto familiar, isto é, pré-compreendido. Ao mesmo tempo, pertence naturalmente ao horizonte de toda e qualquer língua natural o afastamento fático de tradições estranhas. Mesmo o contexto desde sempre compreendido do mundo à nossa volta pode ser desvelado a qualquer momento como questionável; ele é o potencialmente incompreensível. Somente os dois momentos juntos circunscrevem a experiência hermenêutica: a intersubjetividade do entendimento que é estabelecido na linguagem ordinária é por princípio tão ilimitada quanto fragmentária. Ilimitada porque ela pode ser arbitrariamente estendida; e fragmentária porque ela nunca pode ser completamente produzida. Isso é válido para as comunicações contemporâneas no interior de uma comunidade linguística sociocultural homogênea tanto quanto para além da distância entre as diversas classes, culturas e tempos. A experiência hermenêutica traz à consciência a posição do sujeito falante em relação à linguagem. O sujeito falante pode se servir da autorreferencialidade da língua natural, a fim de parafrasear de modo metacomunicativo alterações aleatórias. Na verdade, com base na linguagem ordinária como uma metalinguagem respectivamente "derradeira", podem se formar hierarquias entre linguagens formais. Essas linguagens comportam-se umas em relação às outras como a linguagem de objetos se comporta em relação à metalinguagem e como a metalinguagem em relação à metametalinguagem e assim sucessivamente. A cons-

trução formal de tais sistemas linguísticos exclui que as regras de aplicação sejam fixadas, comentadas ou transformadas para proposições particulares *ad hoc*. E a regra tipológica proíbe que a metacomunicação sobre proposições de uma língua ocorra no nível dessa mesma linguagem de objetos. As duas coisas, porém, são possíveis na linguagem ordinária. O sistema de uma língua natural não é fechado, mas permite *ad hoc* a fixação, o comentário ou a transformação das regras de aplicação para declarações de toda sorte. E a metacomunicação só pode se servir da linguagem sobre a qual se fala ao mesmo tempo como objeto, pois toda língua natural é a sua própria metalinguagem. Nisso se baseia aquela reflexividade que permite, a despeito da regra tipológica, que o conteúdo semântico de declarações linguísticas contenha, além da comunicação manifesta, ao mesmo tempo uma comunicação indireta sobre sua aplicação. Isso é válido, por exemplo, para o emprego metafórico da linguagem. Graças à estrutura reflexiva das línguas naturais, portanto, o falante nato conquista uma margem de manobra metacomunicativa excepcional.

O reverso dessa liberdade de movimento é uma vinculação à tradição linguística. Línguas naturais são informais. Por isso, os sujeitos falantes não podem abordar sua língua como um sistema fechado. A competência linguística permanece por assim dizer por trás das costas dos sujeitos: eles só podem se assegurar explicitamente de um nexo de sentido à medida que permanecem dependentes de um contexto no conjunto dogmaticamente legado e desde sempre previamente dado de maneira implícita. A compreensão hermenêutica não pode penetrar sem preconceitos na coisa, mas é incontornavelmente marcada de antemão pelo contexto, no qual o sujeito compreensivo adquiriu de início os seus esquemas interpretativos. Essa pré-compreensão pode ser tematizada e ela precisa ser colocada à prova junto à coisa mesma em toda análise hermeneuticamente consciente. Mas mesmo a modificação das inevitáveis antecipações não quebra a objetividade da linguagem ante o sujeito falante: na medida em que é instruído, ele apenas forma uma nova pré-compreensão, diretriz uma vez mais do próximo passo hermenêutico. É isso que tem em vista a frase de Gadamer: "De uma maneira impassível de ser suspensa, a consciência histórico-efetiva é mais ser do que consciência" (Gadamer, 1967, p. 127).

(2) A hermenêutica filosófica deve à arte do convencimento, por outro lado, a experiência propriamente dita de que, em meio à comunicação realizada na linguagem ordinária, não se compartilha apenas algo, mas se formam e transformam posições orientadoras da ação. A retórica é considerada tradicionalmente como a arte de produzir um consenso, que não pode ser decidido com a condução de uma demonstração peremptória. Por isso, a tradição clássica reservou à retórica o âmbito do meramente "provável", diferentemente do âmbito no qual a verdade se encontra teoricamente em discussão. Trata-se aí, portanto, de questões práticas, que podem ser reconduzidas a decisões quanto à assunção ou à recusa de padrões, critérios de avaliação e normas do agir. Se essas decisões são tomadas racionalmente, elas não "se mostram" nem como teoricamente peremptórias, nem como meramente arbitrárias: elas são muito mais motivadas por um discurso convincente. Na estranha ambivalência entre convencimento e persuasão, uma ambivalência que se articula com o consenso produzido retoricamente não se mostra apenas o momento da violência, que não foi aplacado até hoje nos processos de formação da vontade como quer que eles venham a assumir a forma de discussões. Ao contrário, essa ambiguidade também é um indício do fato de questões práticas só poderem ser decididas dialogicamente e, por isso, permanecerem presas ao contexto da linguagem ordinária. Decisões motivadas racionalmente só se formam com base em um consenso, que é propiciado por meio de um discurso convincente, o que significa: em dependência ante os meios ao mesmo tempo expressiva e cognitivamente apropriados da apresentação feita na linguagem ordinária.

A experiência retórica também nos ensina algo sobre a relação do sujeito falante com a sua língua. O falante pode se servir da criatividade da língua natural, a fim de responder espontaneamente às situações mutáveis da vida e definir novas situações por meio de declarações fundamentalmente imprevisíveis. Isso pressupõe formalmente uma gramática, que o permita produzir e compreender com o auxílio de uma quantidade finita de elementos, segundo regras gerais, uma quantidade infinita de proposições. Essa produtividade, porém, não se estende apenas para a geração a curto prazo de proposições em geral, mas também para o processo de formação a longo prazo de esquemas de interpretação formulados na linguagem ordinária, que possibilitam e pré-determinam ao mesmo tempo as experiências. O discurso exercido, que traz consigo um consenso sobre a decisão de questões práticas, designa apenas a posição na qual intervimos conscientemente nesse processo e procuramos alterar esquemas de interpretação usuais com a finalidade de aprender (e ensinar) a ver e a julgar de maneira diversa o que foi tradicionalmente pré--compreendido. Esse tipo de intelecção é inovador por força da escolha da palavra correta. Graças à criatividade de línguas naturais, portanto, o falante nato conquista um poder único sobre a consciência prática dos homens que vivem juntos. Ela pode, tal como a história do mundo da sofística mostra, ser utilizada tanto para a agitação enevoante quanto para o esclarecimento.

O outro lado desse poder é naturalmente uma impotência específica do sujeito falante ante os jogos de linguagem habituais. Quem quer modificar esses jogos de linguagem precisa primeiramente participar deles. Isso, por sua vez, só acontece à medida que temos uma interiorização das regras que determinam os jogos de linguagem. O exercício nas tradições linguísticas exige, por isso, ao menos virtualmente, o empenho em um processo de socialização: a "gramática" dos jogos de linguagem precisa se transformar em componente da estrutura da personalidade. O discurso exercido deve a sua violência sobre a consciência prática à circunstância de que uma língua natural não pode ser concebida suficientemente como um sistema de regras para a geração de contextos simbólicos sistematicamente organizados e semanticamente dotados de sentido, mas também depende de uma maneira imanentemente imperativa do contexto de ações e expressões vinculadas corporalmente. Assim, a experiência retórica ensina o entrelaçamento entre linguagem e práxis. Fora de um contexto gramaticalmente regulado com interações que são postas normativamente em jogo e com expressões vivenciais paralelas ou intermitentes, uma comunicação marcada pela linguagem ordinária seria não apenas incompleta, mas impossível. Linguagem e ação interpretam-se mutuamente: esse fato é desenvolvido no conceito wittgensteiniano do jogo de linguagem, que é ao mesmo tempo uma forma de vida. A gramática de jogos de linguagem no sentido de uma práxis de vida completa não regula apenas a articulação de símbolos, mas ao mesmo tempo a interpretação de símbolos linguísticos por meio de ação e expressões (Habermas, 1968, p. 206ss.).

Portanto, a hermenêutica filosófica desenvolve, e minhas referências devem apenas nos lembrar disso, as intelecções da estrutura das línguas naturais, que podem ser conquistadas a partir de um uso refletido de uma competência comunicativa: *reflexividade e objetividade são traços fundamentais da linguagem tanto quanto a criatividade e a integração da linguagem na práxis da vida*. Tal saber reflexivo, que se sintetiza na "consciência hermenêutica", distingue-se evidentemente do saber-fazer que caracteriza a compreensão e o próprio discurso disciplinados. Do mesmo modo, a hermenêutica também se distingue da linguística. A linguística não se refere à competência comunicativa, ou seja, à capacidade do falante nato de participar compreensiva e discursivamente da comunicação marcada pela linguagem ordinária; ela se restringe à competência linguística em sentido restrito. A expressão competência linguística foi introduzida por Chomsky (Chomsky, 1969), a fim de caracterizar a capacidade de um falante ideal, que domina o sistema abstrato de regras de uma língua natural. O conceito de "sistema linguístico" no sentido de uma *langue* abstrai-se da dimensão pragmática, na qual a *langue* é convertida em *parole*. A hermenêutica, porém, refere-se à experiência do falante nessa dimensão. Além disso, a linguística tem por meta uma reconstrução do sistema de regras que permita a geração de todos os elementos possíveis gramaticalmente corretos e semanticamente dotados de sentido de uma língua natural, enquanto a hermenêutica reflete sobre experiências fundamentais de um falante comunicativamente competente (cuja competência linguística é tacitamente pressuposta). Só gostaria de introduzir a distinção entre reconstrução racional e autorreflexão com uma referência intuitiva.

Sobre a via da *autorreflexão*, um sujeito ganha clareza quanto às pressuposições inconscientes de suas performances efetivamente realizadas. Assim, a consciência hermenêutica é o resultado da autorreflexão, na qual o sujeito falante percebe as suas liberdades e independências peculiares em relação à linguagem. Com isso, dissolve-se tanto uma ilusão subjetivista quanto uma objetivista, na qual a consciência ingênua está presa. A autorreflexão esclarece experiências que ocorrem com o sujeito falante no uso de sua competência comunicativa. Todavia, ela não consegue clarificar essa competência. A *reconstrução* racional de um sistema de regras linguísticas serve, em contrapartida, à explicação da competência linguística. Ela torna explícitas as regras que o falante nato implicitamente domina; mas ela não traz propriamente à consciência do sujeito pressupostos inconscientes. A subjetividade do falante, em cujo horizonte apenas a experiência da reflexão é possível, permanece fundamentalmente poupada. Pode-se dizer que uma reconstrução linguística exitosa traz à consciência o aparato linguístico que inconscientemente funciona. Esse, contudo, seria um emprego terminológico impróprio. A consciência do falante não se transforma por meio desse saber linguístico.

Ora, mas, se a hermenêutica não tem nada em comum nem com a arte da compreensão e do discurso, nem com a linguística; se ela não se presta nem ao uso pré-científico da competência comunicativa nem à ciência da linguagem, em que consiste, então, a significação da consciência hermenêutica?

É possível enumerar ao menos quatro pontos de vista sob os quais a hermenêutica conquista significação para as ciências e para a interpretação de seus resultados. (1) A consciência hermenêutica destrói a autocompreensão objetivista das ciências humanas tradicionais. Da vinculação do cientista que interpreta à sua conjuntura hermenêutica inicial se segue o fato de a objetividade da compreensão não poder ser assegurada por meio da abstração de opiniões prévias, mas apenas por meio de uma reflexão sobre o contexto histórico-efetivo, que desde sempre liga os sujeitos cognoscentes com seu objeto[150]. (2) A consciência hermenêutica lembra as ciências sociais, além disso, de problemas que resultam da pré-estruturação simbólica de seu campo de objetos. Se o acesso aos dados não é mediado por uma observação controlada, mas por uma comunicação feita por meio da linguagem ordinária, os conceitos teóricos não podem mais ser operacionalizados no quadro do jogo de linguagem praticado de maneira pré-científica na medição física. Os problemas que vêm à tona no plano da medição retornam no plano da formação teórica: a escolha do quadro categorial e dos predicados teóricos fundamentais precisa corresponder a uma antecipação feita à guisa de ensaio do próprio campo de objetos (Habermas, 1970). (3) A consciência hermenêutica também diz respeito à autocompreensão cientificista das ciências naturais, naturalmente não à sua metodologia. A intelecção de que a língua natural sempre possui, para todas as teorias linguístico-formais, o papel de uma "derradeira" metalinguagem esclarece o valor conjuntural teórico e cognitivo da linguagem ordinária no processo de pesquisa. A legitimação das decisões que determinam a escolha de estratégias de pesquisa, a construção e os métodos de comprovação de teorias, assim como o "progresso da ciência", dependem de discussões da comunidade de pesquisa. Essas discussões conduzidas no plano metateórico, porém, estão fundamentalmente ligadas ao contexto de línguas naturais e à forma de explicação de uma comunicação marcada pela linguagem ordinária. A hermenêutica pode indicar as razões pelas quais, nesse plano metateórico, é possível visar a um consenso racionalmente motivado, mas não a um consenso impositivo. (4) Por fim, um âmbito da interpretação alcançou hoje uma atualidade social, um âmbito que, como nenhum outro, é exigido pela consciência hermenêutica, a saber, a tradução de informações científicas ricas em consequências na linguagem do mundo da vida social: "Entre as coisas que sabemos da física moderna e que estariam em condições de transformar a nossa existência de uma forma tão evidente, o que poderíamos saber a partir apenas da física? Todas as representações da física

---

150. Gadamer realiza essa comprovação na segunda parte de *Wahrheit und Methode* (Verdade e método) (1960).

moderna, que se dirigem para além do círculo dos especialistas, devem o seu efeito ao elemento retórico [...]. Toda ciência, que deve se tornar prática, depende da retórica" (Gadamer, 1960, p. 117s.).

As funções que o progresso técnico-científico assumem para a manutenção sistêmica de sociedades industriais desenvolvidas explicam a necessidade objetiva de colocar em relação um saber tecnicamente explorável com a consciência prática do mundo da vida. Acredito que a hermenêutica procura satisfazer essa necessidade com a sua pretensão de universalidade. A consciência hermenêutica só abre, então, um caminho, a fim de "incluir uma vez mais em nossa própria experiência de vida também a experiência da ciência" (Gadamer, 1967, p. 109), se é que a "universalidade do caráter linguístico humano" possa ser afirmado "como um elemento em si ilimitado", "que suporta tudo, não apenas a cultura que é legada pela linguagem" (p. 118). Gadamer reporta-se à sentença platônica segundo a qual quem considerar as coisas no espelho dos discursos as apreenderá em sua verdade plena e não reduzida – "no espelho da linguagem reflete-se tudo o que é" (p. 123).

Precisamente aquela motivação histórica que presidiu em um primeiro momento os esforços de uma hermenêutica filosófica não se encontra agora, porém, em ressonância com a afirmação de Platão, pois é evidente que a ciência moderna pode levantar de maneira legítima a pretensão de alcançar enunciados verdadeiros por intermédio de um modo de procedimento monológico, em vez de atentar para o espelho dos discursos humanos: produzindo justamente teorias monológicas e expondo teorias apoiadas pela observação controlada. Como os sistemas de enunciados hipotético-dedutivos não são nenhum elemento dos discursos, as informações que podem ser deduzidas deles distanciam-se do mundo da vida articulado na língua natural. Com certeza, a conversão do saber tecnicamente utilizável no contexto do mundo da vida exige que se torne compreensível na dimensão do discurso, ou seja, na dimensão do diálogo na linguagem cotidiana, um sentido monologicamente gerado; e sem dúvida alguma essa tradução nos coloca diante de um problema hermenêutico – mas justamente diante de um problema novo para a própria hermenêutica. A consciência hermenêutica emerge, sim, da reflexão sobre o nosso movimento *no interior* de línguas naturais, enquanto a interpretação das ciências precisa levar a cabo para o mundo da vida a mediação *entre* língua natural *e* sistema linguístico monológico. Esse processo de tradução ultrapassa os limites da arte hermenêutico-retórica, que tem algo em comum apenas com a cultura constituída e legada pela linguagem ordinária. Indo além da consciência hermenêutica, que se formou a partir do exercício refletido dessa arte, a hermenêutica precisaria clarificar agora as condições que permitem sair da estrutura dialógica da linguagem ordinária e empregar monologicamente a linguagem para a formação rigorosa de teorias com vistas à organização de um agir racional regulado por fins.

Neste ponto, gostaria de inserir entre parênteses uma reflexão. A teoria genética do conhecimento desenvolvida por Jean Piaget[151] libera as raízes linguisticamente independentes do pensamento operativo. Com certeza, esse pensamento só pode amadurecer por força de uma integração dos esquemas cognitivos, que surgiram de maneira pré-linguística no círculo de funções do agir instrumental, ao sistema de regras linguísticas. Mas indícios suficientes falam a favor de que a linguagem não faz outra coisa senão se "superpor" a categorias como espaço, tempo, causalidade e substância e a regras de ligação lógico-formal entre símbolos que possuem um fundamento *pré*-linguístico. Com essa hipótese, o uso monológico da língua para a organização de um agir racional regido por fins e para a construção de teorias científicas pode se tornar compreensível: nesse caso, a língua natural se destacaria por assim dizer da estrutura da intersubjetividade; ela entraria em cena sem os seus elementos constituidores do diálogo e cindida da comunicação, sob as condições da inteligência operativa[152]. A clarificação des-

---

151. Cf. a investigação primorosa de Furth (1972).

152. Aliás, a fundamentação operativa da lógica sugerida por Lorenz concorda com essa concepção. O conceito explicaria por que os elementos do cálculo enunciativo podem ser de tal modo introduzidos independentemente da lingua-

se complexo ainda não se deu; ela será em todo caso relevante para a decisão de nossa questão. Se for pertinente dizer que a inteligência operativa remonta a esquemas cognitivos pré-linguísticos e que, por isso, pode se valer instrumentalmente da linguagem, então a pretensão de universalidade da hermenêutica encontra um limite nos sistemas linguísticos da ciência e nas teorias relativas a uma escolha racional. Sob tal pressuposição, pode se tornar plausível por que cálculos monologicamente construídos não podem ser na verdade interpretados sem referência a uma língua natural, mas podem ser certamente "compreendidos" a partir de um afastamento da problemática hermenêutica: as condições do compreender não seriam ao mesmo tempo as condições da comunicação realizada na linguagem ordinária. Algo assim só seria o caso no instante em que o conteúdo de teorias rigorosas fosse traduzido para o contexto do discurso do mundo da vida.

Não posso tratar desse problema; gostaria de formular de outro modo a questão acerca da validade da pretensão de universalidade da hermenêutica. É possível uma compreensão de sentido que não esteja ligada aos pressupostos hermenêuticos de processos de compreensão vinculados a contextos e que aceda desse modo a um ponto por detrás da língua natural como uma derradeira metalinguagem, para as próprias relações nominais marcadas pela linguagem ordinária? Uma vez que a compreensão hermenêutica precisa proceder sempre *ad hoc* e não pode ser transformada em um método científico (na melhor das hipóteses é possível discipliná-la e transformá-la em uma arte), essa pergunta equivale ao problema: será que pode haver uma teoria apropriada para a estrutura das línguas naturais que fundamente uma compreensão de sentido metodologicamente assegurada?

Vejo dois caminhos nos quais podemos esperar encontrar uma resposta.

---

gem que a língua natural empregue para a introdução só pode ser requisitada de maneira auxiliar, para fins didáticos, mas precisa ser pressuposta sistematicamente (Lorenz, 1969; Lorenz; Mittelstrass, 1967, p. 187-208).

Por um lado, deparamo-nos com os limites não triviais do campo de aplicação da compreensão hermenêutica em casos em que a psicanálise e, caso se trate de contextos coletivos, a crítica à ideologia pretendem esclarecer. As duas possuem algo em comum com objetivações realizadas por meio da linguagem ordinária, nas quais o sujeito que produz essas manifestações vitais reconhece as suas próprias intenções. Essas manifestações podem ser concebidas como partes de uma comunicação sistematicamente desfigurada. Elas só podem ser compreendidas à medida que são reconhecidas as condições gerais da patologia da comunicação realizada por meio da linguagem ordinária. Uma teoria da comunicação marcada pela linguagem ordinária precisa abrir ao mesmo tempo o acesso ao contexto de sentido patologicamente soterrado. Se a pretensão de representar tal teoria fosse fundada, seria possível uma compreensão explanatória que ultrapassasse os limites da compreensão hermenêutica de sentido.

Por outro lado, o programa de uma teoria geral das línguas naturais foi renovado há mais de uma década pelos representantes da linguística gerativa. Essa teoria pretende apresentar a reconstrução racional de um sistema de regras que define suficientemente a competência linguística geral. Se essa pretensão puder ser concretizada de tal modo que se possa atribuir de maneira inequívoca a todos os elementos de uma língua natural descrições estruturais linguístico-teóricas, então as descrições estruturais expressas na linguagem teórica entrariam no lugar da compreensão hermenêutica de sentido.

Também não posso tratar desse problema no contexto atual. A seguir, limitar-me-ei apenas à questão de saber se uma ciência crítica como a psicanálise pode produzir um curto-circuito na vinculação entre a interpretação aprendida e a comunicação realizada na linguagem ordinária por meio de uma análise semântica teoricamente fundamentada e, com isso, se ela pode rejeitar a pretensão de universalidade da hermenêutica. Essa investigação nos ajudará a precisar em que sentido a tese hermenêutica fundamental pode ser, em todo caso, defendida: o fato de nós, na formulação romântica de Gadamer, não podermos transcender "o diálogo que somos".

II

A consciência hermenêutica é incompleta até o ponto em que não acolhe em si a reflexão acerca dos limites da compreensão hermenêutica. A experiência-limite da hermenêutica refere-se a manifestações vitais especificamente incompreensíveis. Essa incompreensibilidade específica não pode ser superada por um exercício da competência comunicativa naturalmente adquirida, por mais engenhosa que tal exercício possa ser; sua tenacidade pode ser tomada por um indício do fato de ela não poder ser explicada apenas a partir da estrutura trazida à consciência pela hermenêutica, a partir da estrutura de uma comunicação realizada na linguagem ordinária. Nesse caso, os elementos que resistem ao empenho da interpretação não são a objetividade da tradição linguística, a vinculação ao horizonte por parte da compreensão linguística de mundo e a incompreensibilidade potencial do que é implicitamente óbvio.

Em dificuldades de compreensão que resultam de um grande distanciamento cultural, temporal ou social, podemos indicar por princípio de que informações adicionais precisaríamos dispor para que pudéssemos compreender: sabemos que precisamos decifrar um alfabeto, conhecer o léxico ou desvendar regras de emprego especificamente contextuais. No interior dos limites de tolerância da comunicação usual em meio à linguagem ordinária, podemos saber, junto à tentativa de esclarecer conexões de sentido incompreensíveis, aquilo que (ainda) não sabemos. Essa consciência hermenêutica mostra-se, porém, como insuficiente no caso de uma comunicação sistematicamente desfigurada: a incompreensibilidade resulta aqui de uma organização falha do próprio discurso. A hermenêutica pode desconsiderar perturbações linguísticas abertamente patológicas que entram em cena, por exemplo, em psicóticos, sem prejuízo de sua autocompreensão. Se é que só os casos patológicos escapam à sua abordagem, o campo de aplicação da hermenêutica coincide com os limites da comunicação normal realizada por meio da linguagem ordinária. A autocompreensão da hermenêutica só pode ser abalada se se mostrar que padrões de uma comunicação sistematicamente desfigurada também retornam na comunicação normal, digamos, no discurso patologicamente discreto. As coisas se comportam assim no caso da pseudocomunicação, na qual não se consegue reconhecer uma perturbação da comunicação para os envolvidos. Somente alguém que chega de fora nota que um compreende mal o outro. A pseudocomunicação gera um sistema de incompreensões que a ilusão de um falso consenso não deixa vir à tona. Pois bem, a hermenêutica nos ensinou que, enquanto nos movemos em uma língua natural, estamos sempre envolvidos e não podemos retornar a um ponto por detrás do papel daquele que compartilha refletidamente do jogo. Por isso, não dispomos de nenhum critério *geral* que nos permita constatar quando estamos presos à consciência falsa de um entendimento sistemático e consideramos algo que careceria, na verdade, de uma explicação sistemática como dificuldades a seres hermeneuticamente esclarecidos. A experiência-limite hermenêutica consiste, portanto, no fato de descobrirmos enquanto tais incompreensões sistematicamente geradas – sem de início "concebê-las".

Freud aproveitou essa experiência de uma comunicação sistematicamente deformada, para demarcar um âmbito de manifestações vitais sistematicamente incompreensíveis. Ele considerou incessantemente o sonho como o "modelo normal" desses fenômenos. Esses fenômenos mesmos estendem-se desde pseudocomunicações inofensivas e atos falhos do cotidiano até as manifestações patológicas das neuroses, das doenças mentais e das perturbações psicossomáticas. Em seus escritos sobre teoria da cultura, Freud concebeu o âmbito de uma comunicação sistematicamente desfigurada de maneira mais ampla e utilizou as intelecções conquistadas junto aos fenômenos clínicos como chaves para a pseudonormalidade, isto é, para a patologia encoberta de toda a sociedade. Nós nos concentraremos inicialmente nos âmbitos que foram mais bem esclarecidos, nos âmbitos das manifestações neuróticas.

Três critérios são oferecidos para demarcar manifestações vitais neuroticamente desfiguradas e, nesse sentido, especificamente incompreensíveis. No plano dos símbolos linguísticos, a comunicação desfigurada se faz notar por meio da aplicação de regras que se desviam do sistema de regras da linguagem pública. Conteúdos semânticos particulares e campos significativos como um todo podem ser afetados por isso; em casos extremos, mesmo a sintaxe é prejudicada. Junto aos textos oníricos, Freud investigou em particular a condensação, o deslocamento, a agramaticalidade e o papel das palavras antagônicas. No plano do comportamento, um jogo de linguagem deformado se faz notar por meio da rigidez e da compulsão à repetição. Padrões de comportamento estereotipados retornam em situações com os mesmos estímulos desencadeadores de impulsos afetivos. Essa inflexibilidade é um sinal do fato de o conteúdo semântico do signo ter perdido a independência situacional especificamente linguística. Se considerarmos por fim o sistema de uma comunicação desfigurada em seu conjunto, então a discrepância propriamente dita chama a atenção entre os planos da comunicação: a congruência usual entre simbolismo linguístico, ações e expressões paralelas se partiu. Os sintomas neuróticos são apenas a prova tenaz e maximamente palpável dessa dissonância. Não importa em que plano comunicacional os sintomas venham à tona, na manifestação linguística, como simbolismo corporalmente vinculado ou em compulsões comportamentais: constantemente se autonomiza ali um conteúdo extraído da comunicação com o emprego linguístico público. Esse conteúdo expressa uma intenção que é incompreensível segundo as regras da comunicação pública e que, nesse sentido, é privatizado e permanece inacessível ao autor para o qual ela precisa ser atribuída. No si mesmo existe uma trava comunicacional entre o eu dotado de competência linguística, que participa nos jogos de linguagem intersubjetivamente usuais, e "aquela terra estrangeira interna" (Freud) que é representada por um simbolismo linguístico privado ou primariamente linguístico.

Alfred Lorenzer investigou o diálogo analítico entre médico e paciente sob o ponto de vista da psicanálise como uma análise da linguagem (Lorenzer, 1970). Ele concebe a decifragem hermenêutica profunda do sentido de objetivações especificamente incompreensíveis como uma compreensão de cenas análogas. A meta da interpretação analítica é, vista em termos hermenêuticos, o esclarecimento do sentido incompreensível de manifestações sintomáticas. Na medida em que se trata de neuroses, essas manifestações são parte de um jogo de linguagem deformado no qual o doente "age": ele atua em uma cena incompreensível, uma vez que se choca a olhos vistos de maneira estereotipada contra expectativas comportamentais vigentes. O analista procura tornar compreensível o sentido da cena sintomática, colocando-a em relação com cenas análogas à situação de transferência. Essa situação contém a chave para a relação cifrada da cena sintomática na qual o paciente adulto atua fora do tratamento, por um lado, com a cena original da primeira infância, por outro, pois, na situação de transferência, o médico é impelido pelo paciente para o papel da pessoa primária de referência, investida de forma conflituosa. No papel de copartícipe refletido do jogo, o médico pode interpretar a situação de transferência como repetição de cenas da primeira infância e, assim, construir um léxico para as significações linguístico-privadas das manifestações sintomáticas. A compreensão cênica parte também da descoberta de que o doente se comporta em suas cenas sintomáticas de transferência como em cenas determinadas de transferência; ela visa a uma reconstrução da cena original autenticada em um ato de autorreflexão do doente.

Como Lorenzer expôs a partir da fobia do pequeno Hans investigada por Freud, a cena original reproduzida é tipicamente uma situação na qual a criança sofre e se defende ante um conflito insuportável. A defesa está ligada a um processo de *dessimbolização* e de formação de um sintoma. A criança exclui a experiência da relação objetiva conflituosa da comunicação pública (e também a torna, com isso, inacessível para o próprio eu); ela dissocia a parcela carregada pelo conflito da representação do objeto e dessimboliza em certa medida a significação da pessoa referencial relevante. A lacuna surgida no campo semântico é preenchida pelo sintoma, na medida em que entra no lugar do conteúdo simbólico dissociado um símbolo desprovido de qualquer suspeita. Esse símbolo possui naturalmente os aspectos insólitos de um sintoma, porque conquistou uma significação em termos de linguagem privada e não pode mais ser empregado segundo as regras da linguagem pública. A compreensão cênica, que produz equivalências significativas entre os elementos de três padrões (dos padrões da cena cotidiana, da cena de transferência e da cena original) e que, por meio daí, suspende a incompreensibilidade específica do sintoma, ajuda, portanto, à *ressimbolização*, isto é, à reintrodução de conteúdos simbólicos dissociados na comunicação pública. O sentido latente da situação atual torna-se apreensível por meio da referência à significação não mutilada da cena original infantil. A compreensão cênica possibilita, portanto, uma "tradução" do sentido da comunicação pública até então inacessível, mas comportamentalmente determinante, do padrão patologicamente paralisado da comunicação.

A compreensão cênica distingue-se da simples compreensão hermenêutica de sentido por sua força explanatória: ela descortina o sentido das manifestações vitais especificamente incompreensíveis, na medida em que consegue esclarecer mesmo as condições da gênese do absurdo com a reconstrução da cena original. O *quid*, o conteúdo significativo da manifestação sistematicamente desfigurada, não pode ser "compreendido" se não se puder "explicar" ao mesmo tempo o "por quê", o surgimento da cena sintomática com referência às condições iniciais da própria desfiguração sistemática.

É certo, porém, que a compreensão só pode assumir uma função explanatória em sentido rigoroso se a análise da significação não se entregar apenas à aplicação de uma competência linguística aprendida, mas se se deixar guiar por hipóteses teóricas. Designo dois indícios de que a compreensão cênica se apoia sobre pressupostos teóricos que não resultam de modo algum por si mesmos da competência natural de um falante nato.

Em primeiro lugar, a compreensão cênica está ligada a uma ordem hermenêutica experimental peculiar. As regras fundamentais analíticas introduzidas por Freud asseguram uma comunicação entre médico e paciente que preenche por assim dizer condições experimentais: a virtualização da situação grave e a associação livre por parte do doente e a reação inibida e a participação refletida no jogo por parte do analista permitem a realização de uma situação de transferência que pode servir como base de tradução. Em segundo lugar, a pré-compreensão do analista dirige-se para um pequeno recorte de significações possíveis, com a ocorrência de antigas relações objetivas marcadas por uma perturbação conflituosa. O material linguístico que resulta dos diálogos com o paciente é introduzido em um contexto estritamente circunscrito dotado de um duplo sentido possível. Esse contexto é constituído a partir de uma interpretação geral de padrões de interação da primeira infância, que são escalonados segundo a história de formação da personalidade em cada fase específica. As duas circunstâncias tornam possível reconhecer que a compreensão cênica não pode ser concebida como uma aplicação hermenêutica de uma competência comunicativa enquanto aplicação livre de teorias que, por seu lado, possibilita pela primeira vez o surgimento de teorias.

As hipóteses teóricas que se encontram tacitamente na base da análise hermenêutica profunda da linguagem podem ser desdobradas segundo três pontos de vista. O psicanalista tem um conceito prévio da estrutura de uma comunicação estabelecida na linguagem ordinária de maneira não desfigurada (1); ele reconduz a desfiguração sistemática da comunicação à confusão entre dois níveis cindidos na história de seu desenvolvimento: o nível de organização simbólica pré-linguística e o nível de organização simbólica linguística (2); ele explica a deformação com o auxílio de uma teoria de processos de socialização divergente, que se estende para a conexão dos padrões de interação da primeira infância com a formação de estruturas de personalidade (3). Não preciso desenvolver aqui sistematicamente as hipóteses teóricas. Todavia, gostaria de explicitar rapidamente os pontos de vista citados.

1. A primeira sentença relativa às hipóteses teóricas refere-se às condições estruturais que precisam ser preenchidas se se deve falar de uma comunicação "normal" em termos de linguagem ordinária.

a) Em um jogo de linguagem deformado há uma congruência entre as declarações e todos os três planos da comunicação: as declarações linguisticamente simbolizadas, as declarações representadas em ações e as encarnadas em expressões corporais não se contradizem, mas se completam metacomunicativamente. Contradições desejadas que contêm, por sua parte, uma comunicação são nesse sentido normais. Além disso, faz parte da forma normal de comunicação o fato de uma parcela sociocultural alternante, mas constante no interior de uma comunidade linguística, da significação extraverbal precisar ser intencional, ou seja, fundamentalmente verbalizável.

b) A comunicação normal em meio à linguagem ordinária orienta-se por regras vigentes intersubjetivamente: ela é pública. As significações comunicadas são fundamentalmente idênticas para todos os membros da comunidade linguística. As declarações verbais são formadas em consonância com o sistema de regras gramaticais vigentes e aplicadas em contextos específicos; para as declarações extraverbais, que não são reguladas gramaticalmente, existe do mesmo modo um léxico sociocultural alternante no interior de determinados limites.

c) No discurso normal, os falantes estão conscientes da diferença categorial entre sujeito e objeto. Eles fazem uma diferença entre discurso interno e discurso externo e cindem o mundo privado do mundo público. Para além disso, a diferenciação entre ser e aparência é dependente da diferenciação entre o símbolo linguístico, seu conteúdo significativo (significado) e o objeto que o símbolo designa (referente, denotado). Somente sobre tal base é possível uma aplicação independente da situação de símbolos linguísticos (descontextualização). O sujeito falante apodera-se da distinção entre ser e aparência, na medida em que a linguagem obtém para ele uma realidade distinta, destacada dos objetos denotados e dos estados de coisa representados tanto quanto das vivências privadas.

d) Na comunicação normal realizada por meio da linguagem ordinária, forma-se e mantém-se a intersubjetividade concessora de identidade própria à relação entre indivíduos que reconhecem uns aos outros. Enquanto o uso analítico da linguagem permite a identificação de estados de coisa (ou seja, a categoria-lização de objetos com o auxílio da identificação do particular, a subsunção do elemento singular a classes e a inclusão de conjuntos), o uso linguístico reflexivo pode ser representado como uma relação do sujeito falante com a comunidade linguística, relação essa que não pode ser apresentada suficientemente com as chamadas operações analíticas. A intersubjetividade do mundo, no qual os sujeitos vivem juntos apenas por força de sua comunicação em meio à linguagem ordinária, não é nada universal, ao qual os indivíduos estariam subordinados da mesma maneira que elementos às suas classes. A relação entre eu, tu (outro eu) e nós (eu e outros eus) é muito mais produzida pela primeira vez por meio de uma realização analiticamente paradoxal. Os falantes identificam-se ao mesmo tempo com dois papéis dialógicos incompatíveis e asseguram por meio disso a identidade do eu tanto quanto do grupo. Um (eu) afirma ante o outro (tu) a sua absoluta não identidade; ao mesmo tempo, porém, os dois, na medida em que se reconhecem mutuamente como indivíduos irrepresentáveis, reconhecem também a sua identidade, apesar de aquilo que os liga, uma vez mais algo comum (nós), ser um grupo que afirma, por sua vez, a sua identidade ante outros grupos, de modo que no plano das coletividades intersubjetivamente ligadas é produzida a mesma ligação que entre os indivíduos[153].

O específico na intersubjetividade linguística é o fato de ser sobre o seu solo que particulares individuados se comunicam. No uso linguístico reflexivo, representamos algo inalienavelmente individual em categorias incontornavelmente genéricas, de tal modo que revogamos as comunicações diretas em certa medida de maneira metacomunicativa (e as confirmamos com reserva), a fim de que o não idêntico, que não pode respectivamente

---

153. Isso se reflete em nossa relação com línguas estrangeiras. Por princípio, podemos nos apropriar de toda e qualquer língua estrangeira, porque todas as línguas naturais podem ser reconduzidas a um sistema universal e gerativo de regras. E, contudo, só aprendemos uma língua estrangeira à medida que reproduzimos ao menos virtualmente o processo de socialização dos falantes natos e, por meio disso, uma vez mais de maneira virtual, nos integramos a uma comunidade linguística individual: a língua natural só é algo universal como algo concreto.

se confundir com as determinações genéricas e que, contudo, só pode ser representado por elas, possa ganhar indiretamente expressão[154]. O uso linguístico analítico está assentado no uso reflexivo, porque a intersubjetividade de um entendimento realizado em termos da linguagem ordinária não pode ser mantido sem uma autorrepresentação alternante dos sujeitos falantes. Na medida em que o falante se apodera daquelas comunicações indiretas no plano metacomunicativo, ele distingue essência e fenômeno. Podemos alcançar diretamente um entendimento sobre estados de coisa, mas a intersubjetividade que está em jogo logo que falamos uns com os outros apenas transparece nas comunicações diretas. O sentido categorial da forma indireta da comunicação, na qual o individuado inexprimível ganha voz, é meramente ontologizado no conceito da essência que existe em suas aparições.

e) Por fim, o discurso normal é caracterizado pelo fato de o sentido de substância e causalidade, espaço e tempo ser sempre diverso de acordo como essas categorias são aplicadas a objetos no mundo ou ao mundo linguisticamente constituído dos próprios sujeitos falantes. Para a identidade de objetos, que podem ser categorializados de maneira analiticamente inequívoca, o esquema de interpretação "substância" possui um sentido diverso do que ele possui para sujeitos que falam e agem, cuja identidade egoica se subtrai, como mostramos, precisamente às operações analiticamente inequívocas. Aplicado às consequências empíricas de acontecimentos, o esquema de interpretação causal conduz ao conceito de "causa"; aplicado a um contexto de ações intencionais, ele conduz ao conceito de "motivo". Analogamente, o tempo e o espaço também são esquematizados de maneira diversa com vistas mais às propriedades fisicamente mensuráveis de objetos e eventos do que com vistas à experiência intersubjetiva de contextos de interação simbolicamente mediados. As categorias servem no primeiro caso como um sistema de coordenadas para a observação controlada cujo critério é o sucesso do agir instrumental; no segundo caso, como quadro

---

154. Quanto ao conceito do "não idêntico", cf. Adorno (1966).

referencial da experiência subjetiva do espaço social e do tempo histórico. A abrangência do campo experimental da intersubjetividade altera-se complementariamente com a abrangência do campo experimental de objetos e eventos objetivados.

2. A segunda série de hipóteses refere-se à conexão entre dois níveis geneticamente subsequentes da organização simbólica humana.

a) A organização simbólica mais antiga, que se opõe a uma conversão de seus conteúdos em uma comunicação gramaticalmente regulada, só pode ser desvelada com o auxílio dos dados da patologia da linguagem e com base na análise do material onírico. Nesse caso, trata-se de símbolos que dirigem o comportamento e não meramente de sinais, pois os símbolos possuem uma autêntica função significativa; eles representam experiências de interação. De resto, porém, faltam a essa camada dos paleossímbolos todas as propriedades do discurso normal (Arieti, 1967, cap. 7 e 16; Werner; Kaplan, 1967; Watzlawick; Beavin; Jackson, 1972, cap. 6 e 7). Paleossímbolos não são integrados a um sistema de regras gramaticais. Eles não são elementos organizados e não entram em cena em contextos que podem ser transformados gramaticalmente. Por isso, comparou-se o modo de funcionamento desses símbolos pré-linguísticos com o modo de funcionamento das calculadoras analógicas em contraposição às calculadoras digitais. Freud já notara em suas análises do sonho a falta das relações lógicas. Ele aponta em particular para os termos oposicionais, que ainda conservaram no nível linguístico a peculiaridade geneticamente mais antiga da unificação de uma significação logicamente incompatível, a saber, contrária[155]. Os símbolos pré-linguísticos são carregados de maneira fortemente afetiva e sempre se prendem a cada vez a determinadas cenas. Falta uma cisão entre símbolo linguístico e expressão ligada ao corpo. A vinculação a um

---

155. Termos oposicionais dotados de uma significação marcada por contradição não fornecem certamente nenhuma prova de agramaticalidade; é de supor que eles também retêm situações originárias marcadas por uma ambivalência de comportamento e de postura, que se tornaram crônicas com a indiferenciação do sistema motivador e com a queda de desencadeador próprio à espécie, e, em seguida, capturados e estabilizados por meio do simbolismo pré-linguístico (Gehlen, 1964; Diamond, 1959).

contexto particular é tão forte, que o símbolo tampouco pode variar livremente ante as ações[156]. Apesar de os paleossímbolos representarem uma base pré-linguística da intersubjetividade da vida conjunta e do agir uns com os outros, eles não permitem nenhuma comunicação pública em sentido estrito, pois a constância das significações é pequena e as parcelas significativas privadas são consideráveis: elas ainda não permitem nenhuma identidade intersubjetivamente obrigatória das significações. O privatismo da organização simbólica pré-linguística, que chama a atenção em todas as formas da patologia da linguagem, remonta ao fato de a distância usual para a comunicação em meio à linguagem ordinária, a distância entre emissor e destinatário e a distinção entre signo simbólico, conteúdo semântico e relatores ainda não ter sido desenvolvida. Os níveis de realidade de ser e aparência, do mundo público e do mundo privado, ainda não podem ser diferenciados com o auxílio de paleossímbolos (adualismo).

Por fim, a organização simbólica pré-linguística não permite nenhuma categorialização analiticamente satisfatória do mundo objetivo experimentado. Entre as perturbações da comunicação e do pensamento dos psicóticos (Arieti, 1967, p. 286ss.; Werner; Kaplan, 1967, p. 253ss.; Wynne, 1965, p. 83ss.) se encontram duas manifestações extremas de dissonância; nos dois casos, as operações analíticas relativas à formação de classes são perturbadas. De um lado, mostra-se uma estrutura de fragmentação, que não permite compor elementos particulares desintegrados sob critérios universais, gerando classes. Do outro lado, mostra-se uma estrutura amorfa, que não permite analisar agregados de coisas superficialmente similares e vagamente reunidas. O uso simbólico não é destruído como um todo. No entanto, a incapacidade de formar hierarquias de classes e de identificar elementos de classes atesta nas duas vezes o colapso do uso analítico da

---

156. Lorenzer (1970, p. 87ss.) encontra as mesmas características para as representações inconscientes que dirigem os modos de comportamento neuróticos: a confusão entre expressão vivencial e símbolo, a coordenação estreita com um modo de comportamento particular, o conteúdo cênico, a dependência do contexto. Os esquemas inconscientes são parte das interações concretamente vividas, eles são "padrões relacionais".

linguagem. Certamente, a segunda variante nos leva a concluir que uma formação arcaica de classes é possível com o auxílio dos símbolos pré-linguísticos. Em todo caso, em níveis de desenvolvimento primevos em termos da ontogênese e da história do gênero, encontramos as chamadas classes primárias, que não são formadas sobre a base abstrata da identidade de propriedades. Os agregados abarcam muito mais objetos concretos com vistas ao fato de eles, sem considerarmos as suas propriedades identificáveis, estarem ligados a um contexto motivacional abrangente e subjetivamente convincente. Imagens animistas de mundo são articuladas segundo tais classes primárias. Como não é possível projetar contextos intencionais abrangentes sem a experiência da interação, há uma razão para se supor que já se formam no nível da organização simbólica pré-linguística formas prévias de intersubjetividade. Os paleossímbolos formam-se manifestamente em contextos de interação, antes de eles serem acolhidos em um sistema gramatical de regras e ligados com a inteligência operativa.

b) A organização simbólica descrita, que antecede geneticamente a linguagem, é uma construção teórica. Não podemos observá-la em parte alguma. A decifração psicanalítica de uma comunicação sistematicamente desfigurada pressupõe, porém, tal construção, uma vez que a hermenêutica profunda concebe confusões do discurso normal ou bem como uma regressão imposta a níveis mais antigos de comunicação ou bem, contudo, como uma irrupção da forma de comunicação mais antiga na linguagem. Partindo de experiências do analista com pacientes neuróticos, Alfred Lorenzer vê, como mostramos, o sentido da psicanálise no fato de conteúdos simbólicos dissociados, que conduzem a um encurtamento da comunicação pública em meio à linguagem privada, serem uma vez mais integrados no emprego linguístico geral. O trabalho analítico, que anula o processo da repressão, serve à "ressimbolização"; a própria repressão pode ser compreendida, por isso, como "dessimbolização". O mecanismo de defesa similar a uma fuga, que é característico da repressão e que o paciente revela na resistência contra interpretações pertinentes do analista é uma operação realizada junto a e com a linguagem; senão não seria possível anular o processo de defesa hermeneuticamente, ou seja, por meio de uma análise linguística. O eu em fuga, que precisa se submeter em uma situação de conflito às exigências da realidade exterior, esconde-se de si mesmo, na medida em que purifica o texto de sua autocompreensão cotidiana dos representantes das exigências pulsionais indesejáveis. Por meio dessa censura, a representação do objeto de amor considerado nocivo é ex-comunicada do emprego linguístico público e é, por assim dizer, repelida para o nível geneticamente mais antigo dos paleossímbolos.

A suposição de que o comportamento neurótico é dirigido paleossimbolicamente e só é racionalizado ulteriormente por meio de uma interpretação linguística também oferece uma explicação para a característica dessa forma de comportamento: para o valor conjuntural pseudocomunicativo, para estereótipos e compulsividades, para um investimento afetivo, para o conteúdo expressivo e a vinculação situacional rígida.

Pois bem, se a repressão pode ser concebida como uma dessimbolização, então o mecanismo de defesa complementar, que não se volta contra o próprio si mesmo, mas contra a realidade exterior, ou seja, a projeção e denegação, também pode ser explicada por uma interpretação analítico-linguística. Enquanto no primeiro caso o emprego linguístico público é mutilado pelos sintomas formados no lugar dos elementos linguísticos ex-comunicados, a desfiguração resulta aqui imediatamente da penetração descontrolada de dejetos paleossimbólicos na linguagem. A análise da linguagem não visa aqui a uma reconversão do conteúdo dessimbolizado em um sentido linguisticamente articulado, mas a uma ex-comunicação conscientemente realizada dos elementos pré-linguísticos que se introduziram. Nos dois casos, explica-se a desfiguração sistemática da comunicação realizada por meio da linguagem ordinária a partir do fato de conteúdos semânticos vinculados paleossimbolicamente se encapsularem como corpos estranhos. A análise da linguagem tem a tarefa de dissolver as síndromes, isto é, de isolar as duas camadas linguísticas.

Em processos de criação da linguagem, em contrapartida, realiza-se uma integração autêntica: o potencial significativo paleossimbolicamente vinculado é publicamente resgatado no emprego criativo da linguagem e se torna disponível para uma aplicação simbólica gramaticalmente regulada (Arieti, 1967, p. 327ss.). Essa transferência de conteúdos semânticos do estado de agregado pré-linguístico para o estado de agregado linguístico amplia o campo do agir comunicativo às custas do campo inconscientemente motivado. O momento do sucesso junto ao emprego linguístico criativo é um momento de emancipação.

As coisas comportam-se de maneira diversa no caso da piada. O riso, com o qual reagimos quase compulsivamente ao caráter cômico da piada, retém a experiência libertadora própria à passagem do nível do pensamento paleossimbólico para o pensamento linguístico: engraçada é a ambiguidade descoberta da piada, uma ambiguidade que consiste no fato de aquele que nos conta a piada nos seduzir para uma regressão ao nível do simbolismo pré-linguístico, por exemplo, para a confusão entre identidade e semelhança, nos convencendo ao mesmo tempo do erro dessa regressão. O riso é um riso de alívio. Na reação à piada, que nos permite repetir virtual e experimentalmente a passagem perigosa pelos limites entre comunicação pré-linguística e comunicação linguística, nós nos asseguramos do controle que atingimos sobre os perigos de um nível de consciência superado.

3. Considerada rigorosamente, a hermenêutica profunda, que esclarece a incompreensibilidade específica de uma comunicação sistematicamente desfigurada, não pode ser mais apreendida como a compreensão hermenêutica simples segundo o modelo da tradução, pois a "tradução" controlada, pela qual passamos do simbolismo pré-linguístico para a linguagem, afasta obscuridades que não surgem com a própria linguagem: a estrutura de uma comunicação que é realizada na linguagem ordinária e se encontra na base de toda tradução é afetada enquanto tal. A compreensão hermenêutica profunda carece, por isso, de uma pré-compreensão sistemática, que se estende às línguas como um todo, enquanto a compreensão hermenêutica parte a cada vez de uma pré-compreensão determinada tradicionalmente, que se transforma e se forma no interior de uma comunicação linguística. As hipóteses teóricas que se ligam por um lado a dois níveis de organização simbólica e, por outro lado,

aos processos de dessimbolização e de ressimbolização, aos processos de penetração dos elementos paleossimbólicos na linguagem e de ex-comunicação consciente desses elementos, assim como à integração linguística de conteúdos simbólicos pré-linguísticos – essas hipóteses teóricas podem ser inseridas em modelos estruturais que Freud conquistou a partir de experiências fundamentais de análise de processos de defesa. As construções do "eu" e do "id" interpretam experiências do analista com a *resistência* do paciente.

O "eu" é a instância que realiza a tarefa relativa à prova de realidade e à censura pulsional. O "id" é o nome para a parte do si mesmo isolada do eu, uma parte cuja representação é acessível com os processos de defesa. O "id" é representado mediatamente pelos sintomas, que fecham as lacunas surgidas por meio da dessimbolização; e o "id" é representado imediatamente por meio dos elementos paleossimbólicos delirantes, que são arrastados para o interior da linguagem por projeção e denegação. Pois bem, a mesma experiência clínica de "resistência", que impele à construção da instância do eu e do *id*, também mostra que mesmo a atividade da instância defensiva transcorre na maioria das vezes de maneira inconsciente. Por isso, Freud introduz a categoria do "superego": uma instância de defesa estranha ao eu que é formada por identificações deixadas em aberto com as expectativas de pessoas referenciais primárias. Todas as três categorias, o eu, o id e o superego, estão vinculadas consequentemente ao sentido específico de uma comunicação sistematicamente desfigurada, na qual médico e paciente se inserem com a finalidade de colocar em curso um processo dialógico de esclarecimento e conduzir o doente a uma autorreflexão. A metapsicologia só pode ser fundamentada como meta-hermenêutica (Habermas, 1968, p. 290ss.).

O modelo da instância apoia-se inexpressamente sobre um modelo da deformação de uma intersubjetividade realizada na linguagem ordinária: as dimensões que fixam o id e o superego para a estrutura da personalidade correspondem inequivocamente às dimensões da pré-formação da estrutura da intersubjetividade dada em uma comunicação não coercitiva. O modelo estrutural que Freud introduziu como um quadro categorial da metapsicologia pode ser reconduzido, portanto, a uma teoria dos desvios.

Ora, a metapsicologia consiste principalmente em hipóteses sobre o surgimento de estruturas da personalidade. Isso também se explica a partir do papel meta-hermenêutico da psicanálise. Como vimos, a *compreensão* do analista deve efetivamente o seu poder explanatório ao fato de que o esclarecimento de um sentido sistematicamente inacessível só acontece na medida em que é *explicado* como o surgimento do disparate. A reconstrução da cena original possibilita as duas coisas de uma vez: ela abre uma compreensão do sentido do jogo de linguagem deformado e explica, ao mesmo tempo, o surgimento da própria deformação. Por isso, uma compreensão cênica pressupõe a metapsicologia no sentido de uma teoria do *surgimento* das estruturas do eu, do id e do superego. A ela corresponde no plano sociológico uma teoria da aquisição de qualificações fundamentais da ação segundo papéis. Mas as duas teorias são partes de uma meta-hermenêutica, que faz o surgimento psicológico de estruturas de personalidade e a aquisição de qualificações fundamentais da ação, segundo papéis, remontar à formação de uma competência comunicativa, e isso significa: ao exercício socializante nas formas da intersubjetividade de um entendimento estabelecido na linguagem ordinária. Com isso, obtém-se uma resposta à nossa questão inicial: uma compreensão explanatória no sentido da decifração hermenêutica profunda de manifestações vitais especificamente insuficientes não pressupõe apenas, tal como a compreensão hermenêutica simples, a *aplicação experimentada* de uma competência comunicativa naturalmente adquirida, mas antes uma *teoria* da competência comunicativa. Essa teoria estende-se às formas da intersubjetividade da linguagem e ao surgimento de suas deformações. Não pretendo dizer que uma teoria da competência comunicativa já tenha sido realizada hoje de maneira satisfatória, nem tampouco que ela tenha sido desenvolvida explicitamente. A metapsicologia de Freud precisaria ser libertada de sua auto-incompreensão cientificista antes de poder se tornar frutífera como parte de uma meta-hermenêutica. Afirmo, porém, que toda interpretação hermenêutica profunda de uma comunicação sistematicamente desfigurada, indiferentemente de saber se ela se dá no diálogo analítico ou informalmente, precisa pressupor implicitamente aquelas hipóteses teóricas desafiadoras que só poderiam ser desenvolvidas e fundamentadas no quadro de uma *teoria da competência comunicativa*.

III

O que se segue disso para a pretensão de universalidade da hermenêutica? Não seria válido para a linguagem teórica de uma meta-hermenêutica aquilo que precisamos ter em conta para toda teoria: o fato de uma linguagem ordinária dada, não reconstruída, ser uma metalinguagem derradeira? E a aplicação das interpretações gerais derivadas de tal teoria a um material dado e constituído pela linguagem ordinária não careceria agora como antes da compreensão pura e simplesmente hermenêutica que não pode ser substituída por nenhum procedimento generalizado de medição? As duas questões não precisariam mais ser respondidas de maneira não circunstancial no sentido da petição de universalidade da hermenêutica, se o sujeito cognoscente, que já precisa sempre se valer de sua competência linguística previamente adquirida, pudesse assegurar expressamente essa competência pela via de uma reconstrução teórica. Excluímos esse problema de uma teoria geral das línguas naturais. Antes de toda formação teórica, contudo, já podemos nos reportar à competência que o analista (e o crítico da ideologia) precisa manusear faticamente junto ao descerramento de uma manifestação vital especificamente incompreensível. Já o *conhecimento implícito das condições de uma comunicação sistematicamente desfigurada*, que é de fato pressuposta no emprego hermenêutico profundo da competência comunicativa, *é suficiente para colocar em questão a autocompreensão ontológica da hermenêutica* que Gadamer explicita em articulação com Heidegger.

Gadamer volta ontologicamente à dependência contextual da compreensão de sentido, uma dependência que é trazida à consciência hermeneuticamente e que nos obriga a partir a cada vez de uma pré-compreensão apoiada na tradição e a formar constantemente em tudo o que nos é ensinado uma nova pré-compreensão, para um primado inevitável da tradição linguística[157]. Gadamer levanta a questão: "O fenômeno da compreensão é adequadamente definido, quando digo: compreender significa evitar incompreensões? Na verdade, não reside de antemão em toda incompreensão algo como uma 'concordância sustentadora'?" (Gadamer, 1967, p. 104). Estamos de acordo quanto à resposta afirmativa, só não estamos de acordo quanto a como é que esse consenso prévio precisa ser determinado.

Se vejo corretamente, Gadamer pensa que a clarificação hermenêutica de manifestações vitais incompreensíveis ou incompreendidas precisa ser constantemente remetida a um consenso, que é previamente introduzido de maneira confiável por uma tradição convergente. Essa tradição, porém, é para nós objetiva no sentido de que não podemos confrontá-la com uma petição principial de verdade. A estrutura do preconceito próprio à compreensão não apenas impede, mas também faz com que se mostre como sem sentido colocar em questão uma vez mais aquele consenso faticamente introduzido, que se encontra a cada vez na base de nossa compreensão equivocada e de nossa incompreensão. Do ponto de vista hermenêutico, somos impedidos de nos ligar a um entendimento prévio concreto, que remonta em última instância à socialização, ao exercício em contextos conjuntos da tradição. Nenhuma dessas formas está fundamentalmente subtraída à crítica, mas nenhuma delas pode ser abstratamente colocada em questão. Isso só seria possível se pudéssemos ver, por assim dizer, de esguelha um consenso produzido por um entendimento mútuo, submetendo-o por detrás das costas dos envolvidos a exigências renovadas de legitimação. Mas só podemos colocar exigências desse tipo em face dos envolvidos à medida que nos inserimos em um diálogo com eles. Com isso, nós nos submetemos uma vez mais à compulsão hermenêutica que consiste em aceitar em um primeiro momento como uma concordância sustentadora um consenso clarificador, para o qual o diálogo retomado

---

157. No que concerne à metacrítica de Gadamer às minhas objeções à interpretação ontológica dada na terceira parte de *Wahrheit und Methode* (Verdade e método) para a consciência hermenêutica (Habermas, 1970), cf. Bormann (1969, p. 92ss.).

pode levar. A tentativa de colocar em dúvida essa concordância certamente contingente de maneira abstrata como uma falsa consciência não faz sentido, porque não podemos transcender o diálogo que somos. Disso, Gadamer deduz o primado ontológico da tradição linguística em relação à crítica possível: por isso, só podemos criticar as tradições respectivamente particulares, na medida em que nós mesmos pertencemos ao contexto tradicional abrangente de uma língua.

Essas reflexões parecem de início plausíveis. No entanto, elas são abaladas pela intelecção hermenêutica profunda de que um consenso colocado em jogo aparentemente de maneira "racional" também pode ser muito bem o resultado de uma pseudocomunicação. Albrecht Wellmer apontou para o fato de, na tradição do esclarecimento, essa intelecção hostil à tradição ter sido generalizada. O esclarecimento exige, apesar de todo interesse por entendimento, que a razão se faça valer como o princípio de uma comunicação não violenta em contraposição à realidade experimentada de uma comunicação desfigurada pela violência:

> O esclarecimento sabia o que a hermenêutica esquece: o fato de o "diálogo", que segundo Gadamer somos, também ser um contexto de violência e, exatamente nesse caso, não um diálogo [...]. A petição universal do ponto de partida hermenêutico só (pode) ser mantida se partirmos do fato de o contexto tradicional, como o lugar da verdade possível e do entendimento fático, também ser ao mesmo tempo o lugar da verdade fática e da violência duradoura (Wellmer, 1969, p. 48s.).

Só estaríamos legitimados a equiparar a concordância sustentadora, que segundo Gadamer sempre antecede ao entendimento faltante, com o respectivo estar de acordo *fático* se pudéssemos ter certeza de que todo consenso acionado em meio à tradição linguística teria chegado a termo sem coerção e de maneira não desfigurada. A experiência hermenêutica profunda, porém, ensina que, na dogmática do contexto tradicional, não é apenas a objetividade da linguagem em geral que se impõe, mas também a repressividade de relações violentas, que deformam a intersubjetividade do entendimento enquanto tal e desfiguram sistematicamente a comunicação estabelecida na linguagem ordinária. Por isso, todo consenso obtido por uma compreensão de sentido se encontra fundamentalmente sob a suspeita de ser imposto de maneira pseudocomunicativa: os antigos denominavam cegueira quando uma incompreensão e uma autoincompreensão se perpetuavam de modo impassível sob a aparência do acordo fático. A intelecção da estrutura do preconceito própria à compreensão de sentido não equivale à identificação do consenso produzido faticamente com o consenso verdadeiro. Essa identificação conduz muito mais à ontologização da linguagem e à hipostasia do contexto tradicional. Uma hermenêutica autoesclarecida em termos críticos, que faz uma diferença entre intelecção e cegueira, acolhe em si o saber meta-hermenêutico sobre as condições de possibilidade de uma comunicação sistematicamente desfigurada. Ela liga a compreensão ao princípio de um discurso racional, de acordo com o qual a verdade só seria garantida por meio do consenso, que seria visado sob as condições idealizadas de uma comunicação irrestrita e livre de relações de domínio e que poderia ser duradouramente afirmada.

K. O. Apel acentuou com razão que uma compreensão hermenêutica só serve concomitantemente ao asseguramento crítico da verdade à medida que se submete ao princípio regulativo: produzir um entendimento universal no quadro de uma comunidade de interpretação ilimitada (Apel, 1970, p. 105). Somente esse princípio assegura que o esforço hermenêutico não vai se interromper enquanto a ilusão no consenso fundado na violência e a desfiguração sistemática na incompreensão aparentemente casual não tiverem sido desveladas. Se a compreensão de sentido acabar permanecendo ulteriormente indiferente ante a ideia da verdade, precisaremos antecipar ao mesmo tempo a estrutura de uma convivência em uma comunicação não coercitiva juntamente com o conceito de "uma verdade", que é medida segundo o critério de uma concordância idealizada, buscada em uma comunicação irrestrita e livre de toda dominação. A verdade é a compulsão peculiar para o reconhecimento universal desprovido de coerções; esse reconhecimento, contudo, está ligado a uma situação ideal de fala, e isso significa a uma forma de vida na qual é possível um entendimento universal não coercitivo. Nessa medida, uma compreensão crítica de sentido precisa pretender antecipar formalmente a vida correta. G. H. Mead já expressou esse fato: "O diálogo universal é, portanto, o ideal formal da comunicação. Se a comunicação pode ser realizada e aperfeiçoada, então também pode existir aquela forma [...] da democracia na qual cada um traz em si a reação mesma que ele suscita na comunidade. Por meio daí, a comunicação significativa se transforma no processo de organização da comunidade" (Mead, 1968, p. 276s.). A ideia da verdade, que se mede segundo o critério do verdadeiro consenso, implica a ideia da vida verdadeira. Também podemos dizer: ela inclui a ideia da maioridade. Somente a antecipação formal do diálogo idealizado como uma forma de vida a ser realizada no futuro garante a derradeira concordância contrafática sustentadora, que nos liga previamente. E é a partir dela, apenas, que toda concordância fática, se for falsa, pode ser criticada como uma consciência falsa.

Com certeza, só estaremos em condições de não apenas exigir o princípio regulativo da compreensão acima citado, mas também de fundamentá-lo, se pudermos provar que a antecipação de uma verdade possível e da vida correta é constitutiva de todo entendimento linguístico não monológico. A experiência fundamental meta-hermenêutica traz, na verdade, à consciência o fato de a crítica, a saber, uma compreensão penetrante capaz de trazer à tona as cegueiras, estar orientada pelo conceito de "concordância ideal" e, nessa medida, seguir o princípio regulativo de um discurso racional. Não podemos nos reportar apenas à experiência, porém, para mostrarmos que não apenas empreendemos faticamente, mas precisamos mesmo empreender em toda compreensão penetrante aquela antecipação formal. Para designar razões de direito pelo nome, precisamos desenvolver o saber implícito pelo qual uma análise hermenêutica profunda da linguagem desde sempre se orienta, transformando-o em uma teoria que permita deduzir da lógica da linguagem ordinária o princípio de um discurso racional como o regulativo necessário de todo discurso real, por mais desfigurado que ele seja.

Sem anteciparmos uma teoria geral de línguas naturais, as reflexões até aqui são suficientes para que possamos criticar duas concepções que não se seguem da hermenêutica, mas antes de uma autocompreensão ontológica, que me parece falsa, da hermenêutica.

1. Gadamer deduziu da intelecção hermenêutica da estrutura de preconceito própria à compreensão uma reabilitação do preconceito. Ele não vê nenhuma contradição entre autoridade e razão. A autoridade da tradição não se impõe cegamente, mas por meio do reconhecimento refletido daqueles que, se encontrando em uma tradição, a compreendem e desenvolvem por meio de uma aplicação. Em sua réplica à minha crítica, Gadamer (1971, p. 299ss.) esclarece uma vez mais sua posição:

> Admito que a autoridade exerça um poder violento em inúmeras formas de organização de domínio. Mas essa imagem da obediência apresentada à autoridade nunca pode mostrar por que é que se trata afinal em todos esses casos de organizações, e não de desordem como exercício de uma violência direta. Parece-me incontestável achar o reconhecimento determinante para as relações reais de autoridade [...]. Não é preciso senão estudar ocorrências como a perda de autoridade ou a decadência da autoridade [...], para que se veja aquilo que constitui a autoridade e do que ela se nutre. Não da violência dogmática, mas de um reconhecimento dogmático. O que se deve entender, contudo, por um reconhecimento dogmático, senão o fato de ser concedido à autoridade uma superioridade em conhecimento?! (Gadamer, 1967, p. 124).

O reconhecimento dogmático de uma tradição, e isso significa a suposição da pretensão de verdade dessa tradição, só pode ser naturalmente equiparado com o conhecimento mesmo se estivesse assegurada na tradição a ausência de coerção e o caráter irrestrito do entendimento. O argumento de Gadamer pressupõe que o reconhecimento legitimador e a concordância que fundamenta a autoridade se estabeleçam sem violência. A experiência de uma comunicação sistematicamente desfigurada, contudo, contradiz essa pressuposição. De todo modo, a violência não se torna permanente senão por meio da aparência objetiva de ausência de violência inerente a uma concordância pseudocomunicativa. Juntamente com Max Weber, denominamos autoridade uma concordância de tal modo legitimada. Por isso, carece-se da reserva principial de um entendimento universal e livre de dominação, para distinguir fundamentalmente um reconhecimento dogmático de um verdadeiro consenso. A razão no sentido do princípio do discurso racional mostra-se como a pedra de toque que antes produz a destruição das autoridades fáticas do que uma fundamentação para elas.

2. Mas, se a oposição reivindicada pelo esclarecimento entre autoridade e razão existe com razão e não pode ser suspensa hermeneuticamente, então também se torna problemática a tentativa de impor restrições fundamentais à pretensão de esclarecimento do intérprete. Gadamer também deduziu da intelecção hermenêutica da estrutura de preconceito própria à compreensão uma retomada do momento do esclarecimento no horizonte das convicções vigentes. O fato de o intérprete sempre achar que sabe melhor as coisas encontra seu limite nas convicções reconhecidas e tradicionalmente usuais do mundo da vida cultural, ao qual ele mesmo pertence:

> Como se comporta o saber do psicanalista em relação à sua posição no interior da realidade social à qual ele pertence? De tal modo que ele questiona criticamente as interpretações superficiais mais conscientes, rompe com a autocompreensão mascarada e desvenda as funções repressivas do tabu social, que pertence à reflexão emancipatória para a qual ele conduz seu paciente. Mas, se ele exercita a mesma reflexão lá onde ele não se acha legitimado para tanto como médico, mas onde ele mesmo é parceiro de jogo social, ele sai de seu papel social. Quem procura desvendar seus companheiros de jogo, revelando aquilo que se encontra para além deles, ou seja, quem não leva a sério o modo como eles jogam é um estraga-prazeres, do

qual as pessoas tendem a fugir. A força emancipatória da reflexão, que é pretendida pelo psicanalista, precisa consequentemente encontrar seus limites na consciência social, na qual o analista e seu paciente se entendem, pois a reflexão hermenêutica nos ensina que uma comunidade social, apesar de todas as tensões e perturbações, sempre remete uma vez mais para uma concordância social, por meio da qual ela existe (Gadamer, 1967, p. 129s.).

Agora, porém, é natural supor que não é apenas no caso particular patológico de sistemas familiares perturbados, mas também em sistemas sociais conjuntos que o consenso de fundo de tradições e jogos de linguagem usuais *pode se mostrar* como uma consciência coercitivamente integrada, um resultado da pseudo-comunicação. A liberdade de consciência de uma compreensão hermenêutica ampliada e transformada em crítica não pode ser, por isso, ligada ao campo de jogo tradicional de convicções vigentes. Uma vez que uma hermenêutica profunda comprometida com o princípio regulativo de um discurso racional precisa continuar buscando e encontrando mesmo nas concordâncias fundamentais e nas legitimações reconhecidas os rastros histórico-naturais de uma comunicação perturbada, uma privatização de sua pretensão de esclarecimento e a limitação da crítica à ideologia ao papel de um tratamento institucionalizado na relação médico-paciente seria incompatível com o seu ponto de partida metodológico. O esclarecimento, que provoca uma compreensão radical, é constantemente político. Naturalmente, a crítica também permanece ligada ao contexto tradicional que ela reflete. Ante uma certeza de si monológica, da qual a crítica se arroga, a objeção hermenêutica gadameriana continua tendo razão. Para a interpretação hermenêutica profunda, não há nenhuma ratificação além da autorreflexão de todos os participantes, uma ratificação que chega a termo e acontece no diálogo. Do *status* hipotético de interpretações gerais vêm à tona de fato *a priori* restrições impositivas quanto à escolha do modo segundo o qual a cada vez a pretensão de esclarecimento de uma compreensão crítica deve ser resgatada (Habermas, 1969, introdução, p. 43, observação 6).

Sob as circunstâncias atuais, talvez seja mais urgente assinalar os limites da falsa pretensão de universalidade da crítica do que da falsa pretensão de universalidade da hermenêutica. Na medida, porém, em que o que está em questão é a clarificação de uma questão de direito, essa última pretensão também carece de crítica.

REFERÊNCIAS

ABEL, T. The operation called Verstehen. In: ALBERT, H. *Theorie und Realität* (Teoria e realidade). Tübingen: 1964, p. 177ss.

ADORNO, Th. W. *Negative Dialektik* (Dialética negativa). Frankfurt/M.: 1966.

ALBERT, H. (org.). *Theorie und Realität* (Teoria e realidade). Tübingen: 1964.

ALBERT, H. Modellplatonismus: der neoklassische Stil des ökonomischen Denkens (Platonismo dos modelos: o estilo neoclássico do pensamento econômico). In: TOPITSCH, E. *Logik der Sozialwissenschaften* (Lógica das ciências sociais). Colônia: 1965, p. 406ss.

ALBERT, H. Probleme der Theoriebildung (Problemas da formação conceitual). In: ALBERT, H. (org.). *Theorie und Realität* (Teoria e realidade). Tübingen: 1964.

ALBERT, H. *Theorie und Realität* (Teoria e realidade). Tübingen: 1964.

ALBERT, H. Wertfreiheit als methodisches Prinzip (Neutralidade axiomática como princípio metodológico). In: TOPITSCH, E. (org.). *Logik der Sozialwissenschaften* (Lógica das ciências sociais). Colônia: 1965.

APEL, K. O. Die Entfaltung der sprachanalytischen Philosophie und das Problem der Geisteswissenschaften (O desenvolvimento da filosofia analítica da linguagem e o problema das ciências humanas). In: *Phil. Jahrbuch*, ano 72, Munique: 1965, p. 239ss.

APEL, K. O. Die Entfaltung des sprachanalytischen Philosophie und das Problem der Geisteswissenschaften (O desdobramento da filosofia analítica da linguagem e o problema das ciências humanas). *Philos. Jahrbuch*, ano 72, p. 239-289, 1965.

APEL, K. O. Scientismus oder transzendentale Hermeneutik? (Cientificismo ou hermenêutica transcendental?). In: BUBNER, R. et al. *Hermeneutik und Dialektik* (Hermenêutica e dialética). Tübingen: 1970, p. 123-156.

APEL, K. O. Wittgenstein und das Problem des hermeneutischen Verstehens (Wittgenstein e o problema da compreensão hermenêutica). In: *Zeitschrift für Theologie und Kirche*, ano 63, cad. 1, 1966, p. 49ss.

APEL, K. O. Sprache und Wahrheit (Linguagem e verdade). *Philosophische Rundschau*, p. 161ss, 1959.

APEL, K. O. Arnold Gehlens Philosophie der Instituition (A filosofia da instituição de Arnold Gehlen). *Phil. Rundschau*, ano 10, 1962.

ARIETI, S. *The intrapsychic self.* Nova York: 1967.

ARISTÓTELES. *Ética a Nicômaco.* Petrópolis: Vozes, 2024.

AYER, A. J. *Man as a subject for science.* Londres: 1964.

BAHRDT, H. P. Zur Frage des Menschenbildes in der Soziologie (Para a questão da imagem do homem na sociologia). In: *Archives Eur. Soc.* II, 1961.

BAUMGARTEN, E. *Max Weber.* Tübingen: 1964.

BECKER, O. *Grösse und Grenze der mathematischen Denkweise* (A grandeza e o limite do modo de pensar matemático). Friburgo/Munique: 1959.

BENDIX, R. *Max Weber.* Tübingen: 1964.

BENDIX, R.; BERGER, B. Images of society and concept formation in sociology. In: GROSS, L. (org.). *Symposion on sociological theory.* Nova York: 1959, p. 92ss.

BENETT, J. *Rationality.* Londres: 1964.

BERGER, P. L.; LUCKMANN, Th. *A construção social da realidade.* 36. ed. Petrópolis: Vozes, 2014.

BORMANN, C. v. Die Ambiguität der hermeneutischen Erfahrung (A ambiguidade da experiência hermenêutica). *Phil. Rundschau*, ano 16, p. 92ss, 1969.

BROWN, D. W. Does language structure influence thought? *A review of general semantics*, v. 17, 1960, p. 339-363.

BROWN, R. *Explanation in social science.* Londres: 1963.

CAHMANN, W. J.; BOSKOFF, A. (org.). *Sociology and history.* Glencoe: 1964.

CAHNMANN, W. J. et al. *Sociology and history.* Glencoe: 1964.

CARNAP, R. On belief sentences. In: McDONALD (org.). *Philosophy and analysis*. Oxford: 1954, p. 129ss.

CASSIRER, E. *Fünf Studien zur Logik der Kulturwissenschaften* (Cinco estudos sobre a lógica das ciências da cultura). Darmstadt: 1966.

CASSIRER, E. *Philosophie der Symbol*: Formen (Filosofia do símbolo: formas). Darmstadt: 1959.

CASSIRER, E. *Philosophie der Symbolischen Formen* (Filosofia das formas simbólicas). Darmstadt: 1956.

CHOMSKY, N. A review of B. F. Skinner "Verbal behaviour". In: FODOR, J. A.; KATZ, J. J. (org.). *The structure of language*. Englewood Cliffs: 1964, p. 547ss.

CHOMSKY, N. *Aspekte der Syntaxtheorie* (Aspectos da teoria da sintaxe). Frankfurt: 1969.

CHOMSKY, N. Current issues in linguistic in linguistic theories. In: FODOR, J. A.; KATZ, J. J. (org.). *The structure of language*. Englewood Cliffs: 1964, p. 50ss.

CICOUREL, A. V. *Method and measurement in sociology*. Glencoe: 1964.

COCHRAN, Th. C. The historians use of social role. In: GOTTSCHALK, L. (org.). Generalization in the writing of history: a report of the committee on historical analysis. In: *Social Science Research Council*. Chicago: 1963.

COOMBS, C. *A theory of data*. Nova York: 1964b.

COOMBS, C. Theory and methods of social measurement. In: FESTINGER, L.; KATZ, D. *Research methods in the behavioural sciences*. Nova York: 1964a.

DAHRENDORF, R. Elemente einer Theorie des sozialen Konflikts (Elementos de uma teoria do conflito social). In: *Gesellschaft und Freiheit* (Sociedade e liberdade). Munique: 1961, p. 197ss.

DANTO, A. C. *Analytical philosophy of history*. Cambridge: 1965.

DIAMOND, A. S. *The history and origin of language*. Londres: 1959.

DILTHEY, W. *Einleitung in die Geisteswissenschaften* (Introdução às ciências humanas). 1883.

DILTHEY, W. *Gesammelte Schriflen*. Göttingen: 1992, v. VII.

DONAGAN, A. *The later philosophy of R. G.* Collingwood. Oxford: 1962.

DRAY, W. *Laws and explanation in history*. Oxford: 1964.

DUBIN, R. Parsons' actor-continuities in social theory. In: BLACK, M. (org.). *Social theories of T. Parsons*. Nova York: 1961, p. 311ss.

FODOR, J. A.; KATZ, J. J. (org.). *The structure of language*. Englewood Cliffs: 1964.

FREYER, H. *Soziologie als Wirklichkeitswissenschaft* (Sociologia como ciência da realidade). Berlim: 1930.

FURTH, H. G. *Intelligenz und Erkenntnis*: die Grundlagen der genetischen Erkenntnistheorie Piagets (Inteligência e conhecimento: as bases da teoria genética do conhecimento de Piaget). Frankfurt: 1972.

GADAMER, H.-G. *Die Universalität des hermeneutischen Problems* (A universalidade do problema hermenêutico). In: *Kleine Schriften I* (Pequenos escritos I). Tübingen: 1967, p. 113-130.

GADAMER, H.-G. *Hermeneutik und Ideologiekritik* (Hermenêutica e crítica à ideologia). Frankfurt: 1971.

GADAMER, H.-G. Rhetorik, Hermeneutik und Ideologiekritik (Retórica, hermenêutica e crítica à ideologia). In: *Kleine Schriften I* (Pequenos escritos I). Tübingen: 1967, p. 113-130.

GADAMER, H.-G. *Wahrheit und Methode*: Grundzüge einer philosophischen Hermeneutik (Verdade e método: elementos de uma hermenêutica filosófica". Tübingen: 1960 [ed. bras.: *Verdade e método*: traços fundamentais de uma hermenêutica filosófica. 3. ed. Petrópolis: Vozes, 1999; *Verdade e método II*: complementos e índice. Petrópolis: Vozes, 2002].

GADAMER, H.-G. *Wahrheit und Methode*: Grundzüge einer philosophischen Hermeneutik (Verdade e método: elementos de uma hermenêutica filosófica". 2. ed. Tübingen: 1965 [ed. bras.: *Verdade e método*: traços fundamentais de uma hermenêutica filosófica. 3. ed. Petrópolis: Vozes, 1999; *Verdade e método II*: complementos e índice. Petrópolis: Vozes, 2002].

GÄFGEN, G. (org.). *Grundlagen der Wirtschaftspolitik* (Bases da política econômica). Colônia: 1966.

GÄFGEN, G. *Theorie der wirtschaftlichen Entscheidung* (Teoria da decisão econômica). Tübingen: 1963.

GARDINER, P. L. *The nature of historical explanation*. Oxford: 1952.

GARFINKEL, H. *A conception of and experiments with "trust" as a condition of stable concerted action*. s.l.: 1957 [Manuscrito].

GARFINKEL, H. *The perception of the other*: a study in social order. Harvard: 1952 [Tese de doutorado].

GEHLEN, A. *Urmensch und Spätkultur* (Homem primitivo e cultura tardia). Frankfurt: 1964.

GIBSON, G. *The logic of social enquiry*. Londres: 1960.

GOFFMAN, E. *Asylums*: encounters. Indianápolis: 1961.

GOFFMAN, E. *Asylums*: essays on the social situation of mental patients and other inmates. Nova York: 1966.

GOFFMAN, E. *Asylums*: stigma, notes on the management of spoiled identity. Englewood Cliffs: 1963.

GOFFMAN, E. *Encounters*. Indianápolis: 1961.

GOTTSCHALK, L. (org.). Generalization in the writing of history: a report of the committee on historical analysis. In: *Social Science Research Council*. Chicago: 1963.

GREEN, R. W. (org.). *Protestantism and capitalism*: the Weber thesis and its critics. Boston: 1959.

GRUNBERG, E. Notes on the verifiability of economic laws. In: ALBERT, H. (org.). *Theorie und Realität* (Teoria e realidade). Tübingen: 1964, p. 137ss.

HAAG, K. H. Das Unwiederholbare (O irrepetível). In: *Zeugnisse* (Testemunhos). Frankfurt: 1963, p. 152-161.

HABERMAS, J. *Zur Logik der Sozialwissenschaften* (Para a lógica das ciências sociais). Frankfurt/M.: 1970.

HABERMAS, J. Der befremdliche Mythos: Reduktion oder Evokation? (O estranho mito: redução ou evocação?). *Philos. Rundschau*, ano 6, p. 215ss, 1958.

HABERMAS, J. Die Hegelsche Kritik der Revolution (A crítica hegeliana da revolução). In: WEBER, M. *Theorie und Praxis* (Teoria e prática). Neuwied: 1963a.

HABERMAS, J. *Erkenntnis und Interesse* (Conhecimento e interesse). Frankfurt: 1968.

HABERMAS, J. *Hermeneutik und Dialektik* (Hermenêutica e dialética). Tübingen: 1970.

HABERMAS, J. *Philosophisch-politische Profile*. Frankfurt/M.: 1981.

HABERMAS, J. *Protestbewegung und Hochschulreform* (Movimento de protesto e reforma universitária). Frankfurt: 1969.

HABERMAS, J. Vom sozialen Wandel akademischer Bildung (Sobre a mudança social da cultura acadêmica). *Merkur*, p. 165-179, maio de 1963b.

HAYEK, F. V. (org.). *Capitalism and the historians*. Chicago: 1954.

HEINRICH, K. *Versuch über die Schwierigkeit nein zu sagen* (Ensaio sobre a dificuldade de dizer não). Frankfurt/M.: 1964.

HEMLE. P. *Language, thought and culture*. Ann Arbor: 1958.

HEMPEL, C. G. The logic of functional analysis. In: GROSS, L. *Symposion on sociological theory*. Nova York: 1959, p. 299s.

HEMPEL, C. G. The function of general law in history. In: FEIGL, H.; SELLARS, W. *Readings in philosophical analysis*. Nova York: 1949, p. 459-471.

HERTZLER, J. O. *A sociology of language*. Nova York: 1965.

HOFSTADTER. History and the social sciences. In: STERN, F. (org.). The varieties of historical generalization. In: GOTTSCHALK, L. (org.). Generalization in the writing of history: a report of the committee on historical analysis. In: *Social Science Research Council*. Chicago: 1963, p. 178ss.

HOROWITZ, L. L. (org.). *The new sociology*. Nova York: 1964.

HYMES, D. *Language in culture and society*. Nova York/Londres: 1964.

JARVIE, I. C. *The revolution in anthropology*. Londres: 1964.

KAPLAN, A. *The conduct of inquiry*. São Francisco: 1964.

KAPLAN, A. *The conduct of inquiry*: methodology for behavioural science. São Francisco: 1964.

KAPP, K. W. *Toward a science of man in society*. Den Haag, 1961.

KAUFMANN, F. *Methodology of social science*. 2. ed. Nova York: 1958.

KEMPSKI, J. v. Brückenschlag aus Missverständnis (Construção de pontes a partir de uma incompreensão). In: *Brechungen* (Rupturas). Hamburgo: 1964, p. 221-234.

KEMPSKI, J. v. Der Aufbau der Erfahrung und das Handeln (A construção da experiência e o agir). In: *Brechungen* (Rupturas). Hamburgo: 1964, p. 295ss.

KEMPSKI, J. v. Die Logik der Geisteswissenschaften und der Geschichte (A lógica das ciências humanas e da história). In: *Brechungen* (Rupturas). Hamburgo: 1964, p. 79ss.

KEMPSKI, J. v. Maxime und Situation (Máxima e situação). In: ALBERT, H. (org.). *Theorie und Realität* (Teoria e realidade). Tübingen: 1964, p. 233ss.

KEMPSKI, J. v. *Recht und Politik*: Studien zur Einheit der Sozialwissenschaften (Direito e política: estudos sobre a unidade das ciências sociais). Stuttgart: 1965.

KEMPSKI, J. v. Zur Logik der Ordnungsbegriffe (Para a lógica dos conceitos de ordem). In: ALBERT, H. (org.). *Theorie und Realität* (Teoria e realidade). Tübingen: 1964, p. 209ss.

KRAFT, V. Geschichtsforschung als strenge Wissenschaft (Pesquisa histórica como ciência rigorosa). In: TOPITSCH, E. *Logik der Sozialwissenschaften* (Lógica das ciências sociais). Colônia: 1965, p. 72-84.

LANDSHUT, S. *Kritik der Soziologie* (Crítica à sociologia). Leipzig: 1928.

LAZARSFELD, P. F. Wissenschaftslogik und empirische Sozialforschung (Lógica científica e pesquisa social empírica). In: TOPITSCH, E. *Logik der Sozialwissenschaften* (Lógica das ciências sociais). Colônia: 1965, p. 37ss.

LEHRMANN, D. S. Problems raised by instinct theories. *Quart. Rev. Biol.*, v. 28, p. 337-365, 1953.

LÉVI-STRAUSS, C. *Strukturelle Anthropologie* (Antropologia estrutural). Frankfurt/M.: 1967.

LIEBRUCKS, B. *Sprache und Bewusstsein*. Frankfurt/M., 1964, v. I.

LIEBRUCKS, B. *Sprache und Bewusstsein*. Frankfurt/M., 1965, v. II.

LIPSET, S. M. Bemerkungen zum Verhältnis von Soziologie und Geschichtswissenschaft (Observações sobre a relação entre sociologia e ciência histórica). In: TOPITSCH, E. *Logik der Sozialwissenschaften* (Lógica das ciências sociais). Colônia: 1965, p. 477-486.

LIPSET, S. M.; TROW, M. A.; COLEMAN, J. S. *Union democracy*. Glencoe: 1956.

LORENZ, K. *Evolution and modification of behaviour*. Chicago: 1965.

LORENZ, K. Phylogenetische Anpassungen und adaptative Modifikation des Verhaltens (Adaptações filogenéticas e modificação adaptativa do comportamento). In: LORENZ, K. *Über tierisches und menschliches Verhalten* (Sobre o comportamento animal e o comportamento humano). Munique: 1965, v. II, p. 301-358.

LORENZ, K.; MITTELSTRASS, J. Die Hintergehbarkeit der Sprache. *Kantstudien* 58, p. 187-208, 1967.

LORENZ, P. *Normative logic andethics*. Mannheim, 1969.

LORENZEN, P. Wie ist Objektivität in der Physik möglich? (Como é possível objetividade na física). In: *Methodisches Denken*. Frankfurt/M.: 1968, p. 142ss.

LORENZER, A. *Kritit des psychoanalytischen Symbolbegriffes* (Crítica ao conceito psicanalítico de símbolo). Frankfurt: 1970.

LORENZER, A. *Sprachzerstörung und Reconstruktion*: Vorarbeiten zu einer Metatheorie der Psychoanalyse (Destruição da linguagem e reconstrução: trabalhos preparatórios para uma metateoria da psicanálise). Frankfurt: 1970.

LÖWITH, K. Max Weber und Karl Marx. In: *Gesammelte Abhandlungen*. Stuttgart: 1960.

MacINTYRE, A. C. *The unconscious*. Londres: 1958.

MacINTYRE, A. C. A mistake about causality in social science. In: LASTETT, L.; RUNCIMAN, W. G. (org.). *Philosophy, politics and society*. Oxford: 1964, p. 48ss.

MAHER, B. A. (org.). *Progress in experimental personality research*. Nova York/Londres: 1964, p. 80s.

MALEWSKI, A. Two models of sociology. In: ALBERT, H. (org.). *Theorie und Realität* (Teoria e realidade). Tübingen: 1964, p. 103ss.

MALINOWSKI, B. The functional theory. In: *A scientific theory of culture*. Chapel Hill: 1944.

MARCUSE, H. *One dimensional man*. Londres: 1964.

MARTINDALE, D. (org.). Funcionalism in the social sciences: the strength and limits of functionalism. In: *Anthropology, economics, political science and sociology*. Filadélfia: 1965.

MARTINDALE, D. *Functionalism in the social sciences*. Filadélfia: 1965.

MARTINDALE, D. *The nature and types of sociological theory*. Londres: 1961.

MAYNTZ, R. *On the use of the equilibrium concept in social system analysis*: transactions of the 5th World Congress of Sociology. Nova York: 1964.

MEAD, G. H. *Geist, Identität und Gesellschaft* (Espírito, identidade e sociedade). Frankfurt: 1968.

MEAD, G. H. *Mind, Self, and Society*: from the standpoint of a social behaviorist. Chicago: 1934.

MEAD, G. H. *Self, society from the standpoint of a social behaviorist*. Chicago: 1948.

MEADS, G. H. *On social psychology*. Chicago: 1956.

Merkur, dezembro de 1965.

MERTON, R. K. *Social theory and social structure*. Glencoe: 1957.

MERTON, R. K. *Social theory and social structure*. Glencoe: 1964.

MIKAT, P.; SCHELSKY, H. *Grundzüge einer neuen Universität* (Traços fundamentais de uma nova universidade). Güttersloh: 1966.

MILLER, G. A.; GALANTER, E.; PRIBRAM, K. H. *Plans and the structure of behavior*. Nova York: 1960.

MILLER, N. E.; DOLLARD, J. *Social learning and imitation*. New Haven: 1941.

MILLS, C. W. *Kritik der soziologischen Denkweise* (Crítica ao modo de pensar sociológico). Neuwied: 1963.

MOLTMANN, J. *Theologie der Hoffnung* (Teologia da esperança), 1964.

MOORE, B. *Political power and social theory*. Cambridge: 1958.

MORGENSTERN, O. Die Theorie der Spiele und des wirtschaftlichen Verhaltens (A teoria dos jogos e do comportamento econômico). In: OTT, A. E. (org.). *Preistheorie* (Teoria do preço). Colônia: 1965, p. 437ss.

MORRIS, Ch. *Signs, language and behaviour*. Nova York: 1955.

MÜHLMANN, W. E. *"Wertfreiheit" und phänomenologische Reduktion in Hinblick auf die Soziologie* (Liberdade valorativa e a redução fenomenológica com vistas à sociologia). Tübingen: 1966.

MÜHLMANN, W. E. *Max Weber und die rationale Soziologie* (Max Weber e a sociologia racional). Tübingen: 1966.

NAGEL, E. Problems of concept and theory formation in the social sciences. In: ALBERT, H. (org.). *Theorie und Realität* (Teoria e realidade). Tübingen: 1964, p. 159ss.

NAGEL, E. *The structure of science.* Londres: 1961.

PANNENBERG, W. Hermeneutik und Weltgeschichte. *Zeitschr. f. Theol. u. Kirche,* ano 60, p. 90ss, 1963.

PAP, A. *Analytische Erkenntnistheorie* (Teoria analítica do conhecimento). Viena: 1955.

PARSON, T. *The social system.* Glencoe: 1964.

PARSON, T.; SHILS, E. A. (org.). *Toward a general theory of action.* Nova York: 1962.

PARSONS, T. *Beiträg zur soziologischen Theorie* (Contribuições à teoria sociológica). Neuwied: 1964.

PARSONS, T. On the concept of influence. *Public Opinion Quarterly,* p. 37ss, primavera de 1963.

PARSONS, T. Strukturell-funktionale Theorie heute (Teoria funcional--estrutural hoje). *KZSS,* caderno 1, p. 30ss, 1964.

PARSONS, T. An approach to psichological theory in terms of the theory of action. In: KOCH, S. (org.). *Psychology.* Nova York: 1959, v. 3, p. 612-712.

PARSONS, T. *Beiträge zur soziologischen Theorie* (Contribuições à teoria sociológica). Neuwied: 1964.

PARSONS, T. Die jüngsten Entwicklungen in der strukturell-funktionalen Theorie (Desenvolvimentos mais recentes na teoria estrutural-funcional). In: KÖNIG, R. (org.). *Soziologische Perspektiven*: eine Auswahl aus der neueren amerikanischen Soziologie (Perspectivas sociológicas: uma seleção da sociologia americana mais recente). Munique: 1972, p. 57-84.

PARSONS, T. Die Motivierung des wirtschaftlichen Handelns (A motivação da ação econômica). In: PARSONS, T. *Beiträge zur soziolo-*

gischen Theorie (Contribuições para a teoria sociológica). Neuwied: 1964, p. 136ss.

PARSONS, T. Voting and the equilibrium of the American political system. In: BURDICK, E.; BRODBECK, M. (org.). *American voting behaviour*. Glencoe: 1959, p. 80ss.

PARSONS, T. Wertgebundenheit und Objektivität in den Sozialwissenschaften (Vinculação valorativa e objetividade nas ciências sociais). In: SCHELSKY, H. *Max Weber und die Soziologie heute* (Max Weber e a sociologia hoje). Tübingen: 1965.

PARSONS, T.; SMELSER, N. J. *Economy and society*: a study in the integration of economic and social theory. Londres: 1956.

PATZIG, G. Satz und Tatsache (Proposição e fato). In: *Argumentationen* (Argumentações). Göttingen, 1964, p. 170ss.

PÖGGELER, O. Hermeneutische und Semantik Phänomenologie (Fenomenologia hermenêutica e semântica). *Phil. Rundschau*, ano 13, cad. 1, 1965.

POPITZ, H. Der Begriff der sozialen Rolle (O conceito do papel social). In: *Recht und Staat* (Direito e Estado), fasc. 331/332, Tübingen: 1967.

POPPER, K. R. Naturgesetze und theoretische Systeme (Leis naturais e sistemas históricos). In: ALBERT, H. (org.). *Theorie und Realität* (Teoria e realidade). Tübingen: 1964, p. 87-102.

POPPER, K. R. *The open society and its enemies* (A sociedade aberta e seus inimigos). Berna: 1957, v. II.

POPPER, K. R. *The poverty of historicism* (A miséria do historicismo). Londres: 1957.

RADCLIFFE-BROWN, A. R. *Structure and function in primitive society*. Londres: 1952.

REX, J. *Key problems of sociological theory*. Londres: 1961.

RICKERT, H. *Der Gegenstand der Erkenntnis* (O objeto do conhecimento). 3. ed. Tübingen: 1915, p. 237ss.

RICKERT, H. *Die vier Arten des Allgemeinen in der Geschichte* (Os quatro tipos do universal na história). Anexo à 5. ed. de *Die Grenzen der naturwissenschaftlichen Begriffsbildung* (Os limites da formação conceitual nas ciências naturais). Tübingen: 1929, p. 739s.

RICKERT, H. *Kulturwissenschaft und Naturwissenschaft* (Ciência da natureza e ciência da cultura). Friburgo: 1899.

RITTER, J. Die Aufgabe der Geisteswissenschaften in der modernen Gesellschaft (A tarefa das ciências humanas na sociedade moderna). In: *Jahresschrift* da Sociedade para o fomento da Universidade Wilhelm da Vestefália de Münster, p. 11-39, 1961.

RITTER, J. *Hegel und die französische Revolution* (Hegel e a Revolução Francesa). Grupo de trabalho para a pesquisa do estado NRW, Caderno 63, Colônia: 1957.

ROBBINS, L. *An essay on the nature and significance of economic science*. 2. ed. Londres: 1946.

ROSENTHAL, K. et al. Data desirability, experimenter expectancy and the results of psychological research. *Journ. of personality and Soc. Psych.*, III, I, p. 20ss, 1960.

RUNCIMAN, W. G. *Social science and political theory*. Cambridge: 1963.

SCHAPP, W. *Geschichten verstrickt*: zum Sein von Mensch und Ding (Enredado em histórias: sobre o ser do homem e das coisas). Hamburgo: 1953.

SCHELSKY, H. *Der Mensch in der wissenschaftlichen Zivilisation*: Arbeitsgemeinschaft für Forschung des Landes Nordrhein-Westfalen, Band 96 (O homem na civilização científica: grupo de trabalho do estado NRW, Caderno 96). Colônia: 1961.

SCHELSKY, H. *Einsamkeit und Freiheit* (Solidão e liberdade). Hamburgo: 1963.

SCHELSKY, H. *Max Weber und die Soziologie heute* (Max Weber e a sociologia hoje). Tübingen: 1965.

SCHELSKY, H. *Ortsbestimmung der deutschen Soziologie* (Determinação do lugar da sociologia alemã). Düsseldorf: 1959.

SCHÜTZ, A. *Collected papers*. Den Haag: 1962, v. I.

SCHÜTZ, A. *Collected papers*. Den Haag: 1964, v. II.

SCHÜTZ, A. *Collected papers*. Den Haag: 1966, v. III.

SCHÜTZ, A. *Der sinnhafte Aufbau der sozialen Welt* (A construção significativa do mundo social). Viena: 1932.

SCHÜTZ, A. The dimensions of the social world. In: *Collected Papers*. Den Haag: 1964, v. II, p. 20ss.

SCRIVEN, M. Explanations, predications an laws. In: FEIGL, H.; MAXWELL, G. (org.). *Scientific explanation, space and time*. Mineápolis: 1962, p. 170ss.

SCRIVEN, M. Truism as grounds for historical explanations. In: GARDINER, P. (org.). *Theories of history*. Glencoe: 1959.

SEBAG, H. *Strukturalismus und Marxismus* (Estruturalismo e marxismo). Frankfurt/M.: 1966.

SKINNER, B. F. *Verbal behaviour*. Nova York: 1957.

SKJERVHEIM, H. *Objectivism and the study of man*. Oslo: 1959.

Social Science Research Council Bulletin, 54, 1946.

Social Science Research Council Bulletin, 64, 1954.

STAMMER, O. (org.). *Max Weber und die Soziologie heute* (Max Weber e a sociologia hoje). Tübingen: 1965.

STENKJS, E. *Wittgenstein's Tractatus*. Oxford: 1960.

STRAUSS, A. L. *Mirrors and masks*. Glencoe: 1959.

STRAUSS, L. *Mirrors and masks*: the search for identity. Glencoe: 1959.

STRAWSON, P. F. Critical notice. *Mind*, v. LXIII, p. 84ss, 1981.

THOMAS, W. I. *Social behaviour and personality*. Nova York: 1951.

THOMAS, W. I. *The child in America*. Nova York: 1928.

THOMAS, W. I. *The unajusted girl*. Boston: 1927.

TOPITSCH, E. (org.). *Logik der Sozialwissenschaften* (Lógica das ciências sociais). Colônia: 1965.

TOPITSCH, E. *Logik der Sozialwissenschaften* (Lógica das ciências sociais). Colônia: 1965.

TOPITSCH, E. *Motive und Modelle der Kantischen Moralmetaphysik* (Motivos e modelos da metafíscia moral kantiana). Stuttgart: 1963.

TOPITSCH, E. *Seelenglaube und Selbstinterpretation*: zur Philosophie der Psychologie (Crença na alma e autointerpretação: sobre a filosofia da psicologia). Stuttgart: 1970.

TOPITSCH, E. *Sozialphilosophie zwischen Ideologie und Wissenschaft* (Filosofia social entre ideologia e ciência). Neuwied am Rhein: 1961.

TOPITSCH, E. *Zwischen Sozialphilosophie und Wissenschaft* (Entre filosofia social e ciência). Stuttgart: 1969.

TORGERSON, W. *Theory and method of scaling*. Nova York: 1958.

URMSON, J. O. *Philosophical analysis*. 4. ed. Oxford: 1965.

VOEGELIN, E. *Anamnesis*. Munique: 1966.

WATSON, J. B. *Behaviorism*. Nova York: 1930.

WATZLAWICK, P.; BEAVIN, J. H.; JACKSON, D. *Menschliche Kommunikation* (Comunicação humana). Berna: 1972.

WEBER, M. *Aufsätze zur Wissenschaftslehre* (Ensaios sobre a doutrina da ciência). Tübingen: 1922.

WEBER, M. *Wirtschaft und Gesellschaft*: Grundriss der verstehenden Soziologie (Economia e sociedade). 5. ed. Tübingen: 1972.

WEBER. *Social science and political theory*. Cambridge: 1963.

WELLMER, A. *Kritische Gesellschaftstheorie und Positivismus* (Teoria social crítica e positivismo). Frankfurt: 1969.

WELLMER, A. *Methodologie als Erkenntnistheorie* (Metodologia como teoria do conhecimento). Frankfurt/M.: 1967.

WERNER, H.; KAPLAN, B. *Symbol formation*. Nova York: 1967.

WILLER, D.; ZOLLSCHAN, G. K. Prolegomenon to a theory of revolutions. In: ZOLLSCHAN, G. K.; HIRSCH, W. (org.). *Explorations in social change*. Londres: 1963, p. 125ss.

WINCH, P. *The idea of a social science*. Londres: 1958.

WINDELBAND, W. *Geschichte und Naturwissenschaft* (História e ciência natural). Friburgo: 1894.

WYNNE, L. C. Thought disorder and family relationship in schizophrenics (Perturbação de pensamento e relação familiar em esquizofrênicos). *Psyche*, p. 83ss, maio de 1965.

ZOLLSCHAN, G. K.; HIRSCH, W. (org.). *Explorations in social change*. Londres: 1963.

Conecte-se conosco:

f facebook.com/editoravozes

◯ @editoravozes

X @editora_vozes

▶ youtube.com/editoravozes

◯ +55 24 2233-9033

www.vozes.com.br

Conheça nossas lojas:

www.livrariavozes.com.br

Belo Horizonte – Brasília – Campinas – Cuiabá – Curitiba
Fortaleza – Juiz de Fora – Petrópolis – Recife – São Paulo

EDITORA VOZES LTDA.
Rua Frei Luís, 100 – Centro – Cep 25689-900 – Petrópolis, RJ
Tel.: (24) 2233-9000 – E-mail: vendas@vozes.com.br